오늘을 사는
영원의 힘

오늘을 사는
영원의 힘

2017년 3월 15일 · 제1판 1쇄 발행

지은이 | 케네스 보아
옮긴이 | 황혜정
펴낸이 | 이요섭
펴낸데 | 요단출판사
        07238 서울특별시 영등포구 국회대로 76길 10
기 획 | (02)2643-9155
영 업 | (02)2643-7290~1   Fax (02)2643-1877
등 록 | 1973. 8. 23. 제13-10호

ⓒ 요단출판사 2017

기   획 | 류정선
편   집 | 이성준
디 자 인 | 김희주
제   작 | 신상현
영   업 | 김승훈 김창윤 이대성 정준용 이영은 김경혜 최우창 백지숙
인터넷서점 | 유세근

값 17,000원
ISBN 978-89-350-1637-2 03230

이 책의 한국어판 저작권은 요단출판사가 소유하고 있습니다.
출판사의 사전 승인 없이 책의 내용이나 표지 등을 복제, 인용할 수 없습니다.

Originally published by InterVarsity Press
as **Rewriting Your Broken Story** by Kenneth Boa.
Copyright ⓒ 2016 by Kenneth Boa.
Translated and printed by permission of InterVarsity Press,
P.O. Box 1400, Downers Grove, IL 60515, USA.
www.ivpress.com

This Korean edition copyright ⓒ 2017 by Jordan Press
10, Gukhoe-daero 76-gil, Yeoungdeungpo-gu, Seoul, Korea

요단인터넷서점 www.jordanbook.com

오늘을 사는
영원의 힘

케네스 보아 (Kenneth Boa) 지음 | 황혜정 옮김

요단

추천사

나는 케네스 보아만큼 사람의 생각을 넓혀주고 마음을 다독일 줄 아는 능력을 가진 사람을 알지 못한다. 이 책에서 그가 제시한 것들은 우리 모두가 하나님의 관점으로 생애 마지막을 봄으로써 현재라는 일기장에 이전과 다른 글을 쓸 수 있게 도울 것이다. 이 책은 내가 만나는 사람이나 하나님을 향한 삶을 사는 멘토를 찾는 사람에게 전해줄 나의 추천 도서 목록 중 가장 높은 자리에 있을 것이다."

— 마크 베일리(Mark L. Bailey)

달라스 신학교(Dallas Theological Seminary) 총장

"인생엔 고통 밖에 다른 것은 없는 것처럼 고통이 우리를 할퀼 때가 많다. 그때 우리는 왜 고통을 당해야 하는지 울부짖거나 고통은 당연한 것이 아니라는 생각에 빠져 있게 된다. 우리는 하나님을 향해 욕을 해댈 수도 있고, 인생이 불공평하다며 푸념하거나, 하나님이 돌봐주지 않

는다고 불평할 수도 있다. 그러나 선하시고 인자하시며 거룩하신 하나님의 빛에 비추어 우리의 시험을 재구성하지 않으면, 우리는 시험의 늪에서 헤어나지 못한 채 더욱 비참해질 것이다. 이 책은 영혼에 힘을 솟게 하는 강장제이며 탄탄한 성경적 통찰력을 준다. 수준 높은 영적 상담에서 케네스 보아만큼 자질이 있고 측은지심이 넘치며 실제적인 사람은 아주 드물다. 당신 인생길의 동반자로 이 책을 추천한다."

— 스튜어트 맥알리스터(Stuart McAllister)
래비 재커라이어스 국제 사역 센터
(Ravi Zacharias International Ministries) 아메리카 지부 총 책임자

"적절하게, 생각을 자극하고, 창의적으로 표현된 글이다. 이런 글쓰기 방식은 오래되고 중요한 이슈들을 새로운 방식으로 생각하도록 우리를 이끈다. 이 책에서 보아는 인생의 커다란 질문들을 영원한 관점에서 어떻게 묻고 답하느냐에 따라 지금 이 세상에서 하루하루의 삶의 질이 결정된다는 것을 상기시킨다. 이 책은 우리를 옥죄고 있는 인생의 실제 모습 그대로를 보지 못하게 하는 패러다임을 깨뜨릴 수 있게 도와준다."

— 팻 맥밀런(Pat MacMillan)
경영 컨설턴트 Triaxia Partners 대표

"인생은 뒤를 돌아보며 이해해야 하고 그런 다음 앞을 내다보며 살아야 한다는 키에르케고르의 말이 옳았다. 출발해야 할 이유를 분명하게 밝혀주는 건 바로 도착점이다. 인생의 도착점까지 주어진 자유를 올바르게 사용할 지침과도 같은 인생지도를 따라가야 한다. 그리고 케네스 보아가 이 책에서 살피듯이, '영원한 관점은 우리가 볼 수 있는 것보다 더 나은, 그 이상의 뭔가에 대해 우리에게 알려줄 것이다.' 보아는 우리가 인생의 여정을 잘 지나가도록 안내해 줄 유익하고 소망 가득한 지도를 건네주었다. 그의 글은 틀림없이 당신의 지친 어깨를 감싸주고 일으켜 세워 믿음의 삶에 도전하게 할 것이다."

— 래비 재커라이어스(Ravi Zacharias)

기독교 변증가, 저술가 겸 연설가

"어떤 책은 지식을 제공하고, 어떤 책은 영감을 준다. 이 책은 지식과 영감 둘 다 주는 책이다. 더군다나 이 책은 영원한 가치를 달성할 수 있는 목표를 갖고 있다. 케네스의 글은 독자를 변화시켜 하나님의 더 크고 위대한 이야기 속으로 끌어 올린다. 저자는 나의 작은 이야기를 하나님의 더 큰 이야기로 바라볼 수 있도록 소중한 기회를 주었다."

— 래리 크랩(Larry Crabb)

New Way Ministries 설립자 겸 대표

"케네스 보아는 내가 매우 좋아하는 작가다. 이 책은 바로 내가 왜 그를 좋아하는지 완벽한 예가 된다. 이 책은 심오하고, 실제적이며, 신학적이고, 감성을 휘젓는다. 이 책의 도움을 받아 하나님께서 바라시는 대로 인생을 볼 수 있게 되었다. 그리하여 나는 하나님께서 원하시는 방식으로 인생을 살 수 있게 되었다. 적극 이 책을 추천한다!"

— 칩 잉그램(Chip Ingram)
국제 제자사역 단체 Living on the Edge 대표

"케네스 보아는 다양한 각도를 기가 막히게 배열하여 고혹적으로 묘사하는 그만의 탁월한 재능을 이 책에서 유감없이 발휘했다. 이 책은 역사, 대중문화, 전기, 철학 그리고 예술에 이르기까지 다양한 분야를 걸쳐가는 환상적인 여정이다. 그런데 왜 그 여정을 해야 하는가? 궁극적으로 우리는 모두 인생의 근본적인 질문과 씨름해야 하기 때문이다. 우리는 누구인가? 우리는 왜 여기에 있는가? 무엇이 잘못되었는가? 온전하게 회복하려면 어떻게 해야 하는가? 이 책은 이 질문들에 대한 답을 찾아가는 여정이며, 케네스는 가장 큰 도움을 주는 안내자이다."

— 존 스톤스트리트(John Stonestreet)
척 콜슨 기독교 세계관 센터(The Chuck Colson Center for Christian Worldview) 대표

서문

지금까지의 나의 삶은 다른 사람들과의 관계 속에서 서로 언약을 맺으면서 형성되고 다듬어졌다. 내겐 보물 같은 진짜 친구들이 참 많다. 그들 대부분은 동시에 온전히 만끽할 수 있는, 우월하고 지속적이며 썩지 않는 실재로 진리라는 공동재산을 함께 추구한다. 가장 좋은 우정은 가장 고귀한 재산, 즉 진리, 선함, 아름다움 그리고 이 모든 재산의 원천이신 하나님을 함께 추구하는 삶을 바탕으로 세워진다.

내 삶을 매우 풍요롭게 해준 다른 사람들도 분명 많이 있지만, 가장 고귀한 것들을 함께 추구하며 우정을 쌓아온 열두 명의 언약의 친구들에게 이 책을 바친다.

빅 카드웰(Bick Cardwell), 피터 스패노스(Peter Spanos),
러스 챈들러(Russ Chandler), 랜 사이크스(Len Sykes),
조 클래몬(Joe Clamon), 알 반 혼(Al Van Horne),

빌 페이건(Bill Fagan), 레이몬드 워커(Raymond Walker),

애럴 캔달(Errol Kendall), 아치 워너메이커(Archie Wanamaker),

에드거 쉐퍼(Edgar Schafer), 칼 우드러프(Carl Woodruff).

"친구 사이엔 모든 것을 공유한다"라는 그리스 속담이 있다. 16세기에 에라스무스(Desiderius Erasmus)는 이 말은 여전히 유효하다고 했다. 왜냐하면 "하나님을 믿지 않은 어떤 철학자가 한 말보다 그리스인들의 이 말이 그리스도의 마음에 더 가깝기 때문"이다. 살아보니 그 말은 여전히 맞는 것 같다. 내면의 삶에 존재하는 것들은 소중한 친구들과 함께 나눌 때 더 풍요로워진다.

차 례

추천사 | 4
서문 | 8

1. 깨어진 이야기 | 13

2. 영원을 탐색하다 | 37

3. 패러다임을 되돌리다 | 59

4. 뒤를 돌아보며 인생을 이해하다 | 77

5. 영원을 신뢰하기 혹은 시간을 원망하기 | 101

6. 시인들, 성인들 그리고 영웅들 | 125

7. 위로부터 난 지혜 | 147

8. 비행 계획, 잘못된 목표 그리고 흔치 않은 삶 | 171

9. 어둔 숲에서 나와 빛으로 들어가다 | 205

10. 무엇을 구하는가? (마음의 의도) | 227

11. 영원한 흔적을 남기는 사람 | 249

12. 신학에서 영원한 찬송으로 | 275

에필로그 | 298
노트 | 320

1

깨어진 이야기

당신이 열네 살이 되었을 때 부모님이 이혼을 했을지 모른다. 그 전까지는 학교 성적 말고는 걱정거리가 별로 없었을 것이다. 그 다음엔, 엄마 아빠 중에 누구랑 살고 싶은지를 결정하라는 말을 들었을 것이다. 학교를 졸업한 후엔 어디서 무엇을 하며 살 것인지도 스스로 정해야 했을 것이다. 어느덧 세월이 흘러 이제 당신은 스물여덟 살 나이에 혼자가 된다. 문득 열네 살의 여린 가슴을 할퀸 상처가 십년이 지나도록 결코 아물지 않았다는 사실을 깨닫는다.

당신은 이제 겨우 마음속에 싹트기 시작한 하나님을 향한 믿음을 잃어버렸다. 사람들과의 친밀한 관계도 끊겨버렸고, 사람들 속에 무슨 선한 게 있겠나 하며 사람들에 대한 기대마저 잃어버렸다. 이렇게 사는 게 인생의 전부라면, 언제까지 외로움 속에 허우적대며 살아야하지 하며 걱정한다.

어쩌면 당신은 이건 내 이야기가 아니라고 생각할지 모르겠다. 어쩌면 상처 없이 어린 시절을 평온하게 보냈거나 많지 않은 장애물을 너끈히 뛰어넘었을지도 모른다. 멋진 가족사진이 벽에 걸려 있고 좋아하는 일을 직업 삼아 만족하며 살고 있다. 당신은 바쁘게 지내고 있고 많은 일을 해내고 있으며 당신의 모든 목표에 도달하는 "올바른 길" 위에 서 있다. 하지만 최근 들어 뭔가가 당신을 괴롭히고 있다는 걸 알아채기 시작했다. 맡은 일이 늘어남에 따라 기술도 지식도 월급도 늘어났다. 그러나 체력이 예전만큼 못하다. 시간은 어느 때보다 빨리 흘러가는 것만 같다.

불과 최근까지만 해도 분명하게 말할 수 있었던 여러 가지 꿈과 희망이 성취되지 못한 채 그대로 남아있을 거라는 사실을 확실히 깨닫는다. 당신은 언젠가는 죽을 수밖에 없는 존재라는 엄연한 현실에 직면하고 있다. 그런데 왜? 언젠가는 인생이 끝나리라는 걸 몰랐다면 더 많은 것을 성취할 수 있었을까? 인생은 좋은 것이다. 그러나 보다 큰 그림으로 보면 뭔가가 잘못되고 있다는 걸 당신은 인지할 수 있다.

어쩌면 당신은 중독자일지도 모른다. 처방전 약 복용을 끊지 못하거나 음란물 보는 것을 끊지 못하고 있거나 술을 끊지 못하거나 아내에게 버럭 소리 지르는 것을 끊지 못하고 있을지 모른다. 어쩌면 당신은 직장에 오래 다니지 못하거나 배우자와 오래 가지 못하는 사람일지도 모른다. 여러 곳에서 더 이상 환영받지 못하는 사람일 수도 있다. 아니면 모든 사람이 당신을 환영하고 당신을 똑똑한 사람이라고 생각할 지도 모른다. 당신에 관한 진실을 아무도 모르기 때문이다. 당신은 도저히 빠져나올 수 없을 것 같은 중독의 덫 –똑같은 이야기–에 계속 갇혀 있을 수 있다. 문득 정신을 차리고 자신을 살펴보면 당신은 망가진 자신을 알게 될 것이다.

어쩌면 당신은 엄마일지도 모른다. 아이들이 혼자서 생각하고 행동할 수 있을 만큼 자란 이후로 당신이 늘 하는 일이라곤 다음과 같은 것들뿐이라고 느낀다. 아이들의 일과표 챙겨주기, 학교에 태워다 주고 데려오기, 집안 청소하기, 요리하기, 운전을 조금 더 하기, 점심 만들기, 아이들 숙제 확인하기, 변기 뚫기, 녹초가 되어 침대에 쓰러지기. 한때 꾸었던 꿈을 떠올린다. 하지만 아이를 키우고 집안일을 하느라 꿈을 포기해버렸다. 가족을 사랑하지만 이건 당신이 젊었을 때 상상했던 이야기가 아니다. 왜 *이런* 인생을 살아야 하는지 의아해질 때가 있다. 왠지 살짝 상실감마저 밀려온다.

이러한 세상이 공급해 주는 것에 한정된 기대를 품은 사람들은 이런 인식을 하는 순간 비탄에 젖을 수밖에 없다. 하지만 그러한 인식은 일시일 뿐 전체 이야기는 아니다. 누구에게나 깨어진 이야기가 있고 누구에게나 선택권이 있다. 그런 인식이 들 때면 깨어진 이야기를 포용하고 보다 큰 이야기의 맥락 안에 둠으로써 그것을 수정할 수 있다. 시작과 좋은 결말이 있는 이야기 말이다. 고통에 처했을 때 당신은 무엇을 믿고 있는지 다시 점검할 수밖에 없게 되고 그때 당신은 고통 속에서 구원에 이를 수 있다. 영원한 관점을 가지면 모든 것이 달라질 수 있으며, 당신이 지금 겪고 있는 이야기를 이해할 수 있게 된다.

> 우리가 잠시 받는 환난의 경한 것이 지극히 크고 영원한 영광의 중한 것을 우리에게 이루게 함이니 우리가 주목하는 것은 보이는 것이 아니요 보이지 않는 것이니 보이는 것은 잠깐이요 보이지 않는 것은 영원함이라
> (고후 4:17-18)

*영원한 관점*이란 이 땅에서의 삶은 중요하지만 그게 전부가 아니라는 사실을 보는 것이다. 이 관점은 성경이 영원에 관해 말하는 게 참이라는 믿음에 근거한다. 하나님은 우리가 태어나기 전부터 우리를 아셨으며 우리가 이 땅에서 사는 동안 함께하시며, 예수님은 그분을 따르는 자들이 언젠가 그분과 함께 거할 장소를 예비하셨다. 우리가 아직 보지 못하는, 우리를 위해 예비된 더 좋은 것들이 있다. 성경에서는 하나님께서 사람들에게 영원을 사모하는 마음을 주셨다고 말한다 (전 3:11). C. S. 루이스(Lewis)는 이렇게 말한다. "만약 내 안에 이 세상에서의 경험으로 도저히 만족할 수 없는 갈망이 있음을 발견한다면, 나는 다른 세상을 위해 지음 받은 존재라는 것이 가장 그럴듯한 설명이 될 것이다."[1] 영원한 관점은 이러한 갈망을 인정한다. 그리고 하나님께서

우리의 소망을 그분과 영원한 것에 두게 하시려고 그런 갈망을 우리에게 주셨음을 믿는다. 영원한 관점을 키우기 시작할 때 우리는 그리스도 안에서 새로운 삶을 입게 되고 모든 것을 다르게 보게 된다. 이 새로운 관점을 갖게 되면 우리에 관한 진짜 이야기를 볼 수 있게 된다. 우리가 예전에 상상했던 것보다 훨씬 나은 이야기 말이다.

> **일시적 관점**: 이 세상이 전부다. 죽은 후에 삶은 없다.
>
> **영원한 관점**: 이 땅에서의 삶은 중요하지만, 이 세상이 주는 것보다 훨씬 나은 것이 있다. 우리는 영원을 위해 지음 받았다.

당신의 시를 써라

1989년에 나온 영화 〈죽은 시인의 사회〉*(Dead Poets Society)*엔 매우 흥미진진한 장면이 있다.[2] 개학 첫날, 영어 선생님 존 키팅(John Keating, 로빈 윌리엄스 역)은 학생들한테 낡은 트로피 진열장에 관심을 갖게 한다. 인간은 죽을 수밖에 없는 존재라는 사실을 학생들에게 알려주고자 했다. 사실 이것은 불가능한 일이다. 대부분의 청소년들은 인간이 죽음을 피할 수 없다는 사실을 의식하지 못한다. 진열장엔 70년 혹은 80년 전에 졸업한 선배들의 사진이 있었다. 키팅 선생님은 학생들을 진열장 주위로 모이게 하고 한 학생에게 시를 읽어보라고 했다. 로버트 해릭(Robert Herrick)의 "시간을 버는 소녀에게"(To the Virgins, to Make Much of Time)이었다.

할 수 있을 때 장미꽃 봉오리를 거둬라
시간은 여전히 날아가고 있네
오늘 미소 지으며 핀 꽃도
내일이면 지나니

키팅 선생님은 학생들에게 해릭의 말이 맞다고 한다. "자네들, 우리는 벌레들의 먹이가 될 걸세. 왜냐하면, 믿거나 말거나, 여기 있는 우리 모두는 언젠가는 숨이 멎고 차갑게 식으면서 죽게 될 테니까."

어떤 점에선 그의 말이 옳다. 인간의 관점으로 보면, 우리는 벌레의 먹이가 될 것이다. 암울한 생각이다. 하지만 우리는 그 이상의 무언가가 있다는 걸 믿고 산다는 점을 명심해야 한다.

키팅 선생님은 말을 잇는다. 학생들은 상자 안의 얼굴들을 바라보며 서 있다. 그때 선생님은 학생들 뒤로 간다. 카메라가 점점 더 가까이 다가간다. 그가 말을 꺼낸다.

사진 속 선배들이 너희랑 다를 거 같니? 너희랑 똑같이 머리를 잘랐고, 너희처럼 호르몬이 왕성해. 천하무적이지. 너희가 느끼는 것처럼 말이야. 세상은 그들의 손바닥이었어. 그들은 대단한 존재가 될 거라고 믿었어. 지금 너희들이랑 똑같아. 그들의 눈은 너희처럼 희망으로 가득 차 있었지. 그들의 인생에서 티끌만한 가능성을 꽃피우려고 했을 때는 이미 늦어버린 거야. 왜냐하면, 그 소년들은 땅에 묻힌 지 오래돼서 지금은 수선화의 거름이 되어 있거든. 정말로 가까이 다가가 귀 기울이면 그들의 속삭임을 들을 수 있을 걸세. 자, 기대봐. 귀를 기울여 보게. 들리나?

학생들은 어떻게 해야 할지 몰라 서성댄다. 개학 첫날 만난 이 선생님은 완전 괴짜 같다. 그러나 학생들은 귀를 갖다 댄다. 키팅 선생님이 괴상하고 쉰 목소리로 말한다.

카르페… 들리나? 카르페 카르페 디엠. 현재를 즐겨라 소년들이여. 인생을 특별하게 살아라.

다음 날, 키팅 선생님은 월트 휘트먼(Walt Whitman)의 시 "오 나여! 오 삶이여!"(O Me! O Life!)를 들려준다.

> 오 나여! 오 삶이여! 끊임없이 반복되는 질문들에 대해
> 믿음 없는 자들의 끝없는 행렬에 대해, 어리석은 자들로 가득 찬
>   도시들에 대해…
>
> 오 나여! 너무나 슬프고 반복되는 질문 – 이것들에 둘러싸여 있는 게

무슨 소용인가?
오 나여, 오 삶이여!

대답:
네가 여기에 있다는 것 – 삶이 존재하고 자신이 존재한다는 것.
화려한 연극은 계속되고 너 또한 한 편의 시가 된다는 것.

키팅 선생님은 학생들을 돌아보며 묻는다. "너희들의 시는 어떤 시가 될까?"

어린 학생들에게 죽음을 피할 수 없는 인간의 운명을 알려주기에 이 방법은 그리 나쁘지 않다. 헨리 소로우(Henry D. Thoreau)에게서 깊은 영감을 얻은 키팅 선생님의 바램은 학생들이 "삶의 골수를 쪽 빨아먹기"를 시작하는 것이었다.

그런데 키팅 선생님의 말에는 문제가 있다. 갑자기 뚝 멈춰버린다. 통찰력 있는 말이지만 일시적인 관점, 즉 죽음 이후엔 더 이상 아무것도 없기 때문에 살아 있는 지금 가능한 한 모든 열정을 모아야 한다는 전제에 근거한 말이라 근본적으로 흠이 있다.

그럼에도 이 장면은 아주 감동적이다. 전체 그림의 한 부분만을 보여줄 뿐이지만 말이다. 영원한 관점을 가지면 우리는 인생이 아주 짧다는 것을 경험적으로 알게 된다. 키팅 선생님이 학생들에게 알게 해 줬

듯이. 그러나 그리스도를 따르는 자들은 거기서 멈추지 않는다. 그들은 자신들을 "벌레들의 먹이"로 보지 않으며, 이 땅에서의 삶은 앞뒤 맥락에서 상당히 중요하다는 걸 잘 알고 있다. 그리스도인들에게 영원은 죽고 난 다음에 시작되는 것이 아니라 그리스도 안에서 살기로 결단한 순간부터 시작된다. 대개 깨어진 삶의 한복판에서 결단을 하게 된다. 우리는 언젠가 벌레들의 먹이가 될 거라는 허망한 태도로 장미꽃봉오리를 거두지 않는다. 오히려 우리는 지금 하는 행동이 영원에 파문을 일으킨다는 사실을 직시한다. 그러므로 우리의 시간은 어딘가에 쏟으라고 주어진 것이다.

책임과 초점

나이가 들어갈수록, 이 세상에서 머무는 시간이 아주 짧다는 사실이 키팅 선생님의 학생들보다 훨씬 쉽게 와 닿는다. 그러나 세상은 우리로 하여금 명백한 이 사실을 무시하게 하며, 그렇게 하기 위한 도구들도 함께 제공한다. 우리는 이 땅에서 영원히 살 존재가 절대 아니라고 우리의 육체가 표현을 하고 있지만, 이 세상에 속한 책임과 압력이 어떤 식으로든 현재를 즐기는 것에 관심을 가지라고 아우성친다.

그것들은 성취된 꿈의 보상을 약속하고, 우리를 몹시 산만하게 하여 하나님의 약속을 더 깊이 신뢰하는 쪽으로 나아가지 못하게 한다. 이런 점에서, 우리가 더 바빠지고 어쩌면 예전보다 더 많은 일을 해 내고 있을 때엔 영원한 것에 억지로라도 관심을 기울여야 한다. 우리는 죽을 수밖에 없는 존재라는 사실을 늘 기억하면서 산다고 해서 굳이 흔들릴 필요는 없다. 대신 우리는 이러한 방해거리들을 우리의 초점을 재평가하라는 초대장으로 기꺼이 받아들일 수 있다. 사도 바울은 그의 영원한 관점이 드러난 말씀으로 우리를 방해하려고 했다. "그러므로 우리가 낙심하지 아니하노니 우리의 겉사람은 낡아지나 우리의 속사람은 날로 새로워지도다"(고후 4:16). 이 "속사람"은 세상에 의해 해를 받지 않고 사랑하는 아버지의 임재 앞에 서게 될 것이다. 이것을 고대하며 산다면 우리의 소망은 커지고 존재의 질은 새로워질 것이다.

그렇다면 어떻게 영원한 관점을 유지할 수 있을까? 토마스 켈리(Thomas R. Kelly)는 『영원한 현재』(*A Testament of Devotion*)에서, 하나님께서는 우리가 실제로 한 번에 두 차원을 생각할 수 있도록 우리의 마음에 명령하셨다고 말한다.3 그렇게 하려면 훈련과 의지가 필요하다. 살다 보면 우리 모두 의지가 꺾이고 무기력해져 힘들 때가 있다. 하지만 그때에도 하나님의 임재를 인식하고, 그분의 말씀을 묵상하는 쪽을 의식적으로 선택할 수 있다. 일상의 일을 처리하느라 정신없이 지낼 때에도 쉬지 않고 기도하는 쪽을 의식적으로 선택할 수 있다. 이러한 생각의 방식이 지닌 놀라운 점은 평범한 사람이 또 다른 세상의 특성을 띠기 시작한다는 것이다. 우리의 마음이 영적인 것에 거하면 우리는 언제 어디서나 누구에게서나 하나님을 볼 수 있게 된다. 차를 타고 다닐 때에든지 식당에 앉아 있을 때에든지 쓰레기를 버릴 때에도 하나님의 임재를 경험할 수 있다.

　이 "영원한 관점"을 작동시킬 수 있는 간단하고 실용적인 방법은 성경 말씀을 늘 옆에 두는 것이다. 쪽지에 성경 구절을 적어서 직불 카드에 붙여놓을 수도 있다. 이런 말씀 구절을 적어 두어도 좋다. "우리는 그가 만드신 바라 그리스도 예수 안에서 선한 일을 위하여 지으심을 받은 자니 이 일은 하나님이 전에 예비하사 우리로 그 가운데서 행하게 하려 하심이니라"(엡 2:10). 카드를 사용할 때마다 당신의 비즈니스가 당신의 것이 아니라는 사실이 기억날 것이다. 당신이 돈을 많이 벌고 있다면 그 돈은 하나님의 것이다. 당신이 사람들과 함께 있을 때, 그들은 하나님의 사람들이며 하나님께서 당신에게 주신 관계들이다. 마음속에서 우러나온 영원한 가치를 따라 섬겨야 할 사람들이다. 이 원칙을 붙잡고 산다면 모든 것이 거룩해질 것이다.

　당신이 인생을 바라보는 맥락에 따라 이러한 깨달음을 통해 위기에 빠질지 아니면 하나의 과정을 지나게 될지 결정될 것이다. 일시적인 관점을 갖게 되면 필연코 당신은 위기에 빠질 것이다. 보이는 이 세상이 전부라면, 우리가 할 수 있는 것보다 더 해야 하는 충돌의 과정 가운데 있을 때, 그것을 정확한 시간에 할 수 없다. 그러나 영원한 관점을 갖게 되면 충돌을 피하게 되고 삶에서 일어나는 *모든* 일은 하나의 과정이라는 걸 깨닫게 된다. 하나님과 그분의 목적에 한층 더 가까이 다가가

도록 하나님이 주신 과정이라는 것이다. 저주처럼 보였던 한계들도 선물이었던 것이다! 이토록 신성한 과정을 통해 *하나님께서는 우리로 하여금 세상을 벗 삼아 사는 것을 끊게 하시고 진정한 본향을 향한 갈망을 불러일으키신다.*

위기 혹은 과정

펜실베이니아 더치(Pennsylvania Dutch / 17, 18세기에 독일과 스위스에서 이주하여 미국 펜실베이니아에 정착한 사람들 – 역자 주)의 옛날 속담에 우리는 "너무 일찍 늙고 너무 늦게 똑똑해진다"는 말이 있다. 맞는 말일까? 더 일찍 정신 차리지 않으면, 중년 즈음 젊은 시절의 몇 가지 꿈이 사라지고 있으며, 그 꿈과 함께 세상에서 목표를 성취한 시간이 언제나 있을 것이라는 전제도 함께 사라지고 있다는 깨닫고 돌파구를 찾을 수 없을 것이다.

그러므로 선택이 눈앞에 있다. 우리는 그 이상의 것이 될 운명이라고 말하는 목소리에 그저 귀를 기울이기만 할 수도 있고 아니면 그 목소리가 우리 귀에 속삭이는 대로 행동할 수 있다. 우리는 운명 지어진 "그 이상의 어떤 것"에 비추어 우리의 행동과 책임을 검토해야 한다. 우리는 삶을 조정해야 할 필요가 있다. 하지만 일단 우리가 세상의 야망으로부터 우리의 꿈을 떼어내어 예수님께 확고하게 되돌려놓으면 우리의 믿음이 자라고 그분을 향한 신뢰가 더 깊어지는 것을 발견할 수 있다. 이렇게 깨닫는 순간 더 이상 두려움은 생기지 않으며 오히려 기쁨이 샘솟는다. 이젠 맘대로 쉬어도 좋다.

영원의 영향력으로 오늘을 살고, 언젠가는 그리스도를 보게 될 것이라는 사실에 비추어 하루하루 살아가자. 이게 바로 오늘의 삶을 바라보는 영원하고 성경적인 방식이다. 이는 인간은 죽을 수밖에 없는 존재라는 사실을 나쁜 일이라는 생각에 반하는 흐름이다. 오히려 그 방식은 소망을 넘치게 한다. 이 세상에서 겪는 고통과 슬픔과 실망과 부서진 꿈들은 하나님의 보다 큰 그림의 맥락과 관련지어진다. 그때 우리는 비로소 이 땅에서의 삶이 끝나도 이야기는 끝나지 않는다는 것을 알게 된다.

연극에서 주인공들이 끝에 가서 모두 죽는 것을 볼 때, 우리는 그것을 비극이라고 한다. 셰익스피어(William Shakespeare)의 「햄릿」(Hamlet)은 비극이다. 우리가 어떤 연극을 보면, 전개되는 사건들이 완전 엉망이 될 것처럼 보이지만 어쩐 일인지 결말에 가서 모든 일이 잘 풀리는 것도 있다. 「헛소동」(Much Ado About Nothing)처럼 말이다. 우리는 그것을 희극이라고 부른다. 희극은 언제나 재미있는 건 아니지만 행복한 결말로 끝난다. 우리의 삶은 단테의 「신곡」(The Divine Comedy)과 크게 동떨어져 있지 않다. 고통스런 일들이 삶에 넘쳐날지 모르지만 천국이 가까이 있다. 모든 게 결국 잘 될 것이다.

그리고 하나님은 우리가 그것을 보기 원하신다. 삶의 모든 고통과 슬품, 실망과 깨어짐은 우리를 예수님에게로 이끄는 도구가 될 수 있다. 뒤돌아보면, 고통스런 그 시절이 실제로 은혜의 순간이 될 수 있다. 고통의 순간을 지나는 동안 바위처럼 단단한 우리의 자율성과 독립성과 오만함이 산산이 부서질 수 있다. 그리하여 우리는 하나님을 의지하고 겸손하게 그분과 동행할 수 있게 된다. 또한 우리의 강함이 아닌 우리의 약함으로 다른 사람을 돕는 것을 배울 수 있다. 하나님의 강함을 의지하면서 말이다.

사람이 지혜를 얻으면 이 세상의 야망에 근거한 공허한 기대와 희망을 붙들지 않게 된다. 오히려 하나님의 말씀의 약속에 근거한 소망을 품게 된다. 더 나은 뭔가를 바라는 소망 말이다. 그리고 이 소망으로 인해 우리의 삶은 확 달라질 것이다. "영광의 소망"(골 1:27)이 우리 삶에 분명하게 드러날 것이다. 우리의 이야기가 그리스도의 이야기의 한 부분이 될 때 우리에겐 시작도 끝도 없다. 우리의 삶은 영원히 지속된다. 그분이 살아계시기 때문에 우리도 살아있을 것이고, 그분이 죽은 자들 가운데서 살아나셨기 때문에 우리도 죽은 자들 가운데서 살아날 것이다. 그분의 운명은 이제 우리의 운명이며 그분의 기업이 우리의 기업이다.

이렇게 보면, 우리를 향한 하나님의 계획이란 것은 실로 대단한 개념이다! 그런데 우린 아직 아무것도 보지 못했다! "하나님이 자기를 사랑하는 자들을 위하여 예비하신 모든 것은 눈으로 보지 못하고 귀로 듣지 못하고 사람의 마음으로 생각하지도 못하였다"(고전 2:9). 하나님께서 우리를 위해 예비해 두신 모든 것을 헤아릴 만한 상상력이 우리에겐 없다. 하지만 그분은 약속하셨다. 우리가 무슨 고통을 겪든지 그 고통은 그분이 장차 우리에게 주실 영광에 비하면 아무것도 아님을!

우리를 사랑하는 분을 기억하기

> 당신이 무엇을 사랑하는지 내게 말해 주시오, 그러면
> 당신이 누구인지를 말해줄 테요.
>
> 작자 미상

이 격언은 19세기부터 유럽 작가들 사이에서 아주 인기가 있던 표현이라 누가 처음 이 말을 했는지는 정확히 알 수 없다. 아마도 아주 통찰력 있는 말이라 대단히 인기가 있었던 것 같다. 우리가 이 세상에서 너무 오래 있다 보니 이 세상에 대한 애착이 점점 강렬해지는지 모를 수도 있다. 우리는 세상이나 세상에 있는 것들을 사랑하지 말라는 경고를 들었으나 자주 까먹는다. "누구든지 세상을 사랑하면 아버지의 사랑이 그 안에 있지 아니하니"(요일 2:15). 요한은 세상에 있는 것이란 "육신의 정욕과 안목의 정욕과 이생의 자랑"이라고 말한다(16절). 우리는 이것들의 매력에 홀리지 않도록 조심해야 한다. 왜냐하면 이것들은 일시적인 것을 소중히 여기게 할 뿐 아니라 우리들의 생이 끝날 때 하

나님으로부터 의롭다 함을 얻을 시간이 우리에게 언제나 있을 거라고 생각하게 만들기 때문이다. 세상의 야망은 우리를 잘못된 길로 이끌며 세상의 재물은 사라지게 되어 있다. 그러나 "오직 하나님의 뜻을 행하는 자는 영원히 거하느니라"(요일 2:17). 우리는 영원히 살 존재들이다!

야고보서에서도 "누구든지 세상과 벗이 되고자 하는 자는 스스로 하나님과 원수 되는 것이니라"고 말씀한다(약 4:4). 엄중하고도 강력한 말씀이다. 하지만 우리가 하늘 아버지와의 관계를 더 많이 인식하고 더 신중하게 여길 때 그 말씀은 우리 마음에 새겨진다. 영원한 존재인 우리는 이 관점을 꼭 가져야한다. 우리는 이것을 사랑하거나 혹은 저것을 사랑하거나 할 수 있다. 한 번에 두 가지를 사랑할 수는 없다. 우리는 선택하도록 부름 받았다.

예수님은 무엇이 중요한지를 아주 강력하게 말씀하셨다. "너희는 사람 앞에서 스스로 옳다 하는 자들이나 너희 마음을 하나님께서 아시나니 사람 중에 높임을 받는 그것은 하나님 앞에 미움을 받는 것이니라"(눅 16:15). 우리가 하나님과의 관계를 의식적으로 더 깊게 할수록 이 말씀을 무시하고 살았던 한 때의 어리석음을 피하게 된다. 누가복음의 이 말씀이 사실이라면 그 말씀은 우리가 살아가는 삶의 방식을 뒤흔드는 충격을 줄 수밖에 없다. 삶의 목표가 달라져야 한다. 사람들에게 감동과 깊은 인상을 주기 위해 사는 게 아니라 하나님을 기쁘시게 하기 위해 살아가야 한다. 이렇게 살려면 성숙해져야 하고 의지의 힘을 들여야 한다. 뿐만 아니라 하나님을 기쁘시게 하는 삶은 노력을 쏟을 만하다고 믿는 믿음이 있어야 한다. 그러니까 이러한 전환은 하나님이 우리를 얼마나 사랑하시며 우리 삶에 가장 좋은 것을 원하시는지 기억하면서 하나님 아버지와의 관계가 깊어질 때에만 일어날 수 있다. 우리가 믿는지 안 믿는지 우리의 결단이 말해줄 것이다.

실제 이야기

페인 스튜어트(Payne Stewart)는 프로 골퍼로 처음 명성을 얻었을 때, 명목상의 그리스도인이었지만 그의 경기를 지켜본 사람들은 그 사실을 몰랐을 것이다. 성경 공부에 참석하고 있는 것을 그를 비웃는 선수들도 몰랐을 것이다. 스튜어트는 니커보커스 바지와 빵모자 차림의 선수로 잘 알려져 있을 뿐 아니라 자기밖에 모르고 무뚝뚝한 사람으로 정평이 나 있었다.

그런데 친구이자 동료 프로 골퍼인 폴 아징거(Paul Azinger)가 은혜와 믿음으로 암과 싸우는 걸 보면서 심경에 변화가 생겼다. 친구의 삶은 스튜어트를 흔들어놓았다. 그는 프로배구 선수인 오렐 허쉬어(Orel Hershiser)의 집에서 열린 성경 공부에 참석하기 시작했다. 무엇을 깨달았는지 언제 그랬는지 아무도 말할 수 없지만 스튜어트는 변하기 시작했다. 그를 가까이 본 사람들이 먼저 알았고, 곧 대중들도 알 수밖에 없었다. 우선순위를 새롭게 정한 스튜어트는 경기 출전 횟수를 줄였으나 더 많이 이겼으며, 삶의 변화에 대해 주님께 감사했다. 그것도 공개적으로 말이다! 1999년 페블 비치(Pebble Beach)에서 열린 US오픈에서 우승한 뒤, 기자들이 골프에 대해 묻자 스튜어트는 예수님에 관한 말을 하였고 가족들과 더 많은 시간을 보내기 위해 가을에 열리는 다음 경기에 쉬겠다고 했다. 기자들은 어안이 벙벙했다. 야망으로 가득 차 있고 무례하기 짝이 없는 사람으로 알려진 이 프로 선수가 평화롭고 착한 사람으로 인식되기 시작했다. 스튜어트는 새로운 이야기를 쓰고 있었던 것이다.

영국 골퍼 콜린 몽고메리(Colin Montgomerie)는 1999년 라이더 컵 마지막 날에 스튜어트가 출전한 미국 팀을 상대로 경기를 했다. 미국 팬들은 하루 종일 몽고메리에게 야유를 퍼부었고 점점 긴장감이 감돌았다. 스튜어트는 대회 진행 요원들에게 그의 팬들의 난폭한 행동을 자제시켜달라고 부탁을 하였다. 저스틴 레너드(Justin Leonard)가 미국 팀의 승리를 확정지은 후, 몽고메리와 스튜어트는 계속 치열한 경기를 펼쳤다. 그러나 몽고메리를 향한 야유는 점점 심해졌다. 마지막 홀에서 스튜어트가 이길 게 뻔해 보였던 바로 그때, 스튜어트가 공을 집어 몽고메리에게 건넸다. 몽고메리에게 승리를 양보한 것이다. 몇 년 후에, 몽고메리는 그날의 그 선수를 결코 잊지 못할 거라고 말했다.

1999년은 스튜어트 인생 최고의 해일 뿐 아니라 그의 인생의 마지막 해가 된다. 9월 25일에 그는 비행기 추락 사고로 죽고 말았다. 그러나 죽기 전에, 이미 그는 그리스도의 이야기 중심에 자신의 이야기를 안전하게 놓아두었다. 스튜어트가 변화하기 시작한 건 친구 아징거가 영원을 추구하는 삶이야말로 노력할 만한 가치가 있는 삶이란 걸 몸소 보이면서 헌신된 삶을 살았기 때문이었다. 스튜어트의 장례식에서 아징거는 이렇게 말했다. "페인 스튜어트는 경주를 끝냈습니다. 그는 믿음을 지키며 살았고 이제 의의 면류관은 그의 것입니다."

당신은 깨어졌으며 잃어버린 자가 되었고 삶의 이야기가 기대대로 펼쳐지지 않았다는 깨달음이 밀려오는 그 순간, 그것은 선물이다. 그것은 오늘을 즐기라고 당신에게 속삭이는 지혜다. 가까이 다가가 귀 기울여 보라. 지혜는 단지 인생을 최대한 즐기고 너무 늦기 전에 장미꽃 봉오리를 거두라고 하지 않는다. 지혜는, 당신은 이유가 있어 이 땅에 존재하고 있으며 하나님 때문에 삶은 존재하며 당신의 정체성과 이야기는 창조주와 함께 있다고 말해주는 것이다. 하나님이 연출하신 강력한 연극은 당신이 함께 있든지 없든지 계속될 것이다. 하지만 그분은 이미 당신을 무대 위에, 그분의 이야기 속에 두셨으며 한 편의 시가 되라고 초대하셨다.

당신의 시는 어떤 시가 될까?

이 책의 나머지 부분에서는 당신 이야기의 장면을 영원한 맥락 안에 두는 법, 당신의 이야기가 뜻밖의 문제에 부딪혔을 때에 소망을 찾는 법, 이야기 줄거리에서 벗어났을 때 되돌아오는 법, 영원한 흔적을 남기는 법, 뒤에 유산을 남기면서 당신의 이야기를 작동시키는 법을 다룰 것이다.

더 깊은 묵상

각 장을 읽은 후에, 배운 것을 실천하기 위해 읽기를 멈추고 하루 시간을 내서 생각할 시간을 가지라. 각 장마다 몇 가지 질문과 묵상할 성경 본문과 실천 사항이 딸려있다. 이를 통해 당신은 하나님의 마음에 한층 가까이 다가가게 될 것이다. 일기쓰는 습관이 안 되어 있다면 이제 시작하기에 딱 좋은 기회가 될 것이다.

1. 이 책을 읽고 있다면, "깨어진 이야기"라는 개념과 친해질 좋은 기회가 생긴 것이다. 당신의 삶의 이야기 가운데 "깨어진" 것들을 적어보라.

2. 당신의 이야기를 하나님의 더 큰 이야기의 맥락 안에 둔다는 게 무슨 의미인지 생각해 본 적이 있는가? 당신의 이야기를 하나님의 이야기의 맥락 속으로 되돌리는 법을 알고 싶다면, 어떻게 해서 궤도를 벗어났는지 곰곰이 생각해 보라.

3. 〈죽은 시인의 사회〉에서 키팅 선생님이 학생들에게 말한 내용

중에서 좋은 점은 무엇이었는가? 그가 한 말의 문제는 무엇이었는가?

4. 하나님께서 당신으로 하여금 죽을 수밖에 없는 존재라는 사실을 깨닫게 하심으로 당신의 삶을 "간섭"한 적이 있었는가?

5. 영원에 대해 당신이 갖고 있는 개념은 얼마나 강한가? 당신의 소망을 키우기 위해 무엇을 하고 있는가? 영원에 대한 개념이 강하지 않다면 이 분야에서 당신의 멘토가 될 만한 사람에게 도움을 청해 보라.

6. 이 책을 통해 당신의 인생에서 소망하는 변화를 적어보라.

■ 초점 성경

당신의 이야기를 하나님의 큰 이야기의 맥락에 끼워 넣었다면, 당신의 속사람에 관한 진실 즉 여태 알지 못했던 놀라운 것들이 드러날 것이다. 고린도후서 4장 16절을 읽고 암송해 보라.

■ *실천 사항*

이 책에 나온 토마스 켈리의 책 「영원한 현재」(*A Testament of Devotion*, 은성 역간)를 읽어보고 가시적이고 도움이 될 만한 제안들을 실천해 보라.

우리는 그가 만드신 바라 그리스도 예수 안에서 선한 일을 위하여

지으심을 받은 자니 이 일은 하나님이 전에 예비하사

우리로 그 가운데서 행하게 하려 하심이니라

[엡 2:10]

우리가 잠시 받는 환난의 경한 것이 지극히 크고

영원한 영광의 중한 것을 우리에게 이루게 함이니

우리가 주목하는 것은 보이는 것이 아니요 보이지 않는 것이니

보이는 것은 잠깐이요 보이지 않는 것은 영원함이라

[고후 4:17-18]

너희는 사람 앞에서 스스로 옳다 하는 자들이나

너희 마음을 하나님께서 아시나니 사람 중에 높임을 받는 그것은

하나님 앞에 미움을 받는 것이니라

[눅 16:15]

2

영원을 탐색하다

> 우리가 주목하는 것은 보이는 것이 아니요 보이지 않는 것이니
> 보이는 것은 잠깐이요 보이지 않는 것은 영원함이라 (고후 4:18)

패러다임

*패러다임*이란 말은 수 세기 동안 존재했었는데, 토마스 쿤(Thomas S. Kuhn)이 1962년에 쓴 책 「과학 혁명의 구조」(*The Structure of Scientific Revolution*, 까치 글방 역간)에서 사용되면서 널리 알려졌다. 그 후로 패러다임은 우리가 흔히 쓰는 말의 일부가 되었다. 패러다임이란 한 사람의 관점을 형성하고 사람이 세계관을 형성하는 방식에 영향을 미치는 (암시적이거나 명시적인) 일련의 규칙들을 의미한다.

모든 그리스도인들은 근본적으로 패러다임을 선택해야 한다. 다시

말해 존재하는 것과 존재하는 것처럼 보이는 것 사이에서 또는 지속되는 것과 지속되지 않는 것 즉 *영원한 것*과 *일시적인 것* 사이에서 결단을 해야 한다. 이 선택은 성경에서 반복적으로 살펴졌다. 예수님은 다른 어떤 주제보다도 일시적인 것과 영원한 것의 대비에 관해 더 많이 말씀하셨다. 우리는 하나님이 말씀하신 것이 지속될 거라는 쪽과 그렇지 않을 거라는 쪽 사이에서 선택하는 것이다. 예수님을 따르는 사람들은 당연히 하나님의 말씀을 영원히 지속되는 보물로 소중히 여기는 사람이 되고 싶을 것이다.

1964년에 결성된 포크 락 밴드 〈더 버즈〉(The Byrds)는 피테 시거(Pete Seeger)가 쓴 'Turn! Turn! Turn!'이란 노래를 유행시켰다. 그 노래는 전도서 3장에서 따온 것으로 엄청난 히트를 쳤다. 그 노래에 나온 성경 구절을 우리 중 많은 사람들이 알고 있다. "울 때가 있고 웃을 때가 있으며 슬퍼할 때가 있고 춤출 때가 있으며… 사랑할 때가 있고 미워할 때가 있으며 전쟁할 때가 있고 평화할 때가 있느니라"(전 3:4, 8). 같은 장에서 솔로몬은 이렇게 말한다. "하나님이 인생들에게 노고를 주사 애쓰게 하신 것을 내가 보았느니라"(10절). 중심 구절은 여기다. "하나님이 모든 것을 지으시되 때를 따라 아름답게 하셨고 또 사람들에게는 영원을 사모하는 마음을 주셨느니라 그러나 하나님이 하시는 일의 시종을 사람으로 측량할 수 없게 하셨도다"(11절). 우리가 지금은 전체 그림을 볼 수 없다. 하지만 언젠가 보게 될 것이다!(고전 13:12)

하나님께서 가치 있게 여기는 것을 우리도 가치 있게 여기려면, 다른 사람들이나 우리 주변 세상을 좇아 상황을 보는 방식을 형성하지 말고 성경이 말하는 것을 좇아 인생관을 형성해야 한다. 우리는 주변 사람들이 하는 것처럼 똑같이 상황을 바라보도록 끊임없이 압력을 받고 산다. 세상은 너무 가까이 있고, 지금 여기에 있으며, 변함이 없다. 그래서 하나님의 관점보다는 현재의 어두운 관점으로 상황을 보게 한다. 하지만 하나님은 모든 사람들에게 영원을 사모하는 마음을 주셨다. 그리고 그분은 우리의 깨어진 시간들을 사용하여 우리의 이야기를 다시 쓰실 수 있다. 성경적이고 영원한 관점을 가질 때 우리는 덧없이 흘러가는 현재의 기회들을 영원의 실재라는 맥락 속에서 이해하도록 도와줄 지혜로 향하게 된다.

일시적 관점: 지나가는 이 세상 질서와 관련된 것은 영원까지 계속되지 못한다.

영원한 관점: 인생은 앞으로 영원히 나아갈 수 있다. 성경은 영원한 관점으로 쓰여졌으므로 성경적인 관점 혹은 성경적인 세계관은 곧 영원한 관점이기도 하다.

임박한 인생의 끝

이 점을 실제적으로 천천히 살펴보자. 정기 건강검진을 받으러 갔는데, 분명한 증상이 있는 건 아니지만 치명적인 병에 걸렸다는 말을 의사한테 들었다고 가정해 보자. 길어야 1년 아니면 6개월이나 3개월 정도밖에 살지 못한다고 한다. 다른 의사들을 찾아가 본다. 그들은 그 진단이 확실하다고 말한다. 그 병이 최후 단계에 이를 때까지 실제로 명백한 증상은 나타나지 않을 것이지만 1년 이내에 당신은 확실히 죽을 것이다.

그럼 스스로에게 다음 질문을 던져보라
1. 이 진단은 나의 인생관에 어떻게 영향을 미칠까?
2. 이 진단은 이 땅에서의 나의 역할(친구, 부모, 딸, 아들)에 대한 관점에 어떠한 영향을 미칠까?
3. 이 진단은 나의 돈과 시간을 쓰는 방식에 어떠한 영향을 미칠까?

분명컨대, 살 날이 얼마 남지 않았다는 청천벽력 같은 소리를 들으면 하늘이 무너질 듯한 충격을 받을 수 있다. 하지만 이것을 이해해야 한다. *당신의 현재 관점과 습관이 바뀌는 정도는 당신의 현재 인생관과 성경관이 바뀌는 정도와 같다.*

당신의 현재 인생관과 성경적 인생관 사이의 간격은 당신이 세상 속에서 기대하는 당신의 모든 관점과 습관을 변화시킬 소식의 정도와 비례한다. 살 날이 하루가 남았든 30년이 남았든 당신의 인생관은 똑같아야 한다.

둘째로, 이 진단은 당신의 역할에 대한 관점에 어떻게 영향을 미칠까? *이 병 때문에 당신의 부모 형제나 친구들을 영영 못 볼 수도 있는 것처럼 그들과 관계를 맺으며 살아가고 있는가?*

셋째로, *당신의 시간과 돈을 어떻게 쓰고 있는가?* 시간과 돈을 쓰는 방식을 확 바꿔야 한다면 아마도 스스로에게 이유를 물어야 할 것이다. 이미 시간과 돈을 하나님의 목적을 위해 쓰고 있다면 크게 조정하지 않아도 된다.

솔직히 말하면, 우리에게 앞으로 살 날이 1년이라도 남아 있을지는 아무도 모른다. 우리는 미래를 추정할 수 없다. 우리는 단 하루도 통제할 수 없다. 그러므로 우리는 시간과 돈을 지혜롭게 잘 쓰고 사람들을 잘 섬김으로 우리의 역할을 향상시키고 현재의 기회를 소중하게 다루어야 한다. 그리스도를 섬기듯 다른 사람들을 섬겨야 한다. 오직 두 가지 즉 하나님의 말씀과 사람들만이 영원히 지속될 것이다. 하나님의 말씀에 순종하여 사람들을 섬기면서 사는 것이 지혜로운 삶이다. 이 땅에서 머물 날들이 많지 않다는 사실은 우리에게 최고의 충격이며, 다른 사람들의 삶에 영향을 미친다. 이 점을 명심하고, 이 세상의 부를 영원한 유익을 얻는 데 사용하면서 살아야 한다. 이게 바로 영원한 관점으로 사는 것이며 우리의 영원한 미래에 투자하는 것이다.

일시적 관점으로 본 죽음: 부인

일시적 관점은 보통 죽음이 목전에 있다는 걸 부인한다. 그 관점은 우리로 하여금 영원히 살 거라고 믿게 하거나 믿으라고 독려한다. 우리는 죽음의 개념에 관해 생각하거나 다루고 싶어 하지 않는다. 죽음을 생각하면 우리 자신의 관점이 침범당하기 시작할 것이고 우리의 자제력 부족과 인생의 덧없음을 인정하게 될 것이다. 사람들은 대부분 장례식장에 가서야 죽을 수밖에 없는 인간의 실존에 맞닥뜨린다. 장례식은 실재를 보여주는 창이며, 취약성을 깨닫게 해 주는 곳이다. 장례식으로 인해 우리는 묘비에 새겨진 출생일과 사망일 사이의 대시(-)의 의미에 대해 질문하게 된다.

장례식 같은 특별한 행사에 참석해서야 비로소 바로 우리 앞에 있는 죽음을 본다는 사실은 다소 놀랍다. 장례식장엔 결정적인 것을 피하게 해 주는 엄청난 메커니즘(〈심리〉 어떤 행위를 성취하는 의식적 또는 무의식적 심리 과정 - 편집자 주)이 있다. 시신에 옷을 갖춰 입히고 편안하게 하고 푹신한 작은 침대에 눕힌다. 마치 시신이 비단천이나 베개를 갖고 있는지 아닌지가 중요하다는 듯이. 그런 다음 우리는 죽음에 관해 이야기하는 걸 꺼린다. 우리는 "세상을 떠났다" 또는 "돌아가셨다"와 같은 완곡어를 사용한다. 장례식은 우리의 인생을 평가하고 인생이 영원하지 않다는 것을 실제로 직시하게 하는 기억장치와도 같은데 이런 완곡어법은 그것을 피하게 해버린다. 전도서 7장 2절에서 솔로몬은 이렇게 말한다. "초상집에 가는 것이 잔칫집에 가는 것보다 더 낫다. 살아 있는 사람은 누구나 죽는다는 것을 명심해야 한다."(표준새번역) 솔로몬의 말이 맞다. 우리는 현실적이 되어야 한다. 우리는 명백한 사실을 회피하고 싶어 하는 이상한 사람들이다. 우리 주변의 사람들은 언제나 죽는다. 그런데도 우리는 죽음은 나 아닌 다른 누군가에게 일어날 일인 것처럼 계속 행동한다.

나의 관점으로 본 죽음

나는 죽음이 내가 아닌 다른 사람에게 해당되는 것이라는 사치스런 생각을 갖고 있지 않다. 이유를 설명할 수는 없지만, 나는 수차례 죽음을 직면했다. 다양한 맥락에서 그런 일이 일어났다. 매우 심각한 경우도 많았는데, 내가 인생의 마지막 몇 분을 살고 있다는 확신이 들 정도였다. 예를 들면, 1978년 여름에 친구이자 달라스 신학교 동기 졸업생인 아놀드 프룩튼바움(Arnold Fruchtenbaum)과 함께 3주에 걸쳐 성지 순례를 갔다. 우리는 갈릴리 바다의 남쪽 해변에 있는 어느 키부츠 캠프장에 머물렀다. 어느 날, 자유 시간에 혼자 바다에 수영하러 가야겠다는 생각이 들었다. 해변에서 160미터 밖에 안 떨어진 곳에 뗏목이 보여 거기까지 수영을 하고 좀 느긋하게 있어야지 마음먹었다. 그런데 그날 오후는 마음먹은 대로 되어지지 않았다.

갈릴리 바다는 한 쪽으로는 구릉 지대가 펼쳐지다가 다른 쪽으로는 골란 고원에 닿아 있는 일종의 분지이다. 갈릴리는 고요하고 평화로운 바다로 알려져 있다. 유대인들은 하나님께서는 모든 바다 중에 갈릴리를 가장 좋아하신다고 말한다. 그러나 상대적으로 얕은 물이 있는 분지에 바람이 갇히면, 어디에서 발생한 지도 모르는 폭풍이 거세게 불게 된다. 그 작은 바다에서 파도가 3미터까지 친 적이 있다는 기록도 있다. 마태복음 8장에서 제자들을 벌벌 떨게 한 폭풍을 예수님께서 잠잠하게 하신 이야기를 당신도 들었을 텐데 이것이 바로 그 바다이다.

참 멋진 오후였다. 마태복음 8장 이야기는 생각하지 않고 있었던 것 같다. 뗏목까지 수영을 해서 간 다음 돌아서 해변 쪽으로 향했다. 돌아오는 길에, 어디서 불어오는 지도 모르는 폭풍이 일었다. 바람 때문에 바다가 출렁거렸는데 마치 흔들리는 접시에 든 물 같았다. 순식간에 혼란스러워졌다. 사납게 요동치는 바닷물에 내 몸이 휘말렸고 해변으로 한 발자국도 나아갈 수 없었다. 가만히 물 위에 떠 있는 것조차 힘들었다. 해변 쪽으로 나아가려고 기를 썼지만 바람과 파도는 오히려 나를 자꾸만 뒤로 밀어내고 있었다. 더 이상 안전하지 않았다.

그 상태가 정말로 오래 간 것 같았다. 힘이 다 빠졌다. 무사히 해변까지 헤엄쳐 갈 수 없을 거라는 걸 알았다. 바닷물에 빠지기 일보직전이었다. 영화에서처럼 지나온 삶이 섬광처럼 번뜩했다. 시간이 팽창되는 것 같았다. 섬광에서 많은 것을 봤지만 공포스럽지는 않았다. 폭풍보다 더 큰 것을 인식했기 때문이었다. 갑자기 이 땅에서 끝내지 못한

많은 일들이 선명하게 떠올랐다. 하나님과 심오한 대화를 나누는 동안, 하나님은 이 땅에서 그분을 위해 내가 할 일이 마무리되지 않았다고 말씀하셨다.

바로 그때 난 해변에 있었다. 내가 어떻게 거기까지 갔는지 모른다. 거센 파도를 헤치며 그 멀리까지 헤엄쳐 갈 힘이 있었다는 건 당치 않았다. 난 그냥 물가에 있었다. 해변에 바위가 있었는데 상당히 미끄러웠다. 물에서 나오려고 기를 쓰며 바위를 꽉 잡았지만 번번이 미끄러지고 말았다. 그런데 갑자기 내가 바위 위 풀로 덮인 곳에 눕혀져 있는 것을 알았다. 어떻게 그 곳으로 올라갔는지 난 전혀 모른다. 내가 물속에서 내 몸을 끌어낼 턱이 없었다. 그리고 주위에 사람이 있었으면 나를 도와줄 수 있었을 텐데, 주위에는 아무도 없었다.

잠시 바위에 누워 숨을 돌린 다음, 그 상황을 곰곰이 생각해 보았다. 내겐 끝내지 못한 일이 남아 있다는 걸 알았다. 그때는 내가 죽을 타이밍이 아니었다. 하나님의 메시지는 한 치의 오차도 없었다.

내가 갈릴리 바다에 빠져 죽었다면 사람들이 "오 정말 하나님의 사람이로군. 예수님이 걸었던 바다에서 빠져 죽다니"라고 말할지도 모르겠다는 생각을 하니 헛웃음이 나왔다. 하지만 그날 죽는 건 내 운명이 아니었다. 죽음에 직면한 다른 많은 경우에도 내 운명은 아니었다.

내가 죽음에 직면할 때마다 갈릴리 바다에서의 회상 장면과 "난 아직 준비가 안됐어. 해야 할 일이 남아 있어"라는 분명한 인식이 떠올랐다. 그리고 왜 그랬는지 모르겠지만 그때마다 하나님께서 죽음의 자리에서 건져주셨다. 병에 걸릴 때도 있었고, 사고를 당할 때도 있었고, 또 다른 익사 사고도 있었는데 왜 그랬는지 하나님은 언제나 나에게 시간을 더 허락해 주셨다. 이제야 나는 시간을 빌려왔다는 걸 안다. 솔직히 우리 모두가 그렇다. 하나님께서 우리로 숨을 쉬게 해 주시고 심장을 뛰게 해 주시는 것이다. 우리는 이 땅에서 우리의 시간을 통제할 수 없다.

영원한 관점에서 본 죽음: 날수 세어보기

이삭 왓츠(Isaac Watts)의 찬송시 "예부터 도움 되시고"(O God, Our Help in Ages Past)의 6연과 7연은 시편 90편에 기초하고 있다. 시인은 다음과 같이 노래한다.

> 살과 피를 가진 바쁜 족속들
> 삶과 걱정거리를 안고
> 홍수에 쓸려 내려가
> 이듬해에 잃어버렸네
>
> 끝없이 졸졸 흐르는 시냇물 같이
> 시간은 그의 후예들을 모두 데려가 버리네

시간의 후예들은 꿈처럼 날아가 잊혀지고
첫날에 죽네

처음 읽으면 굉장히 기분이 울적해진다. 하지만 이삭 왓츠는 하나님의 영원성과 잠시 이 땅에 머물다 떠나는 인간의 덧없는 삶 사이의 현격한 차이를 깨달은 모세의 기도를 묵상하고 있다. 시편 90편은 다음과 같이 시작한다.

주여 주는 대대에 우리의 거처가 되셨나이다
산이 생기기 전, 땅과 세계도 주께서 조성하시기 전
곧 영원부터 영원까지 주는 하나님이시니이다
주께서 사람을 티끌로 돌아가게 하시고 말씀하시기를
너희 인생들은 돌아가라 하셨사오니
주의 목전에는 천 년이 지나간 어제 같으며
밤의 한 순간 같을 뿐임이니이다
주께서 그들을 홍수처럼 쓸어가시나이다
그들은 잠깐 자는 것 같으며
아침에 돋는 풀 같으니이다
풀은 아침에 꽃이 피어 자라다가
저녁에는 시들어 마르나이다 (1-6절)

12절은 이 시편의 핵심 구절로서 우리가 지혜로우려면 무엇을 해야 하는지 알려준다. "우리에게 우리 날 계수함을 가르치사 지혜로운 마음을 얻게 하소서"(시 90:12).

내가 배운 히브리어 교수는 이 말씀을 암송하고 있었다. 그분은 이 구절을 10절과 묶어 암송했다. "우리의 연수가 칠십이요 강건하면 팔십이라도"(시90:10). 그래서 그 교수님은 남은 날이 얼마나 되는지 계산하여 날마다 달력에다 하루씩 뺀 숫자를 적었다. 지나치게 병적이지 않은가 생각되겠지만, 그게 바로 고대인들이 메멘토 모리(memento mori) 즉 죽음을 상기시켜 주는 것이라고 불렀던 것이다. 그것은 재의 수요일 (Ash Wednesday, 사순절 시작을 알리는 교회력 -역자 주) 예식과 같다. 그 예식에서 신자들은 이마에 재 십자가 표시를 받는다. 사제가 이렇게 말했다. "인생아 기억하라 그대는 흙이니 흙으로 돌아가라." 이 말은 우리로 하여금 시간을 지혜롭게 쓸 것을 상기시킨다. 이 땅에서의 우리의 시간은 아주 짧기 때문이다. 이런 의식은 병적으로 죽음에 관심을 가지라고 의도된 것이 아니다. 주어진 날들을 소중히 여기고 더 지혜롭게 쓰라고 상기시키는 데 목적이 있다.

하나님의 마음에 합한 왕이었던 다윗은 시편 39편 4-7절에서 이렇게 기도한다.

여호와여 나의 종말과 연한이 언제까지인지 알게 하사

내가 나의 연약함을 알게 하소서

주께서 나의 날을 한 뼘 길이만큼 되게 하시매

나의 일생이 주 앞에는 없는 것 같사오니

사람은 그가 든든히 서 있는 때에도

진실로 모두가 허사뿐이니이다

진실로 각 사람은 그림자같이 다니고

헛된 일로 소망하며 재물을 쌓으나

누가 거둘는지 알지 못하나이다

주여 내가 이제 무엇을 바라리요

나의 소망은 주께 있나이다

이 시편은 3천 년 전에 쓰인 것이지만 그 안에 담긴 지혜는 크게 변하지 않았다. 우리는 왜 재물을 쌓는 데 혈안이 되어 있는지 모른다. 우리는 인생이 어떤 것인지 잊어버렸거나 여태 알지 못하고 있다. 이사야 40장 6-8절에서는 시편 90편에서 우리가 본 것과 비슷한 은유를 사용한다. 여기서는 일시적인 것과 영원한 것을 급진적으로 더욱 대조한다.

모든 육체는 풀이요

그의 모든 아름다움은 들의 꽃과 같으니

풀은 마르고 꽃이 시듦은

여호와의 기운이 그 위에 붊이라

이 백성은 실로 풀이로다

풀은 마르고 꽃은 시드나

우리 하나님의 말씀은 영원히 서리라 (사 40:6-8, 저자 강조)

야고보도 정신이 번쩍 들게 하는 이 생각에 일조한다. "내일 일을 너희가 알지 못하는도다 너희 생명이 무엇이냐 너희는 잠깐 보이다가 없어지는 안개니라"(약 4:14).

왜 이토록 많은 성경구절에서 인간은 죽을 수밖에 없는 존재라는 사실을 말하고 있을까? 우리가 너무 빨리 그 사실을 부인하거나 합리화하기 때문인 것 같다. 우리는 영원한 삶을 갈망하지만 그 갈망을 지속하며 산다는 것은 참으로 어렵다. 그리고 밥 딜런의 노래 〈프랭키 리와 유다 제사장의 발라드〉(The Ballad of Frankie Lee and Judas Priest)에 나온 것처럼 자주 "천국을 길 건너편에 있는 집으로 오해하고" 있다. 하나님께서 우리에게 영원을 사모하는 마음을 주셨지만 우리는 어리석게도 영원의 세계가 여기에 있으며 이 땅에서의 지금 여기의 삶이 전부인 것처럼 행동할 때가 많다.

사람들은 삶이 무척 고달파질 때에 영원을 소망하는 경향이 훨씬 크다. 하지만 지금 이 땅에서 사는 사람들은 대부분 가장 부유하고 편안한 사람들 틈바구니에서 살고 있다. 우리에겐 한때 왕들이 누렸던 것보다 더 많은 오락거리들이 있다. 우리는 온도조절 장치로 기온을 조절한다. 다양한 교통수단을 이용하여 원하는 곳은 어디든 갈 수 있다. 주머니 안에 쏙 들어간 휴대폰으로 원하면 어느 순간에든 세계의 유명한 오케스트라 연주를 들을 수 있다.

이러한 축복은 불행한 결과를 초래할 수 있다. 지금 여기서의 일시적인 삶이 아주 편하다고 느끼는 바람에 약속된, 영원한 본향을 소망하기보다는 이 땅에서의 일시적인 삶을 더 좋아할 수 있다. 그런데 이것은 아주 끔찍한 실수다. 우리가 그렇게 산다면 진리가 아닌 허상 속에 사는 셈이 되기 때문이다. 이것이 바로 깨어짐의 순간이 선물인 이유다. 깨어진 시간을 지내는 동안에 우리는 현 상태에 안주하지 않고 더 나은 것을 갈망하게 된다.

이것은 비관적이고 병적인 현실주의인가? 아니면 소망에 찬 현실주의인가?

인간은 죽을 수밖에 없는 존재라는 사실에 대해 성경에서 자주 언급된 것들은 그 사실을 상기시켜주는 역할을 한다. 그 말씀들은 병적이지 않다. 오히려 가장 현실적이고 소망에 찬 접근 방법을 가리킨다. 성경을 보면 불쾌한 현실을 그대로 보여주는 이야기들이 많다. 이것을 보면 성경의 이야기가 매우 현실적이라는 걸 알 수 있다. 그러나 이게 무슨 소망에 찬 이야기란 말인가?

나이가 들수록 세월은 더 빨리 휙휙 지나가는 것 같다. 이제 나는 지나온 나의 삶을 거의 동시에 볼 수 있다. 좀 이상하긴 하다. 열 살 때의 기억을 서른 살 때의 기억처럼 쉽게 떠올릴 수 있다. 지난달에 일어난 일보다 30년 전에 일어난 일이 더 생생하게 기억난다. 열아홉 살 때 친구들과 이야기하던 내 모습이 아직도 눈에 선하다. 거기서 친구들에게 이런 이야기를 했다. "애들아, 우린 지금 인생 최고 정점에 있어. 앞으론 내리막길이 있을 거야." 그날 우리는 실제로 언약까지 맺었다. 그리고 호기롭게 말했다. "자 이 순간을 잊지 말자. 30년 후에도 이 순간을 기억하자." 계단 옆에 서 있던 우리들의 모습이 지금도 생생하다. 열아홉 살이었는데도 인생이 얼마나 쏜살같이 지나갈 것인지 깨닫고 있었던 것 같다. 마치 어제 일인 듯 그날의 기억이 선명하다.

이것은 어쩌면 하나님께서 인생을 보시는 방식을 암시해 주는 것일지도 모른다. 나는 지나온 내 삶을 거의 통으로 볼 수 있다. 다양한 경험이 축적되어 내 삶의 정체성이 형성되었기 때문이다. 우리는 경험의 연속으로 형성된 자아를 각자 갖고 있다. 이상한 점은 우리가 시간을 일련의 사건들로 보는 게 아니라 완전히 통일된 전체로 본다는 것이다. 하나님에게는 지나가는 시간이란 없다. 그분은 모든 상황을 현재 시제로 보신다. 경험이 쌓이고 세월이 흘러감에 따라 우리도 약간은 이런 방식으로 볼 수 있게 된다. 이렇게 할 때 어쩌면 우리의 마음은 조금 더 영원성을 띨 것이다.

뒤돌아볼 때, 진실에 대해 보다 선명한 그림을 갖게 된다. 인생의 일들을 있는 그대로 아는 것이 겉으로 보이는 대로 믿는 것보다 언제나 더 낫다. 모든 사람은 죽는다는 사실을 깨닫기 위해 신적 계시를 받을 필요가 없다. 성경에서 결코 죽음을 맛보지 않았다고 언급된 사람은 에녹과 엘리야 두 사람뿐이다. 그들의 운명에 합류할 것을 기대할 수는 없다.

하지만 여기에 소망이 있다. 영원한 관점을 가지면 우리가 눈으로 볼 수 있는 것보다 더 많은 것, 더 나은 것을 보게 된다. 성경적 관점을 가지면 세상이 줄 수 있는 그 이상의 것을 추구하는 우리의 갈망이 현실적이라는 확신이 생긴다. 그러한 갈망은 하나님께서 우리 내면에 두신 어떤 것으로부터 나온다. 하나님이 우리를 초대해 주신 것에 대한 성경의 비전은 단지 용서만이 아니다. 하나님의 용서는 그리스도의 생명이 *지금* 우리 안에 거할 수 있다는 점을 의미한다. 다시 말하면, 그분 안에서 새로운 삶과 우리의 미래가 이미 시작되었다!

"영생은 곧 유일하신 참 하나님과 그가 보내신 자 예수 그리스도를 아는 것이니이다"(요 17:3). 영생은 단지 끝없는 삶이 아니다. 영생은 *질적으로 새로워진 삶*으로 지금 우리가 누릴 수 있는 것이며 결코 희미해지거나 소멸되지 않을 것이다.

과거/현재/미래 – 우리가 선택하여 살아야 할 곳

지그문트 프로이트(Sigmund Freud)는 우리가 가진 모든 것은 우리의 과거에서 비롯되었으며, 우리는 천성과 양육에 의해 규정된 메커니즘(사물의 작용 원리나 구조 – 체제로 순환 편집자 주)이고 우리의 생은 아주 짧다고 말하곤 했다. 프로이트의 자연주의 철학은 지극히 사람을 좌절시키지만 우리 문화에 상당한 영향을 끼쳤다. 성경적 관점은 이러한 사고방식을 근본적으로 뒤엎는다.

당신이 예수를 따르는 사람이라면, 당신은 깨어진 과거에 의해 정해지지 않는다. 오히려 당신은 무한한 미래에 의해 정해진다. 이 땅에서의 모든 과거는 몇 십 년이 될 것이다. 반면, 미래는 한계가 없으며 무한하고 계속적으로 변화하는 과정이다. 그 과정에서 우리는 새로운 통찰을 얻고 새로운 관계를 맺게 된다. 우리에겐 영광스런 운명이 있다. 그러므로 우리는 현재를 훨씬 나은 맥락에서 볼 수 있다.

우리는 은퇴하면 원하는 것을 할 시간이 있을 거라고 추정하면서 장래를 전망하는 잘못을 범하지 말아야 한다. 우리는 날마다 할 수 있는 모든 것을 취하여 그것을 누리며 살아야 한다. 또한 영원을 향해 살 사람들에게 그것을 쏟으면서 살아야 한다. 우리 앞에 있는 각 사람을 다시는 못 볼 사람처럼 바라본다면 어떻게 될까? 지금이 이 땅에서 삶이 가장 중요한 순간인 것처럼 산다면 어떻게 될까? 누군가와 점심을 함께 먹을 때, 식사 후 사무실에 들어가 끝내야 할 일들에 정신을 팔지 않고, 마주 앉은 그 사람을 세상에서 가장 중요한 사람으로 존중한다면 어떻게 될까? 그 순간에 온 정신을 쏟는다면 어떻게 될까? 적어도 바로 지금이라는 시점이 우리가 정말로 가진 모든 것이라는 게 진실이다.

당신을 향한 하나님의 초대에 대한 성경의 비전은 용서뿐만 아니라 새로워진 삶과 초월적인 소망이다. 그 소망은 영원을 향한 갈망은 현실적인 것에 의해 촉발된다는 걸 말해준다. 당신 마음속엔 하나님께서 주신 영원을 사모하는 마음이 있다. 당신은 아무리 애쓴다 해도 그 갈망을 지울 수 없다. 이 세상의 것으로 만족하지 못하는 어떤 것이 당신 속에 있다. 이 사실을 인정하라. 그러면 하나님께서 현재의 시간을 사용하셔서 천국의 영원한 이야기를 위해 당신을 준비시키고 있다는 것을 깨닫게 될 것이다.

더 깊은 묵상

1. 당신의 관점에 영향을 미친 것은 무엇인가? 문화가 어떤 식으로 영향을 끼치는지 보이는가? 당신의 패러다임을 영원한 관점의 방향으로 수정할 계획을 세우라.

2. 정기 건강검진을 받으러 갔다가 1년밖에 살지 못할 거라는 청천벽력 같은 소리를 들었다고 상상해 보라는 내용이 담긴 소제목 〈임박한 인생의 끝〉에 나온 질문들을 훑어보라(39쪽 참조).

다음 질문들에 답해 보라.
이 진단은 당신의 인생관에 어떻게 영향을 미칠까?

- 이 진단은 이 땅에서의 당신의 역할(친구, 부모, 딸, 아들)에 대한 관점에 어떻게 영향을 미칠까?
- 이 진단은 당신의 돈과 시간을 쓰는 방식에 어떻게 영향을 미칠까?

이 문제에 대해 다른 사람과 이야기해 보라.

3. 당신은 어떤 방식으로 "이 세상의 재물을 영원한 이득을 얻기 위해 사용"하고 있는가? 혹은 어떤 방식으로 그렇게 할 수 있겠는가?

■ 초점 성경

당신의 이야기를 하나님의 더 큰 이야기 속에 삽입하는 것은 한편으로 당신이 새로운 실재에 따른 계획을 세우는 것을 의미한다. 시편 90편 12절을 외우거나 그 말씀이 생각나도록 보이는 곳에 적어두라.

■ 실천 사항

하나님께서는 우리 마음속에 영원을 향한 갈망을 심어 두셨다. 왜 그 갈망을 키우지 않는가? 천국에 관한 책을 사거나 요한계시록 21장을 공부해 보라. 성경 용어 색인을 가지고 천국에 관한 구절을 찾아 보라. "천국"에 관하여 세계적인 권위자인 랜디 알콘 박사의 저서인 「헤븐」*(Heaven*, 요단출판사 역간)도 많은 도움을 줄 것이다(편집자 주).

3

패러다임을 되돌리다

　날마다 세상은 우리에게 애원한다. 우리에 관한 세상 이야기를 받아들이고 세상의 약속을 좇고 세상이 우리의 미래를 붙들고 있다는 것을 믿으라고 한다. 그러나 우리 마음속에 있는 영원은, 인생에는 우리가 볼 수 있는 것보다 더 많은 것이 있다는 것을 정기적으로 생각나게 한다. 그리하여 어느 날 우리의 눈을 열고 우리의 패러다임을 바꾸고 믿음의 선택을 한다. 우리는 영원한 생명과 영원한 소망을 선택한다. 하지만 이것으로 됐는가? 일시적인 것이 아닌 영원한 것을 선택했는데 이 영원한 세계관은 왜 그렇게 쉽게 자주 우리에게서 도망쳐버리는가? 우리의 이야기를 하나님의 영원한 이야기의 맥락 속에 삽입해 두었다면, 그 맥락 속에서 우리 자신을 보는 게 왜 그렇게 어려운가?

되돌릴 수 없는 패러다임 전환

패러다임 전환에 대한 가장 유명한 예는 천문학에서의 코페르니쿠스 혁명이다. 니콜라우스 코페르니쿠스(Nicolaus Copernicus)의 시대가 오기 전까지 지배적인 패러다임은 프톨레마이오스(Ptolemy)의 지구 중심 우주론이었다. 프톨레마이오스는 그의 책「알마게스트」(*Almagest*, 아랍어로 '*가장 위대한 책*'이란 뜻)에서 회전하지 않는 지구가 태양계의 중심이며 다른 행성들이 지구를 중심으로 돌고 있다는 주장을 수학적으로 기록하였다. 신학자들은 인간이 하나님의 창조물의 최고봉이라면 인간이 사는 지구가 모든 것의 중심이 되는 게 당연하다고 생각하였다. 이런 식의 잘못된 성경 이해를 바탕으로 교회는 프톨레마이오스의 지구 중심 우주론을 받아들이고 지지하였다. 이런 신학을 뒷받침할 뚜렷한 근거가 없음에도 교회는 교리적으로 이 신학과 프톨레마이오스의 천동설을 신봉했다.

몇 세기 후에 천문학자들의 관찰 결과 그것은 전혀 맞지 않다는 게 밝혀졌다. 하지만 새로운 시스템이 옛 모델에 맞지 않았을 때, 그들은 보는 방식을 바꾸는 대신 말도 안 되는 것을 설명하기 위해 아주 영리한 시스템을 채택했다. 그 결과 문서에 의해 충분히 입증된, 수학적으로도 정교한 시스템이 개발되었다. 하지만 결코 완전하게 운영되지 못했다. 이 낡은 패러다임이 지배적이 될 수 있었던 것은 대부분의 천문학자들이 다른 시스템을 수용할 수 없었기 때문이었다.

1543년, 코페르니쿠스가 죽던 해에 그는 자신의 태양 중심 우주론을 제시한 책 「천구의 회전에 관하여」(*De Revolutionibus Orbium Coelestium, On the Revolutions of the Celestial Orbs*)를 출간했다. 이 가설이 당시의 종교적 기득권층과 그의 동료들로부터 굉장한 적대감을 불러일으키리라는 걸 알고, 코페르니쿠스는 책을 쓰고 난 후 오랫동안 기다렸다가 출판을 했다. 그 책에서 코페르니쿠스는 행성들의 움직임에 관하여 단순하고 멋들어지게 설명했으며, 결정적으로 행성의 배열 순서에 대한 의문을 해결했다. 그 후로 수년 동안 갈릴레오 갈릴레이(Galileo Galilei), 요하네스 케플러(Johannes Kepler) 그리고 아이작 뉴턴(Isaac Newton)의 발견으로 코페르니쿠스의 이론이 더 지지를 받게 되었다. 15세기 말쯤엔 태양 중심 우주론을 뒷받침하는 정보 덕분에 기반이 더욱 탄탄해져 과학계에서는 지구 중심 패러다임으로 결코 되돌아갈 수 없었다.

되돌릴 수 있는 패러다임 전환

코페르니쿠스 혁명은 단숨에 (코페르니쿠스의 생전에도) 일어나지 않았다. 그러나 패러다임 전환이 단숨에 일어나는 경우도 있다. 그림 1과 2를 보라.[1] 첫 번째 그림에서 늙은 여인을 보든지 젊은 여인을 보든지, 두 번째 그림에서 오리를 보든지 토끼를 보든지, 그건 당신의 관점 즉 당신의 패러다임에 달렸다. 그러나 젊은 여인의 턱 선이 늙은 여인의 코라는 걸 배울 때, 그리고 오른쪽으로는 토끼가 보이고 왼쪽으로는 오리가 보인다는 걸 발견할 때, 패러다임은 변할 수 있다.

그림 1과 2. 젊은 여인이나 늙은 여인이 보이는가? 오리나 토끼가 보이는가?

심리학자 조셉 제스트로우(Joseph Jastrow)는 오리-토끼 그림을 사용하여 사람의 지각은 인지된 대상에만 달려 있는 건 아니라고 설명했다. 환경이나 정신 작용을 비롯한 몇 가지 다른 요인들도 고려되어야 한다.[2] 예를 들면, 어느 연구 결과 "흥미롭게도 부활절에 테스트를 한 아이들은 그 그림을 토끼로 보는 경향이 컸고, 반면 10월의 어느 일요일에 테스트를 한 아이들은 그것을 오리로 보는 경향이 있었다."[3]

우리는 모두 예전에 착시 현상을 일으키는 그림을 본 적이 있다. 하나의 시각으로 그 그림을 볼 때는 그것이 착시 그림인지 모른다. 그러나 누군가 착시 그림이라는 걸 지적해주면, 우리는 갑자기 전에 보지 못했던 것을 분간하여 두 가지 방법 즉 되돌릴 수 있고 시각적인 패러다임으로 그것을 볼 수 있다.

기독교 - 되돌릴 수 있는 패러다임

패러다임은 뒤집힐 수 있다. 예수 그리스도의 복음의 메시지를 "부여잡고 살면" 우리 삶에 코페루니쿠스적인 전환이 일어날 것이라고 (가끔은 그것이 있는 것처럼 느낄 것이라고) 기대할지 모르지만, 그렇지 않다는 것을 알게 되면, 자라고 있는 그리스도인들처럼 실의에 빠질 수 있다. 영원한 관점을 갖는다고 해서 우리가 그것에 붙들려 사는 것이 보장되는 건 아니다. 오히려 우리에게 그토록 필요한 이 관점은 우리의 손아귀에서 빠져나가버린다. 왜냐하면 아주 오래전에 우리가 살았던 방향으로 너무나 쉽게 되돌아가버리기 때문이다.

믿음에 이름 - 궁극적인 패러다임 전환

패러다임 전환은 일반적으로 저절로 일어나지 않는다. 패러다임은 거부할 수 없는 실재에 직면하여 새로운 눈으로 어떤 것을 볼 때에만 전환된다.

그리스도 안에 있는 믿음에 이르는 것은 많은 사람들에게 패러다임 전환과 같은 것이다. 예수님께서 이루신 일을 처음 듣고 완전히 이해하는 사람들은 실제로 극히 소수다. 그들은 메시지를 계속해서 듣고 또

들어야 한다. 예수님에 관해 아는 것과 그분을 신뢰하는 것 사이의 차이, 그리고 예수님의 진리에 지적으로 동의하는 것과 그분과 인격적이고 실제적인 관계를 맺는 것 사이의 차이를 모르거나 이해하지 못하는 사람들이 흔하다. 물론 그들은 사도신경을 외울 수 있다. 하지만 그분을 아는 것이 무슨 뜻인지 그분에 의해 아는 바가 되는 게 무슨 뜻인지 그들은 이해하지 못한다.

그러나 내가 요한복음이나 로마서를 쭉 가르친다고 생각해보라. 결국엔, 갑자기 불이 켜지는 것처럼 번뜩 깨닫게 될 것이다. 몇 번의 가르침이 필요할지 모른다. 그러나 갑자기 일관되게 보는 방식이 등장한다. 그리고 몇몇 학생들은 예수를 따르는 자가 된다는 것의 진짜 의미를 깨닫는다. 그건 단지 하나의 명제를 믿는 게 아니라 한 인격을 신뢰하는 것이다. 기독교는 종교가 아니라 관계이기 때문에 거기엔 엄청난 차이가 존재한다. 비록 성경은 명제적인 중요한 진리로 가득 차 있지만, 성경의 계시는 우리에게 정보를 알려주기 위해서가 아니라 우리를 변화시키기 위해 주어진 것이다. 그리고 그 계시는 반응을 요구한다. 복음의 메시지는 인격적인 반응 즉 인지적이고 의지적이고 때론 감정적인 반응을 요청하는 명제들의 연속이다. 인격적인 반응이야말로 진정한 그리스도인으로 거듭나게 하는 패러다임 전환이다. [이런 일이 실제 삶에서 벌어지는 것을 보고 싶다면, 잠시 건너뛰어서 척 콜슨(Chuck Colson)의 거듭난 삶을 다룬 에필로그를 읽어보라]

다음은 오래된 이야기이지만, 그리스도에 관한 명제를 믿는 것과 그분을 인격적으로 신뢰하는 것 사이의 차이를 잘 묘사해준다. 1859년에 프랑스의 줄타기 곡예사 찰스 블론딘(Charles Blondin)은 바다를 건너 나이아가라 폭포까지 왔다. 거기서 한 번도 해본 적이 없는 어떤 일을 해내길 바랐다. 그는 304미터짜리 줄을 캐나다 쪽에서부터 미국 쪽까지 폭포를 가로질러 매달았다. 그리고 줄 위를 걸어서 건너갈 준비를 했다.

블론딘이 성공적으로 건너는 것을 수많은 관중이 지켜보았다. 이듬해에, 그는 몇 번 더 나이아가라 폭포를 건넜다. 그때마다 관중들은 더 위험한 묘기를 보면서 전율했다. 그는 줄 위에다 의자를 반듯하게 놓고서 그 위에 섰다. 줄 위에서 균형을 잡는 동안 관중들은 사진을 찍었다. 작은 휴대용 요리 기구를 가지고 실제로 음식을 만들어 폭포 아래 배에서 위를 쳐다보던 관중을 놀라게 했다. 마침내 그는 외바퀴수레를 타고 그 안에 누름돌을 얹은 다음 건너편까지 수레를 굴렸다. 관중들은 숨을 죽이며 이 광경을 지켜보았다. 그러자 블론딘이 관중들에게 고개를 돌려 물었다. "여러분! 제가 여러분 중에 한 사람을 이 외바퀴수레에 태워 건너편까지 굴러갈 수 있을 거라고 믿습니까?" 모든 사람이 일제히 대답했다. "예, 믿습니다!" 그러나 정작 블론딘이 자원자를 찾자 아무도 나서지 않았다. 수천 명이 믿었다. 그러나 신뢰하는 사람은 아무도 없었다. *믿음과 신뢰는 완전히 별개다.*

하지만 이 예시에는 잘못된 것이 있다는 생각이 들었다. 왜 그 외바퀴수레를 타려고 하겠는가? 그런 멍청한 짓을 왜 하려고 하겠는가? 납득할 만한 이유가 있어야 했다.

그러니까 이렇게 생각해보라: 관중들 뒤에 울창한 숲이 있는데 갑자기 숲에서 불이 났다고 상상해 보라. 도망칠 길이 없었다. 이제 상황이 흥미진진해졌다. 갑자기 모든 규칙이 바뀐다. 이제 관중에겐 네 가지 선택만 있을 뿐이다.

- 첫 번째 선택: "난 여기에 없어, 불은 뜨겁지 않다고!" 상황을 부인하다 결국 바싹 타 버린다.
- 두 번째 선택: 급하게 흐르는 물속으로 뛰어들어 살 기회를 잡는다.
- 세 번째 선택: 혼자서 줄을 타고 건너려고 시도한다.
- 네 번째 선택: 외바퀴수레에 탄다!

갑자기 외바퀴 수레에 타라는 블론딘의 제안이 상당히 매력적으로 보인다. 더군다나 어둠 속으로 뛰어오르는 게 아니다. 빛 속으로 어쩌면 당신의 유일한 진짜 소망 속으로 한 걸음 내딛는 것이다. 그는 건너편까지 갔다가 돌아올 수 있다는 걸 이미 보여주었다.

예수님도 마찬가지다. 십자가의 죽음과 부활은 그분이 건너편까지 갔다 돌아온 것과 같다. 예수님이 우리에게 보이신 증거는 그가 부활을 요청할 수 있는 분이라는 증거가 된다. 내 삶을 그분께 내어맡기는 것, 말하자면, 그분의 외바퀴수레에 타는 것은 정말로 합리적인 일이다. 나의 패러다임은 전환되었다. 그 외바퀴수레에 타지 않기로 한 선택은 나쁜 선택이라는 걸 안다. 마찬가지로 예수님을 무시하고 거절하기로 한 선택은 나쁜 선택이다. 예수님에 대해선, 실제로 두 가지 선택밖에 없다. 그분을 무시하는 것은 은밀하게 거절하는 것과 같기 때문이다. 결국 당신은 그분을 신뢰하거나 신뢰하지 않거나 둘 중 하나를 선택할 수밖에 없다.

누가복음 23장을 보면 예수님의 십자가 우편과 좌편에 못 박힌 두 명의 행악자들이 나온다. 그들은 이 점을 선명하게 보여준다. 그들은 둘 다 예수님을 조롱하고 있었다. 그들은 모두 군중의 말을 따라 하고 있었다. "십자가에서 내려오라." 그러나 둘 중 한 사람은 깨달음에 이르렀다. "잠깐만, 우리는 잘못한 일을 했으니 십자가에 못 박히는 게 당연하지만, 이 사람은 잘못한 일이 하나도 없지 않은가." 그리고 나서 그는 고개를 돌려 예수님을 바라봤다. "예수여 당신의 나라에 임하실 때에 나를 기억하소서"라고 말했다. 예수님은 뭐라 대답하셨는가? "내가 진실로 네게 이르노니 오늘 네가 나와 함께 낙원에 있으리라"(42-43절). 와우!

잠시, 우리는 우리가 믿는 것과 증거 사이에 불협화음이 있다는 것을 알고 편안해질 수 있었는지 모르겠다. 그러나 마침내 낡은 패러다임을 더 이상 붙들고 있을 수 없는 지점에 이르게 된다. 그리하여 우리는 그리스도께 우리를 맡기게 된다.

중간궤도 조정

마이크(Mike)라는 남자는 일주일에 이틀을 집에서 일을 했는데 매우 생산적임을 알게 되었다. 그러나 최근에 더 이상 자신이 생산적이지 않다는 것을 알아챘다. 그는 다른 방에서 작은 평면 텔레비전을 가져온 그날을 떠올렸다. 자기 회사에 관한 이야기가 나올 새 프로그램을 보기 위해서였다. 그는 그 프로그램을 보고 나서 텔레비전을 끄고 일을 하러 갔다. 하지만 텔레비전을 원래 있던 방으로 절대 옮겨놓지 않았다. 며칠 후에, 미국대학농구대회 결승전이 열렸다. 그는 한 게임만 보려고 TV를 켰다가 TV를 보면서 일을 했다. 시간이 흐르면서, 텔레비전 보는 게 습관이 되어 버렸고 그로 인해 일에 집중할 수 없게 되었다. 마이크가 예전처럼 생산성을 높이는 쪽으로 되돌아가려면 그 습관을 끊어야 할 것이다.

우리도 비슷한 문제로 힘들어한다. 그리스도께 우리를 맡긴 후에, 우리는 영원한 관점을 키울 시간을 따로 떼어 놓고서 그 시간에 기도를 하거나 하나님의 말씀을 묵상했다. 성령의 지혜가 우리를 변화시키기 시작한다. 그러나 얼마 지나지 않아 이런 경건의 훈련을 방해하는 것들을 허용해 버리고 만다. 처음엔 아주 작은 것이었으나 점차 뭔가 다른 특별한 것이 되어 버린다. 마침내 하나님과 함께 보낸 시간이 현재의 경험이 아닌 과거의 기억으로 남아 있는 것을 발견하게 될지 모른다. 그러므로 우리 마음을 날마다 지속적으로 새롭게 하는 것이 정말 중요하다. 말씀에 푹 잠김으로써 성령이 말씀의 물로 우리를 씻어 주시도록, 말씀이 우리를 깨끗하게 하시도록 내어 드릴 때 우리 마음은 날마다 새로워질 수 있다(엡 5:26 혹은 롬 12:2을 보라).

당신이 영원한 패러다임으로 전환할 때, 당신은 자신의 관점이 무엇인지를 의식하는 자리에 처하게 된다. 당신은 갑자기 중립은 하나의 신화이며 허상에 지나지 않는다는 걸 깨닫는다. 인생 이야기의 딱 중간 부분에 이르러 엄청난 조정을 한다. 당신의 인생과 미래에 대한 하나님의 약속을 붙들기로 선택한다. 아울러 당신의 새롭고 영원한 이야기가 시작된다. 완전히 새로운 방식으로 인생을 살기 시작한다. 그런데 몇 달 후에, 혹은 몇 년 후에 무슨 일이 일어난다. 당신은 여전히 교회에 다닌다. 믿음을 포기한 적도 없고 심지어 드러내놓고 의심해 본 적도 없다. 하지만 처음에 했던 것처럼 선명하게 영원한 관점으로 볼 수가 없다. 길을 벗어나고 말았다.

그리스도인들은 자신들을 위해 치러진 대가를 반복적으로 잊어버린다. 그들은 자신들을 위해 행해진 일도 잊어버리고 지금 자신들이 유용하게 쓸 수 있는 자원이 있다는 사실도 잊어버린다. 여전히 신자이지만 실질적인 무신론자처럼 살고 있다. 그들은 이 사실을 인정하려 들지 않을 것이다. 하지만 그들이 사는 방식이 이렇다. 우리는 코페르니쿠스 혁명에 관해 더는 이야기하지 않을 것이다. 지금 우리는 오리나 토끼로 보는 방식에 관해 이야기하고 있다. 지금 당신은 그것을 보지만, 지금 당신은 그것을 보지 못한다.

한때, 우리는 모든 것을 영원한 관점으로 보았다. 그런데 어느 날 갑자기 뒤로 미끄러져 버렸다. 오래전에 살았던 그 방식이 훨씬 편하기 때문이다. 세상의 조류가 우리를 거기로 도로 끌어가 버렸다. 이게 바로 영적 전쟁이 여전히 벌어지고 있는 이유다. 그리스도의 복음의 메시지를 그냥 사서 그 즉시 병거를 타고 천국으로 이동할 수 있다면 그리스도인의 삶은 훨씬 쉬웠을 것이다. 훨씬 쉽지 않겠는가? 그러나 그렇게 되면 우리는 결코 성장할 수 없을 것이다.

복음서를 보면 예수님은 그분을 따르는 자들이 믿음을 붙들고자 분투하며 살게 되리라는 걸 알고 계셨음이 분명하다. 예수님이 한 단어를 몇 차례나 사용하신 걸 보면 우리 또한 분투하며 살게 되리라는 걸 그분이 알고 계셨다는 단서를 찾을 수 있다. 그 단어가 무엇일까? 바로 "날마다"이다. "아무든지 나를 따라오려거든 자기를 부인하고 *날마다* 제 십자가를 지고 나를 따를 것이니라"(눅 9:23, 저자 강조). 그리고 다시, 마태복음에서 "오늘 우리에게 *날마다* 일용할 양식을 주시옵고"(마 6:11)라고 기도하신다. 그리스도인의 삶은 한 번에 하루씩 살 수밖에 없다. 우리는 믿고 난 후에 한 번에 조금씩 성장한다. 당신은 "마음을 새롭게 함으로 변화를 *받고 있는*" 중이다(롬 12:2). 아직 끝나지 않았다. 히브리서 저자는 당신에게 이렇게 요구한다. "오직 오늘이라 일컫는 동안에 *날마다*(역자 직역) 권면하여 너희 중에 누구든지 죄의 유혹으로 완고하게 되지 않도록 하라"(히 3:13).

일시적 관점을 가질 것인지, 영원한 관점을 가질 것인지, 다시 또 다시 선택해야 한다. 우리는 이 세상이 마치 전부인 것처럼 살 것인지 아니면 잠시 머물다 지나가는 순례자처럼 살 것인지 그리하여 이 세상에 사는 동안 배우고 성장하여 영원을 향해 준비될 것인지 *매일 매일 선택해야 한다*. 인생이 짧다는 사실을 우리는 얼마나 빨리 잊어버리고 이 세상의 모든 시간을 가진 것처럼 자신을 속이며 살았던가? 우리는 주변의 사람들이 언제나 죽고 있다는 실재를 잊고 산다.

우리 중에 수십 년 이상 산 사람들은 이런 경험이 있을 것이다. 10년 혹은 15년, 심지어 30년 동안 만나지 못했던 옛 친구들을 파티에서 우연히 만났는데, 보자마자 처음 한다는 말이 "와우, 근사해 보여!"이다. 하지만 솔직해지자. 우리는 근사해 보이지 않는다. 훨씬 더 젊었을 때의 모습과 비교해 보면 끔찍해 보인다.

이 세상이 전부라는 개념에 우리의 소망을 두고 있다면, 결국에 가서는 세월의 흐름과 함께 우리 몸이 늙어간다는 냉엄한 실재를 부인해야만 할 것이다. 우리는 영원히 살지 않을 것이다. 영원히 살 거라는 믿음은 어떤 의미도 어떤 목적이나 소망도 주지 않는다. 파티가 끝나고 집으로 돌아와 거울에 비친 쭈글쭈글한 얼굴을 볼 때 특히나 그런 믿음은 도움이 되지 않는다.

하나님의 약속 안에서의 안식

믿음은 바라는 것들의 실상이요 보이지 않는 것들의 증거니 선진들이 이로써 증거를 얻었느니라 (히 11:1-2)

히브리서 11장을 아직 읽어보지 않았다면, 반드시 읽어보아야 한다. 히브리서 11장은 현실 직시의 장이다. 히브리서 11장에 등장하는 남자들과 여자들은 영원한 존재에 대한 관점이 일시적인 존재에 대한 관점보다 훨씬 가치 있다고 생각한 사람들이다. 그들 중 많은 사람들은 하나님이 그들에게 약속하신 것들이 성취되는 것을 보지 못했다. 그들은 영원한 것이 올 것이며 그때에 그들이 바라는 것들이 이루어질 것이라고 믿었다.

이 사람들은 모두 믿음을 따라 살다가 죽었습니다. 그들은 약속하신 것을 받지는 못했지만, 그것을 멀리서 바라보고 반겼으며, 땅에서는 길손과 나그네 신세임을 고백하였습니다... 그러나 사실은 그들은 더 좋은 곳을 동경하고 있었던 것입니다. 그것은 곧 하늘의 고향입니다. 그래서 하나님께서는 그들의 하나님이라고 불리는 것을 부끄러워하지 않으시고, 그들을 위하여 한 도시를 마련해 두셨습니다. (히 11:13, 16 표준새번역)

믿음의 영웅들 중에 아브라함이 있다. 그는 "하나님께서 설계하시고 세우실 튼튼한 기초를 가진 도시를 바랐던 것입니다"(히 11:10, 표준새번역)라고 히브리서 기자는 말한다. 아브라함은 여기 이 땅이 본향인 것처럼 살지 않았다. 그리고 당신도 정말로 이 세상이 본향인 것처럼 살고 있지 않을 것이다. 이들 믿음의 영웅들은 하나님을 신뢰한 평범한 사람들이었으나 위대한 사람들이 되었다. 비록 그들은 이 세상에서 하나님의 약속을 받지 못했지만, 하나님께서 그들을 위해 더 훌륭한 것을 예비해 두셨다는 소망을 붙들면서 믿음으로 죽었다.

그들의 관점이 바로 영원한 관점이었다. 그들은 이렇게 서약했다. "전 의지할 수 없는 이 세상의 일시적인 약속을 절대 붙들지 않겠습니다. 저의 소망은 하나님의 영원한 약속에 있습니다. 하나님만이 영원히 지속되는 것을 진실로 약속하실 수 있고, 저의 진정한 본향에서 영원히 저와 함께 계실 수 있기 때문입니다."

일시적인 패러다임을 가진 사람들은 일시적인 것을 영원한 것인 양 소중히 여기고, 영원한 것을 별 것 아닌 것으로 취급한다. 그러나 우리는 성경적인 관점을 선택할 수 있으며 사물을 있는 그대로 볼 수 있다. 이렇게 할 때, 어떤 것들은 우리가 생각하는 것만큼 정말로 중요하지 않으며, 사람들과 그리스도와의 관계되는 다른 것들이 훨씬 중요하다는 걸 깨닫게 된다. 이 세상의 것들(직업, 자동차, 승진, 프로스포츠 경기... 스마트폰 등)에 연연하지 않고 우리의 마음과 온갖 소망을 그분의 약속에 두면서, 그리고 *날마다* 그분을 따르는 데 헌신하면서 영원한 것을 영원한 것으로 여기며 사는 것이 지혜로운 삶이다.

더 깊은 묵상

1. 당신은 코페르니쿠스 전환이라고 불릴 정도로 급격한 변화를 겪으면서 그리스도인이 되었는가? 아니면 보다 점진적으로 변화를 경험하면서 그리스도인이 되었는가? 아직 하나님의 이야기에 속하여 살기로 헌신하지 않았다면 대신 이 질문에 답해보라. 당신이 그리스도를 신뢰한다면 당신의 삶에서 어떤 변화가 일어날 것이라고 생각하는가?

2. 그리스도에게 삶을 맡긴 사람들이 왜 때때로 성경이 말하는 그리스도인으로서의 마땅한 삶과 전혀 다르게 사는 것처럼 보일까? 신실하고 열정적인 믿음의 사람들이 왜 때때로 현실에 안주하고 미지근하게 살면서 교회만 왔다 갔다 하는 사람들로 변해 버릴까? 어떻게 이런 일이 일어날 수 있을까?

3. 당신의 삶을 되짚어보라. 당신은 어떤 약속들을 붙들고 바라며 살고 있는가? 혹시 그 약속들이 당신의 소망의 무게를 감당하지 못하는 건 아닌가? 일시적이거나 중요하지 않은 것들을 바라며 살

고 있지 않은가?

■ *초점 성경*

히브리서 11장을 읽으라. 책이나 인터넷 검색을 통해 거기 등장하는 인물들의 삶을 배우라. 그들이 공통적으로 지닌 성향이나 특징은 무엇인가? 히브리서 11장에 나오는 사람들이 인생을 보는 방식과 당신이 아는 대부분의 사람들이 인생을 보는 방식은 어떻게 다른가? 어떤 방식으로 살고 있는가?

■ *실천 사항*

하나님께서 당신에게 소망하라고 주셨는데 별로 중요하게 생각하지 않은 약속들이 있는가? 인터넷 검색으로 하나님의 약속을 찾아보라. 당신에게 의미 있는 몇 가지 약속들을 적어 규칙적으로 볼 수 있는 곳에 두어라.

4

뒤를 돌아보며 인생을 이해하다

> 인생은 뒤를 돌아봐야 이해할 수 있다. 그러나
> 앞을 내다보며 살아가야 한다.
>
> 쇠렌 키에르케고르 (SØREN KIERKEGAARD)

　영원한 관점을 항상 유지하는 게 무척이나 어려운 까닭은 우리가 실제로 영원에 대해 혹은 영원을 준비하는 방법에 대해 많이 생각하지 않기 때문이다. 영원에 대한 이해력이 아주 보잘 것 없는 상태에서 우리는 여행을 계획한다. 그러나 목적지를 바라보고 계획하는 건 아니다. 마음으로 인생의 최종 목적지를 바라보며 계획한다면 우리 삶이 어떻게 달라질까?

여정과 목적지

달라스에서 애틀랜타로 이사할 예정인 한 남자가 있다. 그는 거기서 남은 인생 50년 혹은 그와 엇비슷한 해를 지내려고 한다. 이틀 간 운전하는 동안 챙겨야 할 세부사항을 꼼꼼하게 계획한다. 입을 옷, 휴게소, 식당, 주유소, 숙소 등. 그러나 애틀랜타에 도착했는데 그 다음에 뭘 해야 할지 아무런 생각이 없다. 참 어처구니없는 짓이다. 그러나 이 정도는 누가 봐도 어처구니없다고 생각하겠지만 영원을 탐색하는 사람들의 행동에 비하면 명백하게 어처구니없는 짓은 아니다. 이 유추에서, 이틀 간의 운전 여정은 이 땅에서의 우리의 시간에 빗댈 수 있고, 애틀랜타에서의 50년은 우리의 영원한 목적지에 빗댈 수 있다.

육적인 영역에서는 명백해 보이는 것이 영적인 영역에서는 아주 명백해 보이지 않는 법이다. 미래를 크게 생각하지 않고 사는데도 왜 우리 삶은 크게 방해받지 않는가? 우리는 나름 계획하고 착수하고 다양한 활동을 추구한다. 또 일에 대한 비전 선언문을 작성한다. 그러나 인생의 비전 선언문을 작성하는 사람은 그리 많지 않다.

우리의 현재 상황은 아주 실제적이고 우리의 현재 활동은 우리의 관심을 요구한다. 하지만 이 시기는 지나갈 뿐이다. 모든 문화와 문명 그리고 심지어 모든 세계가 우리가 영원의 충만함이 시작되는 걸 경험하기 훨씬 전에 사라질 것이다. 사실, 우리는 영원히 지속될 것이고, 지금 우리 앞에 보이는 것들은 떠나갈 것이다. 이 한 가지 사실이 우리를 완전히 다른 맥락에 두면서 모든 것을 변화시킨다.

C. S. 루이스는 「영광의 무게」(*The Weight of Glory*)에서 이렇게 말한다.

> 모든 게 가능하다고 말하는 신들의 사회에서 산다는 것은 심각한 일이다. 당신이 말을 걸고 있는 가장 따분하고 재미없는 사람이 어느 날 경배하라고 강력하게 당신을 유혹하는 피조물이 되거나 당신이 악몽 속에서만 만날 것 같은 무섭고 부패한 존재가 될 지도 모른다는 사실을 기억하는 것 또한 심각한 일이다. 하루 종일 우리는 어느 정도 이 목적지의 한 쪽 아니면 다른 쪽을 서로 돕고 있다. 그 목적지에 적합한 두려움과 신중함을 갖고 우리는 서로 거래를 하고 친구를 사귀고 사랑을 하고 놀고 정치를 해야 한다. 평범한 사람은 없다. 당신은 단지 언젠가는 죽을 존재에게 말을 걸었던 적이 결코 없다. 국가, 문화, 예술, 문명 이런 것들이 언젠가는 죽을 존재이며, 우리들의 삶은 모기 같은 곤충처럼 될 것이다. 그러나 우리가 함께 농담하고 함께 일하고 결혼하고 무시하고 이용하는 사람들은 죽지 않는다. 불멸의 공포이거나 영원히 지속되는 장관이다. 이것은 우리가 영구적으로 침통해질 것이라는 의미가 아니다. 우리는 놀아야 한다. 그러나 우리의 유쾌함은 처음부터 서로를 진지하게 받아들인 사람들 사이에 존재하는 것과 같은 종류의 유쾌함이어야 한다… 그리고 우리의 자비는 현실적이고 값을 지불하는 사랑, 즉 죄인은 사랑하지만 죄는 미워하는 사랑이어야 한다.[1]

우리는 모두 불멸의 창조물이다. 예수 그리스도와 함께 부활한 존재로 영원히 살거나 하나님과 그분의 말씀을 완전히 벗어난 그리스도가 없는 곳에서 영원히 살게 되어 있다. 이것은 오직 우리의 선택이다. 그리고 이 진리는 우리의 삶을 계획하고 살아가는 방식에 엄청난 차이를 만들어낼 수밖에 없다.

C. S. 루이스는 또한 이렇게 말했다. "기독교가 틀리다면, 전혀 중요하지 *않은* 선언이고, 맞다면, 한없이 중요한 선언이다. 적당히 중요한 선언은 전혀 가당치 않다."[2] 그런데 교회 다니는 사람들 대부분은 전혀 가당치 않은 그 길을 선택한다. 그렇지 않은가? 사람들은 대부분 세 번째 옵션을 선택한다. 하지만 실제로 세 번째 옵션이란 것은 없다. 우리는 기독교의 진리를 적당히 중요한 것으로 여긴다. 그렇지만 사실은 이것 아니면 저것이며, 전부 아니면 아무것도 아닌 것이다. 이토록 급진적인 기독교 진리가 맞다면, 그것은 우리의 모든 삶과 운명에 가장 심오하고 주목할 만한 영향을 미칠 수밖에 없다. 여정은 언제나, 당연히 여정의 끝, 즉 목적지에 의해 규정된다.

마지막 말

필즈(W. C. Fields, 1880-1946, 희극 배우 – 역자 주)는 자기가 태어난 도시 필라델피아를 정기적으로 조롱하는 인물로 알려져 있었다. 그는 1925년 〈허영의 시장〉(*Vanity Fair*) 기고란에 자신 무덤의 묘비명을 이렇게 썼다. "차라리 필라델피아에 있고 싶다." 그에 관한 또 다른 이야기에 따르면, 그는 죽음의 시간이 가까워 올 때 성경읽기에 빠져 있었다고 한다. 그 사실에 대해 묻자, 필드는 이렇게 대답했다. "나는 성경의 허점을 찾고 있소."

바넘(P. T. Barnum, 1810-1891, 서커스 사업가, 쇼맨)의 마지막 말을 들어보면 그의 초점이 임종 너머까지 확장되지 않았다는 증거를 찾을 수 있다. 그는 마지막에 이렇게 말했다. "메디슨 스퀘어 가든(Madison Square Garden, 뉴욕 맨해튼에 위치한 공연장이자 경기장)에서 오늘 영수증은 어떻게 됐나?" 인생의 핵심을 전혀 이해하지 못한 한 사내에 관해 이야기해 보라! 영원에 직면해서도, 그는 여전히 자기의 지갑을 확인하고 있었다!

임종 직전에 꺼낸 말은 신자든 불신자든 그 사람의 관점을 보여준다. 필즈의 마지막 말을 무디(D. L. Moody)의 마지막 말과 대조해 보라. 무디는 세계에서 가장 위대한 복음 전도자로서 40년간 설교를 했으며, 기독교 학교를 세 개나 설립했고, 그의 뒤를 이은 수많은 설교자들에게 영적 감흥을 불러일으켰다. 그는 임종의 자리에서 이렇게 말했다.

언젠가 여러분은 메사추세츠 주 이스트 노스필드(East Northfield)에서 태어난 D. L. 무디가 죽었다는 글을 신문에서 읽게 될 것이오. 한 글자도 믿지 마시오! 바로 그 순간에 나는 지금보다 더 살아있을 것이오. 난 더 높이 올라가 있을 거란 말이오. 그게 전부요. 이 낡은 육체의 장막을 벗어나 불멸의 집으로 들어갈 것이오. 곧 죽음이 감히 건드리지 못하며 죄가 더럽히지 못할 몸이 될 것이오. 그분의 영광스러운 몸처럼 빚어진 몸이 될 것이오.³

고통스런 밤이 지나고 임종 직전에 무디는 이렇게 말했다. "땅이 지나가고 하늘이 내 앞에 열려 있어!" 그의 아들은 아버지가 설핏 잠이 들었다가 꿈을 꾸시나보다 생각했다. 무디가 대답했다. "아냐. 이건 절대 꿈이 아니야... 참 아름답구나. 무아지경 같아. 이게 죽음이라면, 죽음은 참 달콤한 거야. 여기엔 골짜기가 없구나. 하나님이 날 부르고 계셔. 가봐야겠구나.⁴

힘든 질문과의 씨름

열아홉 살에 무서운 일을 겪은 적이 있다. 주말에 이런 저런 일을 하려고 계획을 잔뜩 세웠는데 여러 이유로 아무것도 못하게 되었다. 친구들이 뿔뿔이 흩어지고 클럽 하우스에 나 혼자 남아 있었다. 정신없이 바쁜 한 주간의 활동에서 쉬게 되자 인생의 커다란 질문에 집중해야 한다는 중압감이 몰려왔다. 나는 어디 있는가? 나는 어디서 왔는가? 나는 왜 여기 있는가? 나는 어디로 가고 있는가? 답을 찾지 못하자 겁이 덜컥 났다. 답을 찾지 못했기 때문에, 뭔가를 다시 하지 않고서는 자리를 결코 뜨지 않겠다고 약속했다. 우리 시대의 많은 사람들처럼 나에게도 분주함은 인생의 근본적인 문제를 회피하는 방식이 되어 버렸다.

그 문제를 떠올리니 잉그마르 베르히만(Ingmar Bergman)과 우디 앨런(Woody Allen) 같은 영화감독들이 생각난다. 두 사람의 초기 작품은 인생의 근본적인 질문 즉 사랑, 하나님 그리고 죽음에 초점을 맞춘 것들이었다. 그들에겐 고통스러운 질문들이었다. 베리만은 하나님 없이 사는 인생의 무의미함을 탐색하면서 잇따라 영화를 만들었다. 1957년에 나온 〈제7의 봉인〉*(The Seventh Seal)*은 가장 탁월한 예다. 이 영화에서는 한 중세 기사가 그의 목숨을 노리는 의인화된 죽음과 체스 게임을 해서 지고 만다. 그러나 1968년에 〈늑대의 시간〉*(Hour of the Wolf)*을 제작한 이후에 전환기가 시작되었다. 그 시절에 베리만은 이런 질문들과 더 이상 씨름을 하지 않은 것처럼 보였다. 그의 영화는 형이상학적인 영화가 아니라 심리학적인 영화가 되었다. 왜냐하면 사람은 아주 오랫동안 불신의 맥락에서 나온 인생의 어려운 질문과 씨름만 할 수 있기 때문이다. 결국 너무 고통스러워지게 되고 심지어 살 수 없게 된다.

우디 앨런은 간접적으로 베리만의 가르침을 받아 똑같은 길을 따라갔다. 처음에 그는 사랑과 죽음(1975년에는 〈사랑과 죽음〉이라는 제목의 영화를 만들기까지 했다) 그리고 인생의 목적과 의미에 관한 주제를 다루었다. 그런 다음 1989년 작품 〈범죄와 비행〉*(Crimes and Misdemeanors)* 이후 형이상학적인 경향의 영화를 끝내고 순수하게 심리학적인 영화를 만들었다.

참된 소망 없이 사는 삶은 오래 갈 수 없다. 세상 사람들은 앞으로 살아가려면 일종의 거짓된 낙관론을 붙들어야 할 것이다. 설령 현실을 토대로 하지 않은 소망일지라도, 당신은 소망 없이 오랫동안 살 수 없다. 소망은 공기처럼 물처럼 인생에 꼭 필요한 요소이기 때문이다. 소망의 가치는 인생의 마지막이 가까워올수록 더욱 더 명백해질 것이다.

우리의 이야기 속으로 들어가기

1973년에 「챔피언들의 아침식사」(*Breakfast of Champions*)를 출간했을 때, 커트 보네거트(Kurt Vonnegut)의 나이는 오십 줄에 접어들었고 자신이 죽을 수밖에 없는 존재라는 문제와 씨름하고 있었다. 그는 책의 등장인물 중 한 사람에게 매우 이상한 일을 겪게 했다.

보네거트는 소설의 마지막에 등장하는데, 애비스(Avis)에서 대여한 플리머스 더스터(Plymouth Duster)를 운전하고 있다. 차 안에서 등장인물 킬고어 트라우트(Kilgore Trout)의 관심을 끈다. 그런 다음 이렇게 말한다. "트라우트씨, 당신에겐 두려울 게 없어요. 당신에게 내가 커다란 기쁨을 가져갑니다... 난 소설가요. 그리고 내 책에 쓸려고 당신이란 인물을 창조했소." 보네거트는 그에게 노벨 평화상을 약속하고, 어떤 질문에라도 대답하겠다고 말한다.

트라우트는 작가가 미친 건 아닌지 묻는다. 보네거트는 아니라고 말하고 트라우트에 관해 말한다. "나를 의심할 줄 아는 그의 능력을 흩어 버렸어." 보네거트는 트라우트를 "타지마할로 데려간다. 그 다음엔 베니스까지, 그 다음엔 다르에스 살람까지, 그 다음엔 태양의 표면까지 데려간다. 태양의 표면까지 갔지만 불꽃이 그를 삼키지 못했다. 그런 다음 미드랜드 시티(Midland City, 미국 앨라배마 주 데일 카운티에 있는 타운)로 다시 돌아온다." 트라우트는 그의 무릎에 쾅 하고 떨어지고 만다.

보네거트는 그의 등장인물에게 다음과 같이 말한다.

> 트라우트 씨, 오십 번째 내 생일이 다가오고 있소… 나는 앞으로는 완전 딴판으로 살려고 나 자신을 깨끗하게 씻고 새로워지고 있는 중이요. 비슷한 영적 상황에서, 톨스토이 백작은 농노를 해방시켰고, 토마스 재퍼슨(Thomas Jefferson)은 노예를 해방시켰소. 나는 내가 글을 써 오는 동안 아주 충성스럽게 나를 섬겼던 소설 속 모든 등장인물들에게 자유를 줄 것이오. 당신은 내가 말하고 있는 유일한 등장인물이오. 다른 인물들에게 오늘밤은 다른 밤과 별반 다를 게 없는 밤이 될 것이오. 일어나시오. 트라우트 씨, 당신은 해방되었소. 당신은 자유란 말이오.

트라우트는 흔들흔들 일어서고 보네거트는 그에게 "여행 잘 다녀오시오"라고 빌어준다. 보네거트는 사라지면서 트라우트가 그의 아버지의 목소리로 외치는 것을 듣는다. "나를 젊게 만들어 주시오, 나를 젊게 만들어주시오, 나를 젊게 만들어주시오!" 이게 바로 그 소설의 마지막 말이다.[5]

잠시 읽기를 멈추고 생각해 보라. 당신이 어떤 소설가에 의해 이용당해 왔을 뿐이고 그게 당신의 삶의 목적이었다는 걸 알았다면 당신의 기분이 어떻겠는가? 당신은 절망에 빠질 것이다. 사실, 보네거트가 자신의 소설을 통해 전달하는 세계관은 인생은 순전히 부조리하다는 것이다.

이 소설과 기독교 진리를 대조해 보면 정말 깜짝 놀랄 것이다. 하나님도 그의 창조물 속으로 들어오신다. 작가도 그가 지어낸 등장인물 속으로 들어온다. 그러나 하나님은 우리가 누군가의 여흥을 위해 창조되었다고 말씀하지 않고 이렇게 말씀한다. "나는 너를 나와 친밀하게 교제하기 위해 창조했다. 난 네가 참다운 실재를 경험하길 원한다." 으스대지 않고 우리의 세계에 들어오심으로써 그분은 우리 중 한 사람과 같이 되셨다. 그리고 그분은 이제 인간의 조건과 연대하여 우리와 동일한 경험을 하신다. 그분은 우리와 함께 있기를 원한다고 말씀하신다. 며칠 동안이 아니라 영원히 함께 있기를 원하신다. 그분은 우리와 영원히 친밀한 교제하길 원하신다(계 21장). 이게 바로 우리 이야기의 저자가 우리에게 원하시는 것이다. 그분을 우리를 해방하신다. 대본 없이 헤매라는 게 아니라 우리를 지으신 저자와 친밀한 관계를 맺으면서 삶을 즐기고 충만하게 살라고 해방하신다.

가치와 의미를 판단할 수 있는 몇 가지 방법이 있다. 한 가지 척도는 지속성이다. 어떤 것이 일정 기간에만 이롭다면, 괜찮을 수는 있지만 썩 좋은 것은 아니다. 셰익스피어의 작품 -또는 성경-이 오래도록 살아남아있다는 사실은 셰익스피어의 작품이나 성경이 가치 있다는 걸 증명한다. 지속성의 문제는 세계관에도 도움이 될 수 있다. 우리 안에 타고난 어떤 게 항상 존재하고 있어 우리로 하여금 지속적인 것을 믿고 싶게 한다. 이것은 하나님께서 우리 마음에 영원을 사모하는 마음을 주셨다는 전도서 3장 11절 말씀이 맞다는 증거가 된다.

이것이 바로 보네거트의 소설 속 등장인물 트라우트가 "나를 젊게 만들어주시오, 나를 젊게 만들어주시오, 나를 젊게 만들어주시오!"라고 외치는 이유다. 우리는 모두 영원히 젊기를 원한다. 성경은 우리가 젊게 될 것이라고 말하는 데, 이것은 부분적으로 좋은 소식이다. 부활한 우리 몸은 나이가 들지 않을 것이다. 우리는 죽지 않을 것이며 아프지 않을 것이고 다시 죽음을 경험하지 않을 것이다. 하나님은 이렇게 말씀하신다. "내가 만물을 새롭게 하노라!"(계 21:5). 이게 바로 우리의 이야기를 그분의 맥락 안에 둘 때 우리가 맞닥뜨리는 실재다. 이게 바로 우리에게 소망을 주는 것이다.

보네거트의 음울한 결말과 한 신자가 지은 허구적인 이야기의 결말을 대조해 보라. 「마지막 전투」(*The Last Battle*)의 마지막 장에서 루이스는 아슬란(아름답고 웅장한 노래로 신비의 세계 나니아를 창조한 사자)과 아슬란을 도와 나니아를 구한 아이들과의 대화를 다음과 같이 들려준다.

"너희들은 내가 기대한 만큼 아직 행복해 보이지 않는구나."

루시가 말했다. "아슬란, 우리는 보내져 버릴까봐 엄청 두려워요. 당신은 우리를 원래 우리들의 세계로 자주 되돌려 보냈었잖아요."

"그건 전혀 두려워하지 말거라," 아슬란이 말했다. "추측해 보지 않았었니?"

그들의 심장이 뛰고 무모한 희망이 용솟음쳤다.

"진짜 철도 사고가 있었단다." 아슬란이 부드럽게 말했다. "너희들의 아빠와 엄마 그리고 너희들 모두 – 너희들은 그것을 그림자 나라(Shadow-Land)라고 부르곤 했지 – 죽었단다. 그림자 나라라는 말은 이제 끝났어. 휴가가 이미 시작되었단다. 꿈은 끝났어. 이젠 아침이란다."

그리고 그가 말할 때 그는 더 이상 사자처럼 보이지 않았다. 그러나 그 후에 일어나기 시작한 일들이 너무 웅장하고 아름다워서 난 그것들을 글로 표현할 수가 없다. 그리고 우리에게 이건 모든 이야기의 끝이다. 우리는 그들 모두 행복하게 오래오래 살았다고 진실로 말할 수 있다. 하지만 그 아이들에겐 그건 진짜 이야기의 시작일 뿐이었다. 이 세상에서의 모든 삶과 나니아에서의 모든 모험은 단지 책 표지와 제목에 지나지 않았다. 이제 드디어 위대한 이야기 제1장이 시작되고 있다. 그것은 땅에서는 아무도 읽은 적이 없는 이야기이며, 영원히 지속되는 이야기다. 그 이야기의 모든 장은 앞 장보다 훨씬 낫다.[6]

나니아의 결말은 우리가 맞이할 결말의 모습을 반영한다. 루이스의 묘사는 소망을 보여준다. 즉, 소망 없고 깨어진 보네거트의 소설 속 인물 트라우트가 보여준 것과 급진적으로 다른 패러다임을 보여준다.

영원의 맥락 안에 놓인 깨어진 이야기

우리들 모두에겐 깨어진 이야기가 있다. 꿈 조각들이 산산이 부서지고 계획이 실패하고 소망이 뭉그러져버린 이야기 말이다. 우리가 사는 인생은 지금보다 더 젊었을 때 생각했던 모습대로 그려지지 않는다. 심지어 우리가 젊었을 때에도 절망은 있었다. 사람들이 우리를 실망시킨 적도 많다. 우리가 원하는 대로 경력이 쌓이지 않는다. 경제적으로 차질이 생기고, 건강에 문제가 생기고, 사람들과의 관계가 어려워지고 고립감에 괴로워한다. 우리는 모두 꿈 조각들이 산산이 부서진 경험을 한다. 이게 바로 이 땅에서의 삶의 본질이다.

하지만 그리스도를 따르는 사람들이라면 절망할 필요가 없다. 하나님은 타락하고 일시적인 세상에서 지어진 깨어진 이야기를 고치는 방법을 가지고 계신다. 역사는 대단원에 이를 것이다. 우리는 모든 게 잘 풀려질 거대한 절정을 향해 가고 있다. 우리는 영원히 지속될 위대한 일의 시작을 향해 가고 있다. 거기서는 매일 매일이 이전보다 나은 삶이 될 것이다. 우리의 감정과 지성과 하나님을 아는 지식은 계속 자랄 것이다. 우리는 하나님의 신비의 깊이를 결코 헤아릴 수 없을 것이다.

그러므로 우린 결코 지루하지 않을 것이다. 성경에서는 우리가 서로를 어떻게든 알아볼 것이라며 그 사실을 믿으라고 한다. 우리가 상상조차 할 수 없는 방식으로 우리는 완전히 달라져 있을 것이다(요일 3:2). 우리는 (하나님께서 지금 우리를 보시는 것처럼) 영화로운 존재로 서로를 볼 것이다. 바울이 고린도후서 5장에서 말하듯, 우리는 아무도 육신의 잣대로 알려고 하지 않을 것이다. 우리는 새로운 방식으로, 다른 빛으로 그들을 볼 것이다. 다시 말해 불멸의 존재로 그들을 볼 것이다.

지금 우리가 사람한테 중요한 것이라고 단언하는 것들 – 직위, 집, 차 – 이것들은 모두 중요하지 않게 될 것이다. 사회경제적 위치, 경쟁, 지위 이 모든 것은 하찮게 될 것이다. 진정으로 서로를 결속시켜주는 것들은 공동의 운명, 공동의 주님 그리고 공동의 삶이다. 우리의 공통성으로 인해 우리는, 사람의 위치를 정하고 서열을 매기기 위해 사용하는 이러한 표면적인 것들보다 훨씬 나은 위엄과 정체성을 갖게 된다. 영원의 빛 안에서는 표면적인 것들은 그 어느 것도 중요하지 않다.

이 세상을 본향과 혼동하지 말라. 우리들 중 대부분은 불과 2세기 전의 왕들보다 더 편하고 더 부요하게 살고 있다. 하지만 비교할 수 없을 정도로 넘치는 부요함에 위험이 도사리고 있다. 이 세상에서 더 번창할수록 이 세상은 지나가는 것일 뿐이라는 생각으로 살아가기가 더욱 힘들어질 것이다. 세상을 움켜쥘수록, 세상은 우리를 더 꽉 움켜쥔다. 그리고 세상의 지위와 소유물을 끈덕지게 붙들고 있는 우리 자신을 발견할 수 있다. 그것들은 우리 마음을 꽉 틀어잡고 우리로 하여금 일시적 관점과 영원한 관점을 또 다시 혼동하게 한다.

때때로, 작가 쉘던 베너컨(Sheldon Vanauken)의 이른바 하나님의 "잔인한 자비"(severe mercy)가 우리를 절망의 구렁텅이로 빠뜨리고 깨뜨린다. 그때야 비로소 우리는 절망적인 상황을 인식하고, 통제력의 결핍을 깨닫고 그리스도의 복음을 기꺼이 받아들일 것이다. 그 전까지는 복음은 좋은 소식이 아니다. 우리는 일이 잘 풀리고 좋을 때는 복음을 구하지 않는다. 따라서 우리의 깨어진 이야기는 예수님이 우리 삶에 들어오시기에 가장 완벽한 장소가 된다.

제발 이 경고를 귀담아 들었으면 좋겠다. 당신이 그리스도를 믿고 난 *후에라도* 일이 잘 풀리고 잘 돌아간다면 그분을 더 의지하고 완전히 신뢰할 것 같지만 실제로는 그렇지 않다. 훨씬 덜 의지하고 덜 신뢰하게 될 것이다. 이런 때일수록 더욱 조심하고, 삶의 좋은 것들보다 그분을 더 사랑할 수 있게 도와달라고 기도해야 한다.

번영이 잘못된 것은 전혀 아니다. 하나님은 부유함을 반대하지 않으신다. 그러나 하나님은 당신이 부유함에 마음을 빼앗기고 부유함에 삼켜지는 것을 반대하신다. 이 세상의 것들에 연연하지 말라. 결국 그것들은 어떤 식으로든 다른 누군가의 것이 될 것이기 때문이다. 당신은 모든 것을 뒤에 남겨두고 떠날 것이다.

계획을 세우기

달라스에서 애틀랜타를 향해 운전하는 남자처럼, 우리 중 어떤 사람은 남은 삶에 대한 계획보다는 2주짜리 휴가를 위한 계획을 더 잘 세운다. 휴가의 목적지가 여정을 결정한다는 것을 알기 때문이다. 하지만 다음 말이 우리 삶에 훨씬 더 맞는 말이 아닐까? 키에르케고르는 이런 훌륭한 생각을 했다. 뒤를 돌아보며 인생을 이해하라 그런 다음 앞을 내다보며 살아라. 또한 여정의 끝에 있고 싶은 곳을 출발지에서부터 결정하라. 「성공하는 사람들의 일곱 가지 습관」(The 7 Habits of Highly Effective People, 김영사 역간)의 저자 스티븐 코비(Stephen R. Covey)는 성공한 사람들은 대부분 목표를 마음속에 품고 시작하는 습관을 들인다고 말한다.

지상에서의 삶이 끝났다고 상상해 보라. 당신 뒤엔 기억들만이 남아 있고 당신 앞엔 무덤이 있다. 이제 스스로에게 물어보라. "어떻게 해야 어깨 너머의 나의 과거를 돌아보고 만족스런 삶을 살았다고 말할 수 있을까?"

이 질문에 답을 하고서 당신은 마음속으로 마지막을 준비하면서 여정을 계획할 수 있다. 분명컨대, 이렇게 하는 것이 그냥 차에 올라타는 것보다 낫다. 사람들은 이런 식으로 한다. ("자, 애들아, 차에 타거라. 2주간 휴가를 떠날 거야. 어디로 갈지는 몰라. 하지만 멋질 거야!") 그러나 그건 도박이다. 앞으로 남은 2주를 상대로 도박을 하는 것과 앞으로 남은 인생을 상대로 도박을 하는 것은 하늘과 땅 만큼의 차이가 있다.

왜 그토록 많은 사람들이 결여된 계획의 부조리함을 보지 못하고 그런 계획을 세우는 걸까? 내가 보기엔 우리의 운명과 목적이 너무나 모호하고 빈약하기 때문인 것 같다. 우리는 영원에 대해 정통적인 견해를 피력한다. 천국과 지옥이 실제로 있다는 것을 믿어야 한다고 주장한다. 이 땅에서의 시간은 짧다는 걸 알고 있다. 하지만 이른바 우리의 그런 믿음은 우리가 실제로 살아가는 삶의 방식에 거의 영향을 미치지 않는다. 미래가 너무 멀어 보이는 것 같으니까 천국과 지옥이 실제로 없는 것처럼 우리는 잘못 행동하고 있다. 우리가 이 땅에서 행하는 일들이 영원에 아무런 영향도 미치지 않을 것처럼 행동할 때 우리는 안심하고 이 세상에서 잘못된 안도감에 빠질 수 있다. 성경은 우리에게 다르게 보라고 한다.

뒤를 돌아보며 인생을 이해하고 앞을 내다보며 산다면 인생은 어떤 모습일까? 첫째, 우리는 우리의 삶의 목적이 무엇인지 알아야 한다. 웨스트민스터 소요리 문답은 이런 질문으로 인생을 뒤돌아보며 정의함으로써 시작한다. "사람의 주된 목적은 무엇입니까?" 대답은 이렇다. "사람의 주된 목적은 하나님을 영화롭게 하며 영원토록 그를 즐거워하는 것입니다." 이것이 최고의 출발점이다. 하지만 보다 더 구체적인 것을 덧붙일 수 있다. 우리는 하나님이 말씀하신 것들 즉 하나님의 말씀과 관계들은 영원할 것임을 기억할 수 있다. 다른 사람을 그리스도 안에서 더욱 사랑하고 섬길수록 관계에 따른 보상은 더욱 풍성해진다. 이 땅에서 하나님의 백성과 맺은 관계와 천국에서 맺을 관계 사이에 연속성이 있듯이, 이 땅에 사는 동안 하나님을 경험적으로 알고 싶은 갈망을 키운 사람들은 하나님을 지상에서의 관심사 밖으로 밀쳐둔 사람들보다 아마도 다음 생애에서 하나님을 훨씬 더 잘 알게 될 것이다. 이 세상에서 사는 동안 영원한 관점을 가져야 하는 가장 큰 이유는 그 관점이 미래에 하나님을 볼 줄 아는 능력과 상관이 있기 때문이다. 간절히 바라던 이 운명에 비추어, 우리는 그 목표점을 바라보고 날마다 앞을 내다보며 살 수 있다(빌 3:13-14).

마음속으로 마지막을 생각하고 마음을 새롭게 하기

영원한 관점을 유지하길 원한다면, "마음을 새롭게 함으로 변화를 받으라"는 경고의 말씀을 가볍게 여겨서는 안 된다(롬 12:2). 성경의 진리를 배우고, 하나님 나라의 백성들과 관계를 더욱 강화하면, 영원한 관점을 더 쉽게 정의하고 유지할 수 있다. 성경을 공부하고 성경의 메시지에 우리를 드러낼 때 우리는 인내할 수 있을 것이다. 불행하게도 규칙적으로 성경에 자기를 드러내는 사람들이 아주 적다. 심지어 그리스도인들도 성경에 자신을 드러내지 않는다. 헌신이 필요하다. 또한 하나님 말씀을 하찮게 여겨 영원한 관점을 잃어버리면 안 된다. 성경에 푹 잠길 때 우리 삶에 강력한 일들이 생긴다.

영원한 것을 찾고 추구하고 떠올릴 때, 나 역시 영원한 존재가 될 운명이라는 걸 기억할 수 있다. 나의 존재의 목적과 운명에 대한 관점을 잃어버리면, 영원한 관점은 아주 멀어질 것이다. 이것은 계속 진행되는 전투로서 남은 인생을 사는 동안 언제든 맞닥뜨릴 수 있다. 보이는 것과 보이지 않는 것 사이에 벌어지는 이 싸움은 결코 사라지지 않기 때문이다.

뒤를 돌아보며 성경을 읽기

> 예수 그리스도를 따르는 자들이 천국에 대한 관심을 잃으면,
> 그들은 더 이상 행복한 그리스도인이 아니다.
> 또한 그들이 더 이상 행복한 그리스도인이 아니라면,
> 그들은 슬픔과 죄가 가득한 세상에서 강력한 힘이 될 수 없다.
>
> 토저 (A. W. Tozer)

행복하게 살고 싶지 않은 사람이 누가 있겠는가? 행복을 추구하는 것처럼 똑같이 추구하면 우리가 변화하여 토저가 언급한 대로 이 세상에서 강력한 힘을 발휘할 수 있는데,[7] 왜 우리는 그것을 추구하려하지 않는가? 왜 우리는 규칙적인 습관처럼 천국에 초점을 맞추고 살려고 하지 않는가?

신학자 웨인 그루뎀(Wayne Grudem)은 이렇게 말한다. "성경은 새 창조를 형용할 수 없는 아름다움과 즐거움 넘치는 장소로 끊임없이 묘사하고 있다는 사실을 외면해서는 안 된다."[8] 새 하늘과 새 땅에서는 다시는 애통하는 것이나 곡하는 것이 없을 것이다(계 21:4). "그 도성은 하나님의 영광에 싸였고, 그 빛은 지극히 귀한 보석과 같고, 수정처럼 맑은 벽옥과 같았습니다"(계 21:11, 표준새번역). 거기서는 악이나 거짓이 전혀 없을 것이다(계 21:27). 우리는 영원히 통치할 것이다(계 22:5). 그러나 무엇보다, 아무런 제약 없이 하나님과 교제를 누릴 것이다. "보아라, 하나님의 집이 사람들 가운데 있다. 하나님이 그들과 함께 계실 것이요, 그들은 하나님의 백성이 될 것이다. 하나님이 친히 그들과 함께 계시고, 그들의 하나님이 될 것이다. '그들의 눈에서 모든 눈물을 닦아 주실 것이니'(계 21:3-4).

「성경 핵심 교리」(Bible Doctrine)에서 그루뎀은 다음과 같이 말한다.

> 구약에서는, 하나님의 영광이 성전에 가득했을 때 제사장은 서서 섬기지 못하였다(대하 5:14). 신약에서는, 하나님의 영광이 베들레헴 밖 들판에서 양을 지키던 목자들을 둘렀을 때 "그들은 크게 무서워하였다"(눅 2:9). 그러나 여기 천국의 도성에서는 우리는 하나님의 영광의 임재가 뿜어내는 능력과 거룩함을 견뎌낼 수 있다. 왜냐하면 우리는 하나님의 영광에 감싸여 그 정취를 만끽하며

계속 살 것이기 때문이다.[9]

분명히, 거기서도 찬양과 기쁨과 예배가 있을 것이다. 천국에서 드려질 예배는 우리가 이 땅에서 그 흔적만을 살짝 경험했던 예배의 일종이다. 이 땅에서 예배하는 동안 우리는 "하나님께 영광을 돌리는 것이 가장 큰 기쁨"[10]이라는 걸 깨달았다. 천국의 도성에서는 우리가 하늘의 군대와 우리를 환영한 믿음의 친구들 그리고 눈으로 보고 손으로 만질 수 있는 하나님의 임재에 둘러싸여 있을 때 이 기쁨이 한층 커질 것이다. 그 기쁨은 다시는 덧없이 흘러가버리지 않을 것이다. 우리는 하나님과 함께 그분의 임재 속에 영원히 있을 것이며 "주의 앞에는 충만한 기쁨이 있고 주의 오른쪽에는 영원한 즐거움이 있다"(시 16:11).

우리 모두가 앞을 향해 계속 정진하기에 매우 충분한 목적이 *거기에* 있다.

더 깊은 묵상

1. 당신의 궁극적인 목적지가 영원이라면 당신의 이야기는 어떤 식으로 바뀔까? 인생의 마지막 날에, 어깨 너머로 지나온 인생을 돌아보고 만족한 삶을 살았다고 말하려면 무엇을 해야 하겠는가? 이 질문에 답을 찾았다면, 당신의 삶을 변화시키기 위해 무엇이 필요할지 상상해 보라. 뒤를 돌아보고 잘 살았다는 기분이 들게

하려면 지금 당장 무엇부터 시작해야 하겠는가? 변화가 필요한 계획이나 시행할 필요가 있는 새로운 계획이 있는가? 답을 적어 보거나 다른 사람과 이야기를 나눠보라.

2. 4장에 나온 이 구절을 곰곰이 생각해보라. "미래가 너무 멀어 보이는 것 같으니까 천국과 지옥이 실제로 없는 것처럼 우리는 잘못 행동하고 있다." 영원에 관해 생각할 때, 너무 멀리 떨어져 있는 것처럼 보이는가? 당신이 영원히 살 곳에 들어갈 준비를 하기 위해 지금 할 수 있는 일은 무엇인가?

3. A. W. 토저의 인용문을 다시 읽어보라. "예수 그리스도를 따르는 자들이 천국에 대한 관심을 잃으면, 그들은 더 이상 행복한 그리스도인이 아니다. 또한 그들이 더 이상 행복한 그리스도인이 아니라면, 그들은 슬픔과 죄가 가득한 세상에서 강력한 힘이 될 수 없다." 당신은 천국에 대해 얼마나 관심이 있는가? 당신은 "행복한 그리스도인"이라고 말할 수 있는가?

■ 초점 성경

잠시 시간을 내서 로마서 12장 2절을 읽고 생각해 보라. 이 말씀을 실천하기 시작하라. 마음을 새롭게 하고 하나님의 뜻에 맞춰 생각을 조정하려면 어떻게 해야 할까? 마음을 새롭게 하는 것과 관련된 성경 말씀을 오늘 찾아보라. 하나님 자신에 관해 하신 말씀과 우리 인간의 생각에 관해 하나님께서 하신 말씀도 함께 찾아보라.

■ 실천 사항

C. S. 루이스가 설명한 대로 – 우리는 모두 불멸의 창조물이다. 예수 그리스도와 함께 부활한 존재로 영원히 살거나 하나님과 그분의 말씀을 완전히 피하여 그리스도 없이 영원히 살게 되어 있다. – 모든 사람을 불멸의 창조물로 본다면, 그 관점이 사람들과의 상호작용을 어떻게 변화시키겠는가? 루이스의 인용문을 카드에 전부 다 적으라. 다른 사람을 만날 예정이 있을 때마다 꺼내 읽으라. 하루를 시작할 때, 사무실을 떠날 때, 운동하러 갈 때 등. 이런 방식으로 사람들을 보려고 시도해 보라.

5

영원을 신뢰하기
혹은 시간을 원망하기

시간이란 유행을 쫓는 여관 주인 같아서
떠나가는 손님에게는 겨우 손을 흔드는 둥 마는 둥 하지만,
새로 오는 손님에게는 양팔을 넓적 벌리고,
달려가서 껴안듯이 맞이한다니까요
맞이할 때는 웃음으로, 이별할 때는 한숨을 내쉬는 법이오
아, 미덕이라 지난날의 공적에 대하여 보상을 바라지 말지어다.
왜냐하면, 아름다움도, 지혜도, 고상한 핏줄도, 체력도, 공적도,
사랑도, 우정도, 자비심도, 모두 시기심 많고
비방꾼인 시간의 신하니까 말이요.

윌리엄 셰익스피어

「트로일러스와 크레시다」(Troilus And Cressida)

좋든 싫든, 시간은 지나간다. 위 대본을 쓴 셰익스피어처럼[1] 시간을 두 얼굴의 "비방꾼"(거짓말쟁이, 우리 명성을 무너뜨리려고 우리에게 잘못된 혐의를 제기함)으로 볼 수도 있고, 이 세상에서 피할 수 없는 동행자로 받아들일 수도 있다. 우리의 삶을 설정한 이야기와 우리가 취한 관점(일시적 관점 혹은 영원한 관점)이 시간의 흐름을 어떻게 볼 것인지 그리고 그것에 어떻게 영향을 받을 것인지를 결정한다.

영원한 관점은 우리에게 "우리 날을 계수하고 지혜로운 마음을 얻게 하소서"(시 90:12)라고 기도할 것을 요구한다. 지혜로운 마음이 있으면, 하나님을 섬기기로 결단하고 그분이 우리에게 주신 시간을 소중히 여길 것이다. 우리는 더 의도적이 되고, 우리의 운명을 더욱 의식하게 된다. 그리고 시간을 영원히 지속될 사람에게 투자하는 현금처럼 귀하게 여기게 된 그 이면에서는, 시간을 하찮게 여기려 하고 인생의 목적을 아무렇게나 정하려는 사람들이 있다. 뉴욕 양키즈의 전설적인 포수이자 야구 감독이었던 요기 베라(Yogi Berra)는 이런 말을 한 적이 있다. "어디로 가고 있는지 모른다면 아주 조심해야 한다. 어디에도 못 갈 수 있으니까." 선택하지 않기로 선택하면 결국 어디로 갈까? 거기는 어디일까? 일시적 관점은 이 세상 너머에 아무것도 없다고 한다. 그것은 아무런 소망도 주지 않는다. 그리고 영원한 관점을 선택하지 못한 사람들은 이처럼 소망이 결여된 채로 혹은 잘못된 소망을 만들어 시간을 보고 사람들에게 다가갈 것이다.

결말

역사를 통틀어, 우리는 위대한 선구자적 사상가들이 나이가 들수록 절망에 빠지는 것을 본다. 왜냐하면 그들은 인생의 끝은 점점 다가오는데 인생 내내 찾아 헤맸던 답을 여전히 찾지 못했기 때문이었다. 소크라테스는 진리를 찾는 데 온 삶을 바쳤다가 그리스도가 탄생하기 700년 전에 죽었는데, 처형을 기다리는 동안 이런 말을 해야만 했다. "이 세상의 온갖 지혜는 자그마한 뗏목에 지나지 않는다. 우리는 이 세상을 하직할 때 그 뗏목을 타고 출항해야만 한다. 항해하기에 안전한 더 단단한 버팀목이 있었더라면, 아마 그건 신의 말씀이었겠지만." 당대 최고의 사상가의 입에서 나온 말 치고는 참 서글픈 말이다.

소크라테스는 인생 내내 배우면서 발견한 것 그 이상을 갈망했던 것이다. 그는 일종의 "신의 말씀"을 찾을지 모른다고 생각했다. 흥미롭게도 그는 "새로운 신"을 찾고 있었다는 이유로 처형당했다. 물론, 그리스도인으로서 우리는 소크라테스 시대의 그리스 신보다 더 위대한 신이 있으며 위대한 그 철학자가 죽은 후에 "신의 말씀"이 세상에 계시되었다는 것을 알고 있다.

나폴레옹은 죽기 전에 이렇게 말했다.

나는 제명에 못살고 죽는다. 내 몸은 흙으로 돌아갈 것이고 벌레들이 내 몸

을 갉아 먹겠지. 그지없이 비참한 내 모습과 그리스도의 왕국 사이에 깊고 깊은 바다가 있는 것만 같구나. 야망에 찬 내 꿈과 내 시대는 흔적도 없이 사라져버리겠지만, 시골뜨기 유대인 예수가 세대를 가로질러 손을 뻗어 사람들과 나라들의 운명을 쥐락펴락하는게 놀라울 뿐이다. 난 사람들을 알고 있는데, 예수 그리스도는 그저 단순한 사람이 아니라는 걸 너희에게 말한다. 예수 그리스도와 이 세상의 다른 모든 사람들 사이엔 어떤 말로도 비교할 수 없는 간극이 있다… 난 제국을 세웠다. 그런데 천재들의 이 산물들은 무엇을 의지하는가? 힘을 의지한다. 예수는 사랑 위에다 그의 제국을 홀로 세웠다. 그리고 바로 오늘까지 수많은 사람들이 그를 위해 기꺼이 죽었다.[2]

「멋진 신세계」(*Brave New World*, 소담출판사 역간)의 저자 올더스 헉슬리(Aldous Huxley) 역시 공부와 글쓰기로 인생을 보냈다. 그는 처음엔 인본주의자였으나, 다양한 영역에 폭넓게 관심을 쏟다가 나중엔 영적인 주제 특히 동양의 신비주의와 실험적인 약물 사용에 관심을 가졌다. 그가 죽은 그날엔 말을 할 수 없었지만, 이것이 그의 마지막 말이다. "평생 인간의 문제에 관심을 가지며 살아왔으나 결국엔 '조금만 더 친절해 보거라'[3]는 충고 밖에 달리 해 줄 말이 없다는 게 다소 당황스럽다." 다른 말로 하면, 일시적 관점을 가지고 평생을 공부한 후에 – 당대에 가장 날카로운 지성으로 알려진 – 이 남자가 해 줄 수 있는 말이라곤 고작 평범한 말 뿐이었다는 것이다. 1963년, 인후암으로 생애 마지막이 가까워오자, 헉슬리는 아내에게 환각제 주사를 놓아달라고 했다. 그리고 죽었다.

지그문트 프로이트의 마지막 말은 슬픔이 더욱 배어 있다. "(사람은) 현실에서 만족을 얻어낼 수 있지만 빈약할 뿐이다. 결국 그를 굶주리게 한다."4 하버드 의대의 정신의학과 교수인 알몬드 니콜라이(Armand Nicholi)는 C. S. 루이스와 프로이트의 저작과 서신을 연구하여 그들의 세계관을 비교분석했는데, 그 결과물을 「하나님에 대한 의문」(The Question of God)5이라는 제목의 책으로 펴냈다. 책의 결말에 이를수록 프로이트의 세계관이 그를 총체적인 절망으로 이끌었음이 분명해진다. 또한 그의 세계관은 다른 사람들과의 관계에 커다란 영향을 미쳤을 뿐 아니라 그를 매우 자기중심적이고 병적으로 체념에 빠진 사람으로 만들었다. 루이스의 유신론적 세계관은 그에게 프로이트와 정반대의 영향을 끼쳤다. 루이스가 마음을 쓴 사람들과 주고받은 수많은 서신들은 지속적으로 출판되고 있으며 수십 년 후에도 다른 사람에게 용기를 북돋워주기 위한 자료로 계속 활용되고 있다.

근시안적인 지성주의

일시적인 관점을 선택한 사람들의 철학은 그들을 시간과 사람을 귀하게 여기는 쪽이 아닌 유용성의 관점으로 보는 쪽으로 이끌었다. 폴 존슨(Paul Johnson)6은 「지식인의 두 얼굴」(Intellectuals)에서 선구자적 사상

가나 주요 문화 형성가로 알려진 수많은 사람들 즉 카를 마르크스(Karl Marx), 지그문트 프로이트, 헨리크 입센(Heinrich Ibsen), 장 자크 루소(Jean Jacques Rousseau), 그 외 사람들을 묘사하고 비교했다. 흥미롭게도, 이 위대한 사상가들 사이의 공통분모가 있었는데, 그것은 그들이 인본주의의 이상과 사랑에 빠졌지만 실제로는 사람들을 미워했다는 점이다. 존슨은 이들 모두 사람들을 이용하다가 사람들이 그들에게 더 이상 쓸모 없어 보이면 가차 없이 버렸다는 사실을 아주 조심스럽게 드러낸다.

마르크스는 이 점의 가장 좋은 예다. 그는 일하는 프롤레타리아(노동자 계급에 속한 사람들)에 대한 이론을 가지고 있었고 하나의 주제로서 그들에게 감정과 열정을 쏟았다. 그러나 그는 단 한 명의 프롤레타리아도 알지 못했다. 그건 이론이었을 뿐 실제는 아니었다. 그리스도인으로서 우리는 인본주의의 얄팍한 이상을 사랑하지 말고 현실에서 부딪치는 사람들을 사랑하라고 부름 받았다. 둘 사이엔 근본적인 차이가 있다. 우리는 우리 눈앞에 있고 길에서 만나고 인생을 함께 사는 사람들을 사랑하라고 부름 받았다. 우리는 우리에게 쓸모없는 사람들까지도 사랑하라고 부름 받았다. 어쩌면 이런 사람들을 특별히 더 사랑하라고 부름 받았는지 모른다.

존슨의 책에 나오는 사람들의 삶은 우리가 우리의 운명에 대한 관점에 의해 어떻게 영향을 받는지 보여준다. 일시적인 관점을 선택하느냐 혹은 영원한 관점을 선택하느냐에 따라 만족을 갈망하고 "비방꾼으로서의 시간"을 저주하며 인생 여정의 끝에 이를 것인지 아니면 지혜로운 마음과 영원토록 소중한 관계들을 품고 인생 여정의 끝에 다다를 것인지 결정될 것이다. 그 결정은 우리의 몫이다. 당연히 우리가 결정을 내려야 한다.

시간과 여러 세계관

세 가지 세계관이 현재 이 세상에서 우리의 충성을 얻고자 경쟁하고 있다. 그러나 그중 한 가지 세계관만이 영원한 관점으로 이끈다. 세 가지 세계관에 대한 기본적인 지식을 습득하는 것이 지혜로울 것 같다.

첫 번째 세계관은 궁극적인 실재는 물질이며, 우주에 있는 모든 것은 시간과 우연에서 비롯된 비인격적인 산물이라고 주장한다. 이 세계관의 변형으로는 자연주의, 무신론 혹은 인본주의가 가장 잘 알려져 있다. 결국 이 세계관은 총체적인 소멸을 약속한다. 사람이 죽으면 사람은 완전히 없어진다.

두 번째 세계관은 궁극적인 실재는 물질이 아닌 영이라고 주장한다. 그런데 이 맥락에서 "영"은 인격적인 존재가 아닌 신비스러운 모든 것을 의미한다. 이 세계관의 변형으로는 일원론, 범신론, 초월주의 그리고 뉴에이지 운동이 포함된다. 이 세계관이 약속한 끝은 환생이다. 그러나 인생을 다시 출발하여 두 번째에는 더 나은 인생을 살 수 있는 놀라운 가능성이 있다는 생각에 마냥 들뜨기 전에, 뭔가 더 알아야 할 게 있다. 환생에 대한 서구에서의 대중적인 인식과 달리, 동양 종교에서는 환생은 고통스러운 인생의 수레바퀴를 계속 돌게 하는 것이므로 바람직하지 않다고 가르친다. 환생을 정말로 믿는 사람은 깨어나서 자기가 너무나 실패한 인생을 살았기 때문에 그런 인생을 또 살아야 한다는 사실을 발견하는 걸 원하지 않는다. 동양에서 보는 구원은 존재의 바다로 흡수되는 것이다. 인격적인 인식이나 영원한 관계에 대한 시각이 아니라 오히려 소멸을 영적으로 설명한 것에 불과하다.

세 번째 세계관은 유신론인데, 이것은 피조물과 창조주 사이를 구분하고, 궁극적인 실재는 무한하고 지적이며 인격적인 존재라고 선언한다. 기독교 유신론은 이 인격적인 하나님이 예수 그리스도의 인격과 사역을 통해 결정적으로 자신을 계시하셨다고 단언한다. 이 세 번째 세계관만이 무덤 너머 진짜 소망을 준다. 성경은 우리가 부활하여 영원토록 새로운 빛과 생명과 사랑의 존재가 될 것이라고 가르친다. 새로운 존재에 깃든 이 특질은 하나님과의 친밀함 그리고 서로간의 친밀함에 의해 특징지어진 것이다.

천국에 대해 시시콜콜한 것까지 다 알지는 못하지만, 우리는 지금 우리가 겪는 모든 것은 결국에 무엇과도 바꿀 수 없는 가치가 있을 것임을 믿는다(고후 4:7). 신령한 우주 건축가이신 우리 주 예수 그리스도의 하나님이자 아버지께서 영원한 천국으로 우리를 맞이할 거라고 약속하셨다.

불멸과 변화

영원에 대한 소망을 무시하려는 시도로 몇몇 인본주의자들이 영혼의 불멸을 반박하는 철학적 논증을 실제로 만들었다. 그 논증은 이런 식으로 작동한다. 우리의 영혼이 실제로 영원하다면, 삶은 완전 끝없이 따분한 지옥이 될 것이다. 버나드 윌리엄(Bernard William)의 에세이 "마크로풀로스 경우: 불멸의 따분함에 관한 고찰"(*The Makropulos Case: Reflections on the Tedium of Immortality*)은 주인공 엘리나 마크로풀로스(Elina Makropulos)가 불멸의 면역 혈청을 받고, 실제로는 342살인데 누가 봐도 알 수 있는 43세의 나이로 계속 남아 있다는 내용의 연극을 바탕으로 한 것이다. 엘리나는 따분하고 무심하고 냉랭하고 즐거움이 없다. 윌리엄은 엘리나의 상태를 너무 오래 사는 삶이 초래하는 피할 수 없는 결과로 본다. 그는 영원한 삶도 변함이 없는 끝없이 "지루한 삶"으로 필연코 이끌 것이라고 믿는다.[7]

윌리엄의 가설은 영혼의 불멸보다는 그의 상상력의 결여를 더 많이 드러낸다. 하나님이 무한하신 분이기 때문에 우리는 천국에서 지루하지 않을 것이다. 그리고 언제나 놀라움이 가득할 것이다. 솔직히 말하면, 자연을 공부하면 할수록 자연은 더욱 더 신비롭고 빼어나게 된다. 천국에 대해서도 이와 똑같을 거라고 추론할 수 있다.

하나님의 백성과 하나님의 말씀은 영원히 지속될 것이다. 우리는 영원 속으로 들어갈 것이며, 새 하늘과 새 땅의 거주민이 될 것이다. 그러니 우리는 지루하지 않을 것이다. 윌리엄은 영원히 살면 늘 똑같이 살게 될 거라고 가정한다. 하지만 그리스도를 따르는 자들은 언제나 과정 중에 있다. 우리는 시간을 부인할 수 없다. 우리의 몸은 빠르게 닳아지고 있다. 그러나 사도 바울이 우리에게 소망을 준다. "그러므로 우리가 낙심하지 아니하노니 우리의 겉사람은 낡아지나 우리의 속사람은 날로 새로워지도다"(고후 4:16). 몸은 소멸될 것이다. 그러나 지상에서 남은 삶을 사는 동안 날마다 새로워지고 날마다 성장하고 있는 존재로 영원 속에 들어갈 것이다.

다가올 하나님 나라의 삶은 이미 우리 안에 드러났다. 그리스도 안에서, 우리는 이미 새로운 피조물이다(고후 5:17). 우리는 예전의 우리가 아니다. 내면에서부터 우리는 변화하고 있다. 내면 깊숙한 곳의 자아는 신성한 성품에 참여하고 있다. 즉 그리스도의 생명이 우리의 삶 속에 있으며 하나님의 영이 우리의 영 안에 있다(벧후 1:4). 이제 – 겉으로 보이는 자아를 변화된 내면의 자아와 차츰차츰 일치시켜가는 – 이 과정은 우리 삶의 가장 위대한 소명이 된다.

깊이가 얕은 다른 세계관과 반대되는 기독교 세계관의 깊이에 나는 점점 크게 감동하고 있다. 자연주의는 궁극적인 실재는 단순히 물질이라고 하고, 뉴에이지 운동은 궁극적인 실재는 어떤 힘, 에너지, 떨림 혹은 의식으로 온다고 한다. 기독교 세계관은 이 두 가지보다 훨씬 깊다. 하나님과 그분의 지혜는 끝이 없기 때문이다. 합창 연습과 하프 음악

(물론, 당신이 좋아하는 것들이 아니라면)의 영원함 같은 생각은 던져버리고 모든 사람이 원래 의도된 형상의 충만한 데까지 자라는 식의 영원함을 상상하라. 제로에서부터 시작하지 않았지만 사랑하는 이들과 우리의 창조주와의 보다 충족적인 관계로 이어지는 곳으로서 영원을 상상하라. 하나님은 새로운 하늘과 새롭고도 흠 없는 땅을 약속하신다. 그러므로 탐사할 것들이 무궁무진할 것이다. 우리는 배우고 자랄 것이며 결코 지루하지 않을 것이다. 난 이 점을 장담한다.

시간 - 친구 혹은 적

A. W. 토저는 올더스 헉슬리와 같은 해에 죽었다. 그러나 그가 살아온 삶은 전적으로 다르다. 그의 삶은 "같은 방향으로의 기나긴 복종"[8]으로 도드라졌다. 그는 17살에 무한하고 인격적인 하나님을 믿기 시작하여 평생 신앙을 지켰다. 그는 이 땅에서의 삶은 훨씬 더 좋은 것의 짧은 서문에 불과하며 우리 인생과 육체가 이 사실을 증거한다고 믿었다. 그는 다음과 같이 말했다.

> 우리 인생의 햇수와 날수는 적고, 베틀의 북보다 빠르다. 인생은 우리가 머물러 열 수 없는 콘서트의 짧고 흥분된 리허설과 같다. 능숙해질 만할 때 악기를 내려놓을 수밖에 없다. 우리가 할 수 있는 것들이 우리나라의 헌법에 명시되어 있지만, 우리에겐 그것들을 생각하고, 수행할 시간이 그야

말로 충분하지 않다

영원한 관점은 우리는 이 세상이 줄 수 있는 것보다 훨씬 많은 것을 바래야 할 사람들이라고 말한다. C. S. 루이스는 이렇게 말한다. "내 안에 이 세상의 어떤 경험으로도 채워질 수 없는 갈망이 있다는 걸 발견한다면, 나는 또 다른 세상을 위해 지음 받은 존재라는 게 가장 그럴듯한 설명일 것이다."[10] 우리는 이 세상에서는 결코 지탱되거나 만족되거나 채워질 수 없는 갈망이 우리 안에 있다는 걸 깨닫게 되었다. 이 열망은 덧없는 세상이 주는 그 어떤 것으로도 만족될 수 없다. 시간이 충분하지 않기 때문이다. 우리의 내면 깊숙이 자리한, 하나님이 주신 소망과 꿈의 겉만 핥으려 해도 이 세상에서는 기회나 에너지가 충분하지 않다.

전도서 3장 11절에 따르면 하나님께서는 우리의 마음속에 영원을 사모하는 마음을 심어두셨다. 그러므로 우리는 영원을 향한 갈망을 뿌리뽑을 수 없다. 그것은 우리 존재에 처음부터 장착되어 있는 것이다. 우리는 그 갈망에 무관심하거나 정신없이 바쁘게 지냄으로써 그것을 피해보려고 할 수도 있다. 하지만 갈망은 언제나 그 자리에 있을 것이다. 화려한 장밋빛 전망이 있어 보이지만 그게 뭐든 아무런 가치나 능력을 발휘하지 못한 채 끝나버리는 세상의 관점을 갉아먹으면서 말이다. 하나님은 우리 안에 깊은 갈망을 심어놓으셨다. 그러므로 우리가 지혜롭다면 이 갈망이 그것이 채워질 유일한 영역으로 우리 마음을 끌어갈 자석이 되도록 허용할 것이다.

이 세상과 세상의 삶에 실망한 사람들한테 이것은 아주 좋은 소식이다.

토저는 짧게 지나가고 마는 이 땅의 삶이라는 문제에 대해 아주 우아하게 답한다.

> 우리의 유한성에서 하나님의 무한성으로 변화된다는 건 얼마나 만족스러운 일인가. 영원한 햇수가 그분의 마음속에 있다. 그분에게는 시간이 지나가지 않고 남아 있다. 그리고 그리스도 안에 있는 사람들은 무한한 시간과 끝없는 햇수의 모든 부요함을 그분과 함께 나누어 갖는다. 하나님은 결코 서두르지 않으신다. 마감시간까지 꼭 맞춰 일을 끝내야 하는 경우도 없다. 마감시간이란 게 없으니까. 오직 이 사실을 알 때에만 우리의 영을 잠잠히 하고 편히 쉴 수 있다. 그리스도 밖에 있는 사람들에게, 시간은 게걸스럽게 먹는 짐승과 같다. 그러나 새 창조의 아들들 앞에서 시간은 몸을 구부리고 기분 좋게 가르랑거리며 손을 핥고 있다.[11]

콘서트가 앞에 놓여 있다. 콘서트가 열릴 시간이 되면, 그것은 영광스러워질 것이다. 인간적인 야망, 이중적인 태도, 교만, 허영 그리고 어리석음에 의해 오염되지 않을 것이기 때문이다. 그 모든 것들은 타파될 것이다. 그리스도의 몸인 교회는 세포마다 하나님께서 내내 의도하셨던 완벽한 상태로 회복될 것이다. 얼룩진 것, 주름진 것, 더러운 것들은 모두 제거되어 거룩하고 흠 없고 순결하게 될 것이다.

콘서트가 어떤 모습일지 지금 상상해 보라. 그때가 되면 우리 안에 있는 가장 좋은 것은 드러나고 우리 안에 있던 잘못된 것들은 단호히 제거될 것이다. (얼굴과 얼굴을 마주하게 될 주 하나님의 임재는 말할 것도 없고) 단 한 시간만 성도들과 진정한 교감을 나눈다 해도 그것은 우리가 상상하는 그 어떤 경험보다 훨씬 나을 것이다. 천국에서 누리는 기쁨은 이 땅에서는 오래 지속할 수 없었던 더할 나위 없는 경험일 것이다. 우리의 꿈은 산산조각이 나곤 했고, 이루고 싶은 일은 끝내지도 못하곤 했다. 지금은 하나님을 직접 보고 살아남을 수 있는 사람은 아무도 없다. 하지만 다음 세상에서는, 우리가 "하나님을 얼굴을 보게 될 터이요"(계 22:4)라고 성경은 말하고 있다. 동산에서 추방당하고 명명백백한 하나님의 임재로부터 쫓겨났던 우리가 하나님의 도성에서 그분의 얼굴을 맞대고 보면서 살 것이다.

위대한 지구의 파국

윌리엄 셰익스피어의 마지막 극작품 중 하나인 「폭풍우」(*The Tempest*)는 프로스페로(Prospero)라는 마술사가 마술 책을 사용하여 마법에 걸린 섬을 통치하는 이야기다. 그는 자기를 섬기는 영들과 존재들로 그 섬을 꽉 채운다. 연극의 끝이 가까워오자 프로스페로는 그의 손님인 페르디난드(Ferdinand)에게 말을 건다. 이건 마치 셰익스피어 자신이 글로브 극장(Globe Theatre)의 관객들에게 작별의 말을 건네는 것 같다.

> 이제 흥청거리던 연회는 끝났소. 내가 미리 말했듯이
> 우리의 배우들은 모두 영들이었소.
> 그들은 흔적도 없이 사라져버렸소.
> 근거 없는 직물 같은 이 환상처럼
> 구름이 덮은 탑, 아름다운 성,
> 엄숙한 사원, 위대한 지구,
> 오, 그것이 물려받은 것들은 모두 녹아 없어질 것이오.
> 헛된 이 연극이 사라지는 것처럼 말이오.
> 선반 하나도 뒤에 남겨두지 마시오.
> 우리는 한낱 꿈같은 물건이었소.
> 우리의 보잘 것 없는 인생은 잠으로 끝날 뿐이오.[12]

연극이 끝날 즈음, 프로스페로는 마술을 그만두고 무덤을 생각한다. 셰익스피어는 마지막 작품에서 인간의 일시적인 성취와 업적들은 모두 끝이 날 것임을 보여주었다.

이것은 베드로후서 3장 10절 말씀을 연상시킨다. 이 말씀은 주의 날에 인간의 모든 성취들이 불에 타듯 소멸되는 환상을 보여준다. 베드로

는 이렇게 말한다. "그러나 주의 날이 도둑 같이 오리니 그 날에는 하늘이 큰 소리로 떠나가고 물질이 뜨거운 불에 풀어지고 땅과 그 중에 있는 모든 일이 드러나리로다." 우리가 보는 모든 것 – "인생이라는 극장", "위대한 지구" – 은 녹아 없어질 것이다. 그것은 사라질 것이고 "선반 하나도 남아있지 않을 것"이다.

시간은 하나님의 능력과 창조성을 말해준다.

민들레 사진을 찍었는데 꽤 잘 나왔다. 이 사진은 지금 내 컴퓨터 초기 화면에 떠 있다. 난 사진을 아주 좋아한다. 왜냐하면 이것은 하나님의 탁월함과 창조성을 우리가 얼마나 쉽게 간과하는지를 상기시켜주기 때문이다. 우리는 이 작은 꽃 수천 송이가 먼지버섯에 의지하는 걸 일생 동안 볼 것이다. 어렸을 때 민들레 홀씨를 불면서 소원을 빌고 그 모든 작은 홀씨들이 흩날리는 것을 보았을 것이다. 나는 그것이 완벽한 구가 되는 순간에 이 장면을 찍었다. 홀씨의 구조는 경이롭고, 아름다울 정도로 정교해서 번식하기에 딱 맞았고, 각각의 홀씨 주위에 있는 하얀 솜털은 낙하산처럼 홀씨를 아주 멀리까지 나르기에 딱 적합했다. 민들레는 복잡성, 단순성 그리고 아름다움에 있어 단연 빼어나게 아름다운 꽃이다. 하지만 그 안에 담긴 정보는 아직도 무궁무진하다. 그런데 이토록 우아하고 미학적으로 만족스러운 사물이 하나님의 창조 세계의 표면에 피어난 하나의 잡초일 뿐이다.

이것이 바로 하나님의 타락한 창조 세계의 모습이다. 우리와 우리가 사는 땅이 죄가 있기 전의 상태로 회복될 때 그분의 새 창조 세계는 어떤 모습일거라고 생각되는가? 성경은 하나님을 사랑하는 자들을 위해 그분이 예비해 놓으신 것은 눈으로 본 적도 없고 귀로도 들은 적이 없으며 마음으로 생각조차도 할 수 없다고 말한다. 그것을 이해하고 받아들이기엔 우리의 인지 능력이 아직 충분하지 않다. 그러나 이야기는 계속될 것이고 시간은 말을 해줄 것이다.

시간은 또한 사람의 능력과 하나님의 능력이 얼마나 대조되는지에 대해서도 말해준다. 네로 황제 앞에 서 있는 사도 바울의 모습을 상상해 보라. 바울이 처음 로마 감옥에 압송되었을 때는 무죄판결을 받았다. 이번엔 그렇게 되지 않을 것 같았다. 그의 마지막 편지인 디모데전후서와 디도서를 보면 그의 인식이 드러난다. "전제와 같이 내가 벌써 부어지고 나의 떠날 시각이 가까웠도다 나는 선한 싸움을 싸우고 나의 달려갈 길을 마치고 믿음을 지켰으니"(딤후 4:6-7). 다른 말로 하면, "나는 인생 여정의 끝에 있다는 걸 알고 있다." 이 작은 남자가 강력한 로마 황제, 네로 앞에서 사슬에 묶인 채로 서 있었다. 틀림없이 빛나는 광채를 띠고 화려한 장식으로 치장했을 위대한 황제의 모습을 상상해 보라. 사슬에 묶인 가난한 바울의 모습을 상상해 보라. 그 당시에, 어떤 사람은 미래 세대는 네로 황제를 모방하고 싶어 할 거라고 생각했을지도 모른다. 어떤 사람은 역사는 바울을 동정할 거라고 생각할 수도 있다. 2천년이 흐른 후에 우리 아이들의 이름은 바울이라고 짓고, 개 이름은 네로라고 짓는 걸 보면 참 흥미롭다. (우리가 하나님의 이야기 안에 살 때, 옳지 않은 일들이 변화될 수 있다)

온갖 화려한 것들로 꾸민 사람도 하나님의 내주하시는 영에 의해 변화된 생명의 능력과 비교하면 아무것도 아니다. 세상이 이해하지 못하는 새로운 능력과 차원이 그의 안에 있다. 요한복음 18장에 나온 빌라도 앞에 선 예수님이 완벽한 예다. 강력한 빌라도는 진리 자체이신 분이 바로 그의 앞에 서 있는데도 "진리가 무엇이냐?"라고 묻는다! 빌라도는 예수님을 보고 실제로 놀랐던 것 같다. "네가 누구냐?"라고 그는 물었다. 그는 자기가 범상치 않은 사람을 상대하고 있다는 걸 알았다. 지금, 성경을 읽는 사람 말고, 누가 빌라도의 이름을 기억하는가? 시간은 지속될 것과 지속되지 않을 것을 드러낸다.

시간과 사람을 소중히 여기기

최근에, 루이지애나 주 배턴루지(Baton Rouge) 근처에서 열린 수련회에서 강의를 했다. 이곳에 모인 남자들 중 일부는 내가 오랫동안 알던 사람들이었다. 그래서인지 내가 거기서 느꼈던 영의 연합을 정말로 소중히 여긴다. 우리 중 몇 사람이 금요일 밤 강의를 끝내고 둘러 모여 이야기를 나누었다. 함께 나눈 대화가 정말 즐거웠다. 내 친구가 진귀한 와인 여섯 병을 가져왔는데 그중엔 1976년산 샤토 라피트 로칠드

(Chateau Lafite Rothschild)도 있었다. 그 친구는 와인을 따라주면서 이렇게 말했다. "지금은 죽기 싫고 자네들과 맘껏 와인을 마시고 싶네, 죽음 따윈 잊어버리자구." 난 그에게 와인의 이름을 적어달라고 했다. 난 그것들을 기억하고 싶었다. 그 순간을 위하였다. 좋아하는 사람들과 함께 하나님의 선한 창조물을 즐기면서 꿈같은 4시간을 보냈다. 그 때 일을 결코 잊지 못할 것이다. 그러나 그 시간에도 난 "이 시간은 내 기억에 남을 선물이야. 영원히 되돌아 볼 수 있는 특별한 거지"라고 생각하고 있었다. 우리는 이처럼 좋은 순간들을 계속 붙잡고 싶어 한다. 그러나 그럴 수 없다는 것을 알고 있다. 시간은 당신으로 하여금 그것을 멈추고 싶게 하는 뭔가가 있다. 당신은 시간을 붙잡고 싶겠지만 그것은 손가락 사이로 빠져나가고 만다.

〈웨이킹 네드〉(Waking Ned Devine)는 주민이 52명밖에 살지 않는 아일랜드의 자그마한 마을의 한 남자에 관한 이야기를 다룬 훌륭한 영화다. 주민들은 대부분 선량한 아일랜드 시골 사람들로 단순하고 소박하게 살고 있다.[13] 어느 날, 마을 사람들 중 누군가가 복권에 당첨됐다는 중대한 뉴스가 터졌다. 문제는 홀로 사는 노인 네드 디바인(Ned Devine)은 복권이 당첨되자 너무 놀라 심장마비로 죽었다. 그는 복권을 손에 쥔 채 웃으면서 죽었다. 친구 재키(Jackie)와 마이클(Michael)은 당첨 복권을 발견하고 나서, 당첨금을 주 정부에 귀속시키지 않고 지켜낼 방법을 발 빠르게 모의한다.

그들은 마을 사람들을 설득하여 마이클을 네드인 것처럼 꾸미자는 그들의 음모에 동참시킨다. 복권 조사관이 당첨 복권을 확인하러 왔을 때 별 탈 없이 계획이 진행된다. 조사관이 마을을 떠났을 거라고 믿은 마을 사람들은 함께 모여서 네드를 추모했다. 조사관은 노래 소리를 듣고서 무슨 일인가 보려고 교회로 들어간다. 재키는 재빨리 다른 계획을 꾸미더니 친구 마이클을 향해 추도사를 시작한다. 마이클은 실제로는 맨 앞줄에 앉아 있었다.

재키는 살아있는 사람을 위해 추도연설을 하는 유례없는 기회를 갖게 된다.

> 마이클 설리반은 저의 훌륭한 친구였습니다. 하지만 언제나 잊어먹고 친구에게 그 말을 못했습니다. 장례식에서 하는 말들은 죽은 사람에게 하기엔 너무 늦은 말들입니다... 마이클과 저는 함께 늙어갔죠. 하지만 우리가 웃을 때는 점점 젊어졌답니다. 그가 여기에 있다면, 그가 지금 제 말을 들을 수 있다면, 훌륭한 남자가 된 것을 그에게 축하해 주고 싶고, 친구가 되어져서 고맙다고 말하고 싶습니다.

왜 우리는 장례식까지 기다렸다가 사랑과 감사와 애정을 말로 *표현하는가?* 왜 우리는 사람들에게 해 줄 가장 좋은 말들을 비축해두었다가 그들이 죽고 난 다음에야 꺼내는가? 이해가 되지 않는다. 마이클 설리반처럼 당신의 장례식에 초대받아서 앉아 듣는다면 얼마나 멋진 일인가?

영원한 관점은 관계는 영원히 지속될 수 있고, 시간은 두려워하지 않아도 된다고 가르친다. 장례식이 칭송의 말을 하기에 적합한 시간이 아니라 *지금이야말로* 그 시간이다. 우리가 정말로 이 사실을 믿는다면, 우리는 사람들을 예전과 다르게 상대할 것이다. 하나님께서는 우리를 사랑하시고 우리가 서로 사랑하길 원하신다고 성경이 얼마나 많이 말하는지 우리는 기억할 것이다. 우리는 칭찬의 말을 하는 데 더 관대해질 것이고 비난을 쏟아내는 데 더 조심하게 될 것이다. 우리는 다정다감한 말을 하려고 애를 쓸 것이며 하나님의 영원한 보배인 사람들에게 시간과 정성을 쏟으려고 노력할 것이다.

더 깊은 묵상

1. 시간이 흘러가는 것에 대해 어떤 느낌이 드는가? 생일을 맞이할 때마다 어떤 느낌이 드는가? 그때마다 어떤 주제들이 마음에 떠오르는가?

2. 영원한 관점은 우리에게 "우리 날 계수함을 가르치사 지혜로운 마음을 얻게 하소서"라고 구하게 한다(시 90:12). 그러한 지혜로운 마음이 우리를 이끄는 대로 하나님을 섬기고 그분이 우리에게 주신 시간을 소중히 여긴다면 무슨 일이 일어날 것이라고 이 장에

서 말하고 있는가? 그 말에 당신은 동의하는가?

3. 영원한 관점에서, 현재의 시간은 어떠한 것과 같은가?

4. 요기 베라는 이렇게 말했다(102쪽 참조). "어디로 가고 있는지 모른다면 아주 조심해야 한다. 어디에도 못 갈 수 있으니까." 미래에 대해 아무런 계획도 세우지 않고 산다면 무슨 일이 일어날까?

5. 사도 바울의 시각과 버나드 윌리엄의 시각을 비교해 보라(109쪽 '불멸과 변화' 참조). 차이점이 무엇인지 아주 간결하게 표현해 보라. 어떤 관점이 당신의 관점과 더 비슷한가?

■ 초점 성경

고린도후서 4장 16절을 적어보라. 늘 갖고 다니면서 암송해 보라. 내면의 자아가 날마다 새로워지고 있는 게 느껴지는가? 그렇지 않다면, 하나님께서 영원을 향해 당신을 어떻게 변화시킬 것인지를 보다 확실하게 해 달라고 하나님께 구해 보라.

■ *실천 사항*

　C. S. 루이스는 이렇게 말했다. "만약 내 안에 이 세상에서의 경험으로 도저히 만족할 수 없는 갈망이 있음을 발견한다면, 나는 다른 세상을 위해 지음 받은 존재라는 게 가장 그럴듯한 설명이 될 것이다."[14] 세상이 결코 채워줄 수 없는 당신의 참된 갈망을 드러나게 해 달라고 하나님께 기도하라. (괜찮다면 그 갈망들을 적어보라) 이런 갈망들은 당신을 향한 하나님의 영원한 계획의 징후라는 걸 확신하게 해 달라고 하나님께 기도하라.

6

시인들, 성인들 그리고 영웅들

> 그런즉 너희가 어떻게 행할지를 자세히 주의하여
> 지혜 없는 자같이 하지 말고 오직 지혜 있는 자 같이 하여
> 세월을 아끼라 때가 악하니라 그러므로 어리석은 자가 되지 말고
> 오직 주의 뜻이 무엇인가 이해하라 (엡 5:15-17)

영웅, 즉 곤경에서 벗어나게 해 주는 어떤 사람을 꿈 꿔 본 적이 있는가? 그것이 루크 스카이워커(Luke Skywalker, 영화 〈스타워즈〉 등장 인물)이었나? 혹은 슈퍼맨? 아니면 해리 포터였는가? 영웅 이야기에는 진실이 담긴 무언가가 있다. 가장 어두운 시간이야말로 위대한 변화가 일어나는 시점이기 때문이다. 「반지의 제왕」(The Lord of the Rings)에서 작은 호빗족인 한 명의 영웅이 그의 친구들과 그의 세상을 크게 변화시켰다. 그의 이름은 샘와이즈 갬지(Samwise Gamgee)다.

톨킨(J. R. R. Tolkien)의 「두 개의 탑」(The Two Towers)을 각색하여 2002년에 만든 영화에서 두 영웅 프로도(Frodo)와 샘(Sam)은 절망적인 상황에 빠진다. 악의 반지가 어둠의 군주의 손에 들어가는 걸 막기 위해 떠난 원정에서 길을 잃어버린 것 같다. 선과 악의 세력 간의 전투가 그들 주위에서 치열하게 벌어지고 있을 때, 샘과 프로도는 원정길에 함께 오른 다른 일행들과 연락이 두절되었다.

희망을 잃어버린 프로도는 눈앞에 닥친 사명이 그에게 너무나 무겁게 느껴져 두려워한다. 그는 샘에게 "난 이 일을 못하겠어"라고 말한다. 그러나 샘은 프로도에게 사명을 수행하라고 격려하면서 단순한 믿음을 통해 어린 시절의 영웅을 떠올린다.

> 나도 알아... 나도 안다고. 모든 게 잘못됐어. 원칙대로라면 우린 여기에 있지 말았어야 했어. 그런데 우린 여기에 있어. 프로도, 위대한 이야기 속에 있는 것 같아. 정말로 중요한 것은 그 이야기야. 그 이야기는 어둠과 위험으로 꽉 차 있어. 그리고 가끔씩 넌 결말을 알고 싶어 하지 않았지. 그러니까 결말이 어떻게 행복할 수 있겠니? 어떻게 세상이 그토록 나쁜 일이 일어났을 때와 같은 길로 되돌아 갈 수 있겠니? 하지만 결국엔 세상은 지나가는 것일 뿐이야.[1]

영웅을 위대하게 만드는 것은 바로 이와 같은 때이다. 변변치 않고 보통 사람의 성격을 지닌 샘이 여기서는 프로도에게 사명의 길을 계속

가라고 격려함으로써 대범해진다. 앞을 향해 곧장 나아가는 믿음과 목적 추구를 통해 그는 상황이 대단히 이상하게 돌아가고 있는데도 원정을 계속한다.

내가 믿기로는, 남자든 여자든 가장 위대한 영웅들은 교회가 시작된 이래 교회사 책에 기록되지 않았다. 대다수의 사람들은 샘처럼 재력이 그리 대단치 않은 사람들이었다. 어둠의 시간에도 굴하지 않고 꿋꿋하게 사명의 길로 나아간 사람들이지만 믿음의 영웅으로 칭송되지는 못했다. 그들은 정말로 눈에 띄지 않았지만 하나님께서 그들에게 주신 소망을 붙들었다. 그들은 이 세상에서 사람들에게 보일만한 흔적을 남기려 하지 않았다. 하지만 그들은 하나님께서 목적을 위해 그들을 부르셨다는 것을 알았다. 크기는 그 목적의 중요성과는 아무런 관계가 없었다. 이들은 시험에 굴복해 버리거나 인생이 자신들의 편이 되게 해달라고 하나님께 사정하는 사람들과 달랐다. 오히려 그들을 위해 예비된 것은 그들이 꿈꿀 수 있는 어떤 소원보다도 훨씬 나은 것임을 알고서 시험이 닥쳐도 참고 견뎠다.

우리가 상상할 수 없을 정도로 드넓은 우주 안에 광활한 은하계가 있고, 그 은하계 안에 있는 이 지구 위에서 고작해야 우리가 차지한 작은 지점만 우리는 볼 수 있다. 그리고 경외심과 심지어 두려움에 압도당한다. 그러나 우리의 크기는 우리의 중요성과 거의 상관이 없다. 샘 와이즈 갬지한테 물어보라.

여객선 우화

어떤 면에서는, 아마도 세상의 가장 어두운 시간대에 우리가 존재하고 있다고 보기 쉽다. 우리를 위협하는 어둠의 군주가 정말로 존재한다. 그러나 우리는 소망을 품고 인내하기 보다는 지혜의 메시지를 듣는 데 실패하기가 쉽다. 왜냐하면 지금 살아야 한다는 소리가 *아주 크게* 들리기 때문이다. "지금"이라는 말은 너무나 압도적으로 놀라게 하거나 고통스럽게 해서 우리는 멀리 길게 내다보는 관점을 잃어버리고 경고나 지혜의 어떤 소리도 들을 수 없게 된다. 혹은 "지금"이라는 말은 너무나 즐겁고 흥미진진한 것이어서 우리는 영원한 관점에서 벗어나게 되고, 무게를 감당할 수 없는 것들에 우리의 소망을 두기 시작한다. 이 점을 잘 보여주는 이야기를 어떤 목사님한테서 들은 적이 있다.

> 호화 여객선 한 척이 대서양을 항해하고 있었다. 밖에선 성난 폭풍이 몰아치는데 여객선 연회장안에서는 대규모 파티가 열리고 있었다. 거센 폭풍으로 배가 치명적인 손상을 입은 사고가 발생했다. 그러나 사람들은 손상을 의식하지 못했다. 더군다나 (모든 사람들이 술 마시고 춤을 추면서 아주 흥겨운 시간을 보내고 있는 걸 구경하고 있던) 선장은 보고를 받았으나 믿지 않았고, 스피커로 사고 소식을 알리는 것을 허락하지 않았다. 그래서 파티와 항해는 계속됐고 폭풍도 더욱 휘몰아쳤다.
>
> 마침내, 경고 방송이 터졌다. "여러분! 배가 곧 부서집니다! 구명보트에

빨리 올라타야 합니다!" 장내 방송 시스템을 타고 비상 경고가 요란스럽게 울려 퍼졌고 구조요원들은 승객들 한 사람 한 사람에게 소리 질러 메시지를 전했다. 그러나 사람들은 대부분 파티의 흥겨운 분위기에 푹 빠져 있었다. 밴드는 큰 소리로 연주를 했고 배는 점점 가라앉고 있었다. 사람들은 정말로 신나게 즐기고 있었다. 위험을 무릅쓴 몇몇 사람들은 배가 정말로 우현으로 기울고 있다는 걸 *알아차렸다*.

흥미롭게도, 일부 사람들이 허둥대고 우왕좌왕하더니 구명조끼를 입었다. 그러나 파티가 너무나 즐거웠던 터라 그들은 몇 분이라도 더 흥을 짜내려고 되돌아갔다. 다른 사람들은 구조요원들을 무시하고 사방으로 뛰어다녔다. 일단 객실 안에서 그들은 지금 일어난 일이 분명한 현실이라는 걸 알고 두려움에 사로잡혔다. 일부는 엎드려 기도하기 시작했다. "하나님, 뭔가 끔찍하게 잘못됐습니다. 당신께서 우리 배가 가라앉는 걸 딱 멈추게 해 주신다면 당신을 따르겠습니다." 그러나 그분은 그분의 계획을 바꾸지 않으실 게 분명했다. 그래서 그들은 바닥에서 일어나 연회장으로 돌아갔다. 어디 갔었느냐고 묻자 그들은 더 앞선 보고를 믿었다고 대답했다. 그들은 하나님께 기도했으나 기도는 응답되지 않았다.

그래서 그 배는 결국 가라앉고 말았다. 마지막 구명보트가 떠나자 물속으로 뛰어들기 위해 사람들은 미친 듯이 구명조끼를 찾았다. 그러나 보트는 떠나버렸고 구명조끼는 더 이상 없었다. 굽이치는 파도가 배를 집어삼켜버렸을 때 파티를 계속하자는 소리는 더 이상 들리지 않았다.[2]

연회장에서의 삶을 즐긴 사람들은 생명을 잃었고, 경고방송에 주의를 기울여 구명보트에 올라탄 사람들은 살았다. 그러나 여기에 두 번째 이야기가 있다. 힘이 쫙 빠져버렸을 때에도 그리고 전능자의 구원의 힘으로부터 도움이 절실히 필요한 때에 하나님께 *그분의* 계획을 바꿔달라고 한 사람들의 이야기 말이다. 그들이 연회장으로 되돌아갔을 때, 연회장에서의 삶은 뭔가를 잃어버린 삶이란 걸 알았을 것이다. 그런데도 그들은 구원받기를 거절했다. 결국 그들은 생명을 잃었다. 유일하게 구원받을 사람들은 경고 방송 메시지에 주의를 기울이고 미지의 *구명보트의 삶*으로 걸음을 뗀 사람들이었다. 그들은 생명을 건졌고 마침내 새로운 삶으로 들어갔을 것이다. 그들에게 주어진 인생의 두 번째 기회를 소중히 여기면서 살았을 것이다.

미지의 세계로 걸음을 떼기가 두려워서 오래 지속되지 않을 것을 알면서도 붙잡고 있을 때가 얼마나 많은가? 뒤를 돌아보고, 구원받은 때 즉 훨씬 나은 곳으로 우리를 이끈 인생의 전환점을 기억할 수 있는 사람이 몇이나 될까? 영원한 관점을 키우는 쪽으로 더 깊이 파 들어갈수록 그 일이 만만치 않다는 게 분명해진다. 한 번의 결단으로 이루어지지 않는다. 상처를 너무 많이 받아서 연회장 같은 기분전환거리를 더 좋아할 때도 생길 것이다. 혹은 상태가 너무 좋아서 하나님께 그냥 그 자리에 머물게 해 달라고 기도할 때도 생길 것이다. 우리는 어쩔 수 없이 다시 선택을 해야 한다. *우리의 모든 삶을 영원의 빛에 비추어 볼 것*

인지, 아니면 영원한 관점을 수정하여 우리의 욕망을 따르려고 애쓰면서 일시적인 것을 붙들고 살 것인지.

후자를 선택하는 것은 끔찍한 실수를 범하는 것이다. 단지 당신의 개인적인 의제에 동의하게 하려고 하나님의 위대한 계획을 바꿔달라고 그분을 설득하려는 건 어리석은 짓이다. 그런데 많은 사람들이 이렇게 하려고 애쓴다. 그들은 구명보트에서의 삶엔 관심이 없다. 그러다가 죽음으로 그들을 부르는 사이렌(그리스 신화에 나오는 반인반수의 형상을 한 마녀의 이름으로 아름다운 노랫소리로 뱃사람들을 유혹하여 위험에 빠뜨림 -역자 주)의 소리에 부지불식간에 물속으로 유인되고 만다.

천국에 마음을 두고 현재를 살아가기

손턴 와일더(Thornton Wilder)의 극작품 〈아워 타운〉(*Our Town*)에서, 에밀리(Emily)는 죽은 후에 세상으로 돌아가 짧은 생애 중에 단 하루를 관찰할 수 있게 허락받는다. 그녀의 가이드인 무대 감독이 그녀에게 충고한다. "너의 생애 중에서 가장 덜 중요한 날을 골라라. 그날도 충분히 중요한 날이 될 테니." 그녀는 실수로 열두 번째 생일날을 선택하고 만다. 그 경험으로 너무 압도당한 그녀는 다음과 같이 결론짓는다.

> 안 돼요! 난 갈 수 없어요! 시간이 너무 빨리 지나가요. 서로를 바라볼 시간도 없어요. 미처 깨닫지 못했어요. 모든 게 계속되고 있었어요. 그런데 우리

는 전혀 알아보지 못했다구요! 저를 언덕 위 무덤으로 다시 데려가 주세요! 하지만 우선 기다려주세요! 한 번만 더 볼게요. 안녕! 안녕! 세상이여. 안녕! 그루버 골목이여, 안녕! 엄마 아빠, 안녕! 째깍째깍 시계여, 나의 버터호두나무여, 엄마의 해바라기여, 음식과 커피와 새로 다림질한 드레스여, 안녕! 뜨거운 목욕과 잠과 깨어남이여. 오! 지상의 땅이여! 넌 너무나 멋진 데 아무도 깨닫지 못하고 있구나!

그녀는 줄줄 눈물을 흘리며 무대 감독을 쳐다보며 묻는다. "살아 있는 동안에 인생의 가치를 깨닫는 사람은 없나요?" 무대 감독이 대답한다. "없단다. 성인들이나 시인들은 깨달을 지도 모르지. 하지만 그들도 조금 밖에 깨닫지 못한단다."[3]

그런데 당신은 얼마나 주의 깊게 인생을 살고 있는가? 때가 악하다는 걸 알고서 현재를 충만하게 살고 있는가? 사도 바울은 이렇게 충고한다. "그런 즉 너희가 어떻게 행할지를 자세히 주의하여 지혜 없는 자 같이 하지 말고 오직 지혜 있는 자 같이 하여 세월을 아끼라 때가 악하니라"(엡 5:15-16).

때때로 이런 말을 하는 사람도 있다. 사람이 "지나치게 천국에 마음을 쏟으면 이 세상의 좋은 것을 누리지 못하게 되지요"라고. 난 그렇게 생각하지 않는다. 영원한 관점을 키우는 사람들은 현재를 소중하게 여긴다. 이 세상에서 지나가는 기회를 보물처럼 여기고 순간순간을 더 생생하게 살아가려고 한다. 그들은 미래에 얻거나 성취할 수 있는 것을 내다보지 않고 현재에 있는 모든 것을 만끽한다. 이런 관점을 가진 사람은 이 세상에서 겪는 고통에 압도당하지 않으며, 고통을 피할 길을 찾지도 않는다. 오히려 고통은 지나갈 것이며 인내하면 커다란 보상이 따른다는 것을 이해하기 시작한다. 바울이 로마서 8장 18절에서 말하듯이, "현재의 고난은 장차 우리에게 나타날 영광과 비교할 수 없도다."

바울은 고통에 관해 뭔가를 알고 있었다. 엄청난 믿음의 삶을 산 후에 바울은 A.D. 67년에 로마 밖에서 참수 당했다. 젊은 친구 디모데에게 쓴 편지에서 그는 이렇게 말한다. "전제와 같이 내가 벌써 부어지고 나의 떠날 시간이 가까웠도다 나는 선한 싸움을 싸우고 나의 달려갈 길을 마치고 믿음을 지켰으니"(딤후 4:6-7).

우리는 모두 인생을 잘 끝내고 싶다. 그러나 우리가 "믿음의 주요 또 온전하게 하시는 이인 예수"를 의지적으로 바라보지 않으면 인생을 잘 끝낼 수 없을 것이다. "그는 그 앞에 있는 기쁨을 위하여 십자가를 참으사 부끄러움을 개의치 아니하시더니 하나님 보좌 우편에 앉으셨느니라"(히 12:2). 바울은 "의의 면류관"이 자기를 기다리고 있다고 말했다. "이제 후로는 나를 위하여 의의 면류관이 예비되었으므로 주 곧 의로우신 재판장이 그 날에 내게 주실 것이며 내게만 아니라 주의 나타나심을 사모하는 모든 자에게도니라"(딤후 4:8). 그리고 우리도 주의 나타나심을 갈망하는 사람들이다. 혹은 적어도 그들처럼 되어가고 있다.

이런 식의 천국을 갈망하는 삶은 세상의 시각으로 보면 위아래가 뒤

바뀐 것처럼 보인다. 그러므로 우리가 이 땅에서 사는 동안, 우리의 믿음은 엄청난 역설을 받아들이는 삶으로 이끈다. 즉, 우리는 생명을 구하려면 생명을 잃어야 하며 으뜸이 되기 위해선 꼴찌가 되어야 한다. 우리는 살기 위해 죽어야 하고 섬김을 받기 위해 도리어 섬겨야 한다. 우리는 약할 때 가장 강하며, 강하다고 생각할 때 가장 약하다. 우리는 그리스도 안에서 죽었으나 예전엔 결코 그렇게 살아있지 못했다. 더욱 지혜로워지려면 어린아이와 같이 되어야 한다. 우리는 땅을 밟고 살고 있지만 또한 하늘의 시민이기도 하다. 우리는 지상 나라를 사랑해야 하지만 그 안에 있는 것들을 사랑해서는 안 된다. 우리는 죄인이지만 성도이기도 하다. 우리 육체 안에는 선한 것이 없지만 우리는 죄에서 씻음을 받았다. 그리스도가 죽은 이유는 우리 때문이다. 또한 우리는 그분의 눈동자처럼 소중한 존재다. 우리는 하나님을 두려워하지만 그분은 우리의 위로이시다. 우리는 그분의 임재에 압도되지만 그분께 가까이 이끌려간다. 우리는 결코 본 적이 없는 분을 최고로 사랑한다. 어둠의 세력을 그리스도께서 쳐부수었다. 하지만 마지막 정복이 미래에 남아 있다. 이 땅에서의 삶이 끝날 때, 우리는 영원히 살 것을 기대한다.

그리고 그리스도인의 믿음의 가장 큰 역설이 여기 있다. 기독교 국가에 사는 많은 사람들이 받아들이는 걸 본 적이 없긴 하지만, '존재는 행함보다 중요하며 행함보다 앞서야 한다'라는 것이다. 오스왈드 챔버스(Oswald Chambers)는 「주님은 나의 최고봉」(*My Utmost for His Highest*, 토기장이 역간)에서 우리는 그리스도를 위한 우리의 행함을 섬김으로 여기지만, 그리스도는 그분을 향한 우리의 존재를 섬김으로 여긴다고 말했다. 만일 우리가 우리는 누구이며, 누구에게 속해 있는가에 초점을 둔다면, 행함은 저절로 따라올 것이다. 존재(하나님과 지금 친밀한 관계를 맺고 사는 것)가 우리가 행하는 모든 것보다 앞서야 하고 우리 삶에 권능을 부여하는 힘이 되어야 한다고 나는 확신한다. "자유롭게 하는 온전한 율법을 들여다보고 있는 자는 듣고 잊어버리는 자가 아니요 실천하는 자니 이 사람은 그 행하는 일에 복을 받으리라"(약 1:25). *존재 없이 행함이 있을 수 없다.* 이것은 우리 삶의 모든 요소에 적용된다.

우리가 하나님의 나라를 먼저 구하면, 그분은 그 밖의 우리가 필요한 것들을 채워주실 것이라고 약속하신다(마 6:33). 하지만 그 대신 우리가 우리의 손으로 하는 일만을 추구하면, 행함과 소유를 기반으로 한 거짓 자아를 공들여 만들게 된다. 친밀함은 우리 삶에 에너지를 불어넣고 우리의 활동에 힘을 부어주지만, 활동이 꼭 친밀함으로 이끄는 건 아니다. 기독교 철학자 파스칼(Blaise Pascal)은 우리의 가장 큰 문제는 방에 조용히 앉아 있는 법을 모른다는 것이라고 했다. 우리는 가만히 서 있지도 못한다. 묵상은 스마트폰, 컴퓨터, 심지어 책과 떨어져 한적한 곳에서 하는 것이다. 한적한 곳에서 하나님의 임재 앞에 홀로 시간을 보내기로 선택한다면, 이런저런 활동을 할 때보다 아마도 자기 자신에 관해 더 많이 배울 수 있을 것이다.

돌 우화

이미 그리스도인일 거라고 생각되는 사람이 그리스도인이 되는 것보다 그리스도인이 아닌 사람이 그리스도인이 되는 게 훨씬 쉽다.

쇠렌 키에르케고르[4]

19세기 덴마크 철학자 키에르케고르는 그의 마지막 책 「기독교계 공격」(Attack Upon "Christendom")에서 '모든 덴마크인들은 루터교인으로 태어난다. 그러므로 그리스도인이다'라는 덴마크 국교회의 선언을 맹렬히 비난했다. 키에르케고르는 기독교계("기독교"국가에서 태어난 사람들)와 기독교인(진실한 신앙) 사이에는 급진적인 차이가 있다고 말했다. 겉으로 보이는 기독교는 복음을 전혀 반영하지 않는다. 키에르케고르는 사람들의 관심을 얻기를 열망하며, 정말로 기독교인이 되고자 한다면 "기독교인"인 것을 그만둬야 한다고 말했다. 만일 우리가 출생에 의해 기독교인이 된 사람이거나 기독교인 시늉을 내서 기독교인이 된 사람이라면, 우리는 우리의 의지로 기독교인이 된 사람이 아니다. 우리의 상한 의지는 말할 것도 없고. 키에르케고르는 강렬한 느낌의 도발적인 언어와 이야기를 통해서 자기의 주장을 입증했다.

그런 이야기들 중 하나가 "후회할 수밖에 없는 내세"(An Eternity in Which to Repent)라는 제목의 이야기다. 이 우화는 굶주려 죽지 않고 어떻게 남은 인생을 살 것인지 깊이 생각하는 가난하고 나이든 부부에 관한 내용이다. 그들은 가끔씩 그 문제에 대해 하나님께 기도한다. 그러다 어느 날 해결책으로 보이는 일이 일어났다. 그날 아침 아내가 오븐에 갔을 때, 난로 위에 아주 커다랗고 귀한 돌이 놓여 있는 걸 발견했다. 그녀는 그 돌을 남편에게 가져갔다. 남편은 이제 그들의 여생이 보장되어 있다는 데 의견일치를 보였다. 그러나 경건한 그들은 이미 살 만큼 살았으니 적어도 하루는 더 살 수 있을 거라 생각하고 다음날까지 기다렸다가 그 보석을 팔기로 했다.

그날 밤 꿈속에서, 그 여자는 천국으로 옮겨졌다. 그녀가 볼 수 있는 온갖 영광 가운데 거대한 홀이 있었다. 그 홀은 아름다운 돌로 장식된 의자들로 가득 차 있었다. 한 천사가 그 여자에게 그녀의 의자를 보여주었는데, 그 의자는 눈이 부시게 빛이 났다. 그러나 더 가까이 가서 의자를 살펴봤더니 뭔가 빠져있었다. 의자 뒤에 구멍이 나 있었는데 그녀가 난로 위에서 발견한 돌과 같은 크기의 구멍이었다. 그녀가 천사에게 그 구멍에 대해 묻자 그가 대답했다. "당신이 난로 위에서 발견한 것은 아주 귀한 돌이었습니다. 당신은 그걸 미리 받았지요. 그래서 다시 집어넣을 수는 없습니다." 그 여자는 깜짝 놀라 잠에서 깨어나 남편에게 꿈 이야기를 했다. 부부는 귀한 돌을 팔기 보다는 그들이 살아가기 위해 필요한 것을 하나님께서 주실 줄 믿고 계속 그분을 신뢰하는 게 낫겠다는 데 생각을 같이했다. 그들은 그 돌을 원래 있던 곳으로 다시 가져갈 것인지 하나님께 물어보기로 했다. 그날 저녁, 그들은 용감하게 그 돌을 난로 위에 올려다 놓고 하나님께 다시 가져가시라고 했다. 아침이 되자, 아니나 다를까, 돌이 사라지고 없었다. 그들은 그 돌이 어디로 갔는지 확실히 알았다.

나이든 이 두 부부는 오래오래 오순도순 행복하게 살았다. 이 여자는 지각 있는 사람이었다. 그런데도 키에르케고르는 이렇게 말했다. "모든 사람은 어느 여자보다 더 정교하고 더 다급하게 그리고 더 집요하게 한 남자로 하여금 영원한 것을 잊어버리게 할 수 있고, 몇 년 혹은 10년, 혹은 40년이 엄청나게 긴 시간인 것처럼 근거 없이 평가할 수 있는 자질을 자기 안에 갖고 있다. 결국 영원조차도 비교해 보면 아주 짧은 것이 되어버린다."[5]

내 생각에 우리 중 많은 사람이 이런 일을 하고 있다. 이 땅에서 만족한 삶을 사느냐가 가장 중요한 것처럼 그리고 영원은 엄청나게 긴 시간이 아닌 것처럼 행동하고 우리의 날과 해를 보낼 때가 많다. 키에르케고르의 신랄한 말은 현실에 안주하는 그리스도인을 뒤흔든다.

> 어쩌면 여러분은 이 세상의 고통과 역경을 피할 수 있을 만큼 아주 교활한지도 모르겠다. 어쩌면 여러분은 몰락과 조롱을 모면하고 대신 세상의 좋은 것을 즐길 수 있을 만큼 똑똑한지도 모르겠다. 어쩌면 어리석게도 여러분은 단지 세상적인 유익을 얻었기 때문에 올바른 길을 가고 있다는 헛된 망상 속에 빠져 있는지도 모르겠다. 그러나 후회할 수밖에 없는 내세가 올 것이다. 영원한 것에 삶을 투자하지 못했다고 후회할 수밖에 없는 내세가

> 여러분에게 오고야 말 것이다. 그러므로 어떤 어려움이 있더라도 진리 안에서 하나님을 사랑하시오. 그 때문에 이 세상에서 사람의 손아래서 고통을 겪게 될지라도.[6]

기독교 메시지를 왜곡하고 싶다면, 이런 식으로 인생을 사는 것을 선택하면 된다. 우리는 일시적인 패러다임을 가진 그리스도인, 기독교인이라고 고백하지만 실제로는 무신론자가 될 수 있다. 그 선택의 결과 우리는 그릇된 목소리의 유혹에 넘어갈 것이다. 우리는 이 땅에서의 세월이 마치 긴 시간인 것처럼 재고 영원을 마치 아무것도 아닌 것처럼 잴 것이다. 우리의 삶은 이 결정을 반영할 것이다. 결국 우리 스스로 후회할 수밖에 없는 내세를 얻게 될 것이다.

그러나, 우리가 그리스도께 헌신하면, 기독교가 "적당히 중요한" 것인 양 행동할 수 없다. C. S. 루이스가 말했듯이, 기독교가 진리라면 그것은 한없이 중요하며 우리의 삶은 이 믿음을 반영해야 한다. 불행하게도, 교회만 왔다 갔다 하는 사람들 대부분은 기독교를 적당히 중요한 것으로 만들려고 한다. 다시 말하자면 그들은 이것이 영혼을 위해 무슨 의미가 있는지를 명백하게 암시해주는 것을 보지 못할 수도 있다.

우리가 정말로 예수님을 믿는다면, 환난을 당할 게 확실하며(요 16:33), 세상이 우리를 미워하리란 것도 확실하다(요 15:19; 요일 3:13). 우리는 날마다 믿음을 실천해야 한다. 예수님의 약속이 사실일 거라고 기대하면서 말이다. 또한 우리가 고대하는 것들과 우리가 발견하는 가장 어려운 것들 둘 다 사실일 거라고 기대하면서 말이다. 오늘이 우리의 마지막 날이 될 수도 있다. 우리는 전투 중에 있다. 어둠의 군주가 여기에 있고 우리 가운데서 일하고 있다. 우리는 칼을 빼어들고 싸우다 죽을 것을 기대해야 한다. 하나님은 우리를 편안하게 해 주겠다고 약속하지 않으셨다. 하지만 그분은 우리 안에 그리스도를 닮은 성품을 구축하시겠다고 약속하셨다(고전 1:8; 빌 1:6). 그리고 지금이라는 시점은 전체 이야기가 아니라는 걸 약속하셨다.

보석 연마

하나님은 마치 보석처럼 우리 각자의 삶을 보신다. 그분은 원석에서 보석을 분리하여 잡티를 씻어내고 윤이 나도록 닦기를 바라신다. 그런데도, 확실한 형태가 없는 돌멩이라 반짝반짝 빛이 나지 않는다. 연마는 보석세공사가 돌의 면을 깎아내는 과정을 일컫는다. 깎인 면이 많을수록, 돌은 더욱 아름다워진다. 그러나 그 돌이 되는 과정을 상상해보라! 만약 하나님이 면내기 과정을 통해 우리를 아름답게 깎으신다면, 거기엔 반드시 고통이 뒤따른다는 걸 생각해야 한다. 그러나 연마 과정이 끝난 후에 우리는 반짝반짝 빛이 나게 되고, 여느 선한 보석 세공사처럼 하나님은 뚜렷한 차이를 보여주기 위해 우리를 검은 벨벳으로 만든 보석함 바다 위에 두신다.

우리는 지금 검은 벨벳 바다 위에서 살고 있다. 우리는 "어그러지고 거스르는 세대" 가운데 살고 있으며 그 안에서 "하늘의 별과 같이 빛나야 한다." 툴툴거리거나 불평하지 않아야 이렇게 될 수 있다. 그리하여 우리는 "흠이 없고 순전하여, 하나님의 흠 없는 자녀"가 될 수 있다(빌 2:14-15). 이것은 이 말씀이 쓰였을 때보다 오늘날에 훨씬 더 필요한 일인 것 같다. 하나님의 백성들은 검은 바다 위의 별들과 같으며, 하나님께서 공들여 만든 보석과 같다. 그리고 고통을 통하여 하나님은 우리를 윤이 나게 닦으셨고 깎아내셨다. 그리하여 우리는 계속해서 점점 더 빛나게 된다. 하나님은 이런 방식으로 그분의 백성 가운데 임하여 거하신다. 그러므로 우리에겐 인내가 꼭 필요하다.

붙들기

원정길을 가고 있는 프로도와 샘에게 다시 가보자. 그들에 관한 한, 모든 희망은 사라졌다. 샘이 용감하게 프로도에게 "정말로 중요한" 이야기 속 영웅들을 떠올리게 해 주는 순간에도 프로도는 반지를 갖고 싶은 자신의 욕망과 싸우고 있다. 그런데 샘이 믿음으로 말하고 있는 동안, 둘 중 아무도 모르는 사이에 그들의 운명이 실제로 바뀐다. 절망적인 상황이 변화된다. 위대한 마법사 간달프(Gandalf)가 그들의 일행을 도우러 돌아와서 전쟁을 이긴 것이다. 일행의 승리를 알 턱이 없는 샘은 이야기를 계속한다.

> 이 그늘, 어둠도 반드시 지나갈 거야. 새로운 날이 밝아올 것이고 그대 태양은 다시 빛날 거야. 더 맑고 깨끗하게 확 비출 거야. 그게 바로 너와 함께 있었고, 뭔가를 의미했던 이야기야. 설령 네가 너무 작아서 이유를 이해할 수 없을지라도 말야. 그런데 프로도, 난 이해할 수 있다는 생각이 들어. 이제 아는 거지만, 그 이야기 속에 등장하는 사람들은 돌아갈 기회가 얼마든지 있었어. 다만 그들은 그렇게 하지 않았을 뿐이야. 그들은 가던 길을 계속 갔어. 그들은 뭔가를 붙들고 있었기 때문이지.[7]

여객선에 타고 있던 사람들은 그들의 운명이 차가운 대서양 바다 속에서 끝날 것인데도 춤을 추고 있다. 현명한 한 여자는 하늘의 보물을 몇 끼 식사와 바꿀 뻔 한다. 반지를 가진 사람은 그가 붙들 필요가 없는 것을 붙들려고 한다.

우리가 가장 큰 관심을 갖고 붙들고 있는 것은 무엇인가? 행복인가 아니면 거룩인가? 위로인가 아니면 성품인가? 하나님의 관심이 무엇인지 우리는 잘 알고 있다. 그래서 우리는 씨름한다. 우리는 아직 본향에 들어가지 않았다. 고통스럽지만 이건 명백한 사실이다. 그러나 그 고통을 완화시킬 방법을 찾다가 자신을 속여 이 세상으로 충분하다거나 심지어 고통을 치료하기에 거의 충분하다는 생각에 빠져들면 안 된다. 혹은 이 세상이 우리 삶의 가장 깊은 갈망을 계속 채워줄 수 있다는 생각에 빠져서도 안 된다. 이 세상은 결코 그렇게 못할 것이기에. 세상에서 벗어나서, 실제보다 더 중요해 보이는 대단히 갈채 받는 어떤 것들에 비해 별것 아닌 것으로 보이는 어떤 것들을 더 가치 있게 여길 용기가 우리에게 있을까? 또한 손에 잡히지 않는 어떤 것을 붙들 용기가 우리에게 있을까?

"살아 있는 동안에 인생의 가치를 깨닫는 사람은 없나요?"라고 물었을 때, 우리의 무대 감독한테서 이런 대답을 들을 수 있으면 좋겠다. "있고말고. 나의 자녀들이 그렇게 하고 있단다. 그들이야말로 시인이고 성인이고 영웅이지. 그들은 인생의 가치를 알고 있단다. 그들에게도 돌아갈 기회가 얼마든지 생길거야. 하지만 그들은 그렇게 하지 않을거야." 그리고 그분이 이렇게 말씀하실 때 우리의 당연한 운명은 뒤집어진다. 승리는 우리 것이다. 그리고 그분이 승리의 한가운데 계시지만, 가장 기쁜 순간과 가장 어두운 시간은 여전히 계속된다. 종종 알아채지 못할 때도 있지만 말이다. 그래도 괜찮다. 우리는 뭔가를 붙들고 있기 때문에 계속 나아갈 것이다.

더 깊은 묵상

1. 세상은 사실상 알아주지 않지만 하나님의 눈에 영웅이 틀림없는 사람을 알고 있는가? 그 사람에 관해 몇 마디 적어보라. 괜찮다면 그 또는 그녀에게 용기를 북돋워 줄 편지를 써 보라.

2. 여객선 우화에서, 승객들은 연회장에서 열린 파티의 흥에 푹 빠져

있느라 산만해졌다. 한적한 곳에서 홀로 하나님과 함께 있을 시간을 내지 못하게 방해하는 것들이 무엇인지 적어보라.

3. 구명보트에 타라는 다급한 소리를 듣는 순간, 어떤 게 당신을 저지할 것 같은가? 그것에 대해 어떻게 해야 하겠는가? 당신에게 구명보트의 삶은 어떤 것인가? 만약 당신이 걸음을 떼어 어떤 배든 가라앉고 있는 배에서 빠져 나와 당신이 나아가야 할 곳으로 간다면 그곳은 어떤 모습이겠는가?

4. 인생을 살면서 행복과 거룩 사이에서 선택할 기회가 있었던 때를 생각해 보라. 무엇에 이끌려 선택을 했는가? 똑같은 기회가 다시 찾아온다면 다르게 선택하겠는가?

■ *초점 성경*

빌립보서 1장 6절을 읽으라. 이 말씀을 종이에 적거나 암송해 보라. 여러 가지 성경 암송 방법을 활용해 보라. 성경 구절을 반복해서 쓰기, 한 번에 한 단어씩 훑어보기, 암송 구절의 앞뒤 구절을 읽어보기, 다른 사람에게 큰 소리로 읽어주기, 말씀을 적기, 한 글자씩 잘라서 순서대로 반복해서 맞춰보기 등. 어떤 방법을 활용하든, 많이 할수록 더 나아질 것이다.

■ *실천 사항*

행함 말고 *존재*에 대해 이번 한 주간 시간을 내서 생각해 보라. 가만히 앉아 하나님께 귀를 기울이는 시간을 내 보라. 성경 말씀 한 구절, 혹은 한 단어를 머릿속에 떠올려보라. 휴대 전화기도 책이나 컴퓨터도 아무것도 가져가지 말라. 방해 받지 않도록 정리 정돈을 하라. 이 시간은 성경을 공부하거나 암송하는 시간이 아니다. 오히려, 홀로 하나님과 함께 있기 위해 시간을 쓰라. 마음이 뒤숭숭하면, 말씀 한 구절을 떠올려 평정을 되찾으라.

7

위로부터 난 지혜

톨킨의 〈두 개의 탑〉을 각색한 영화에서, 골룸(Gollum)이라는 등장인물은 우리 모두가 마주하는 내적 싸움을 치열하게 한다. 골룸은 한때 마법의 악의 반지의 주인이었다. 그 반지는 강력한 매력을 지녔으나 그것을 손에 쥔 자를 누구라도 타락시키고 말았다. 골룸은 그 반지를 너무나 사랑했고 너무나 오랫동안 끼고 있었다. 그 이야기의 주인공 프로도는 반지를 파멸시키기 위해 그의 도움을 구함으로써 골룸에게 동정심을 보인다. 그러나 이것은 골룸의 마음을 찢어놓는다. 골룸은 그가 아는 옳은 것과 그가 욕망하는 것 사이에서 씨름을 시작한다.

반지를 발견하기 전에, 골룸은 스미골(Sméagol)이라는 이름의 평범한 호빗이었다. 그러나 끊임없이 반지를 욕망하고 그것을 가진 사람을 시샘하다 속마음과 겉모습 둘 다 망가져 중간계에서 가장 불쌍한 피조물이 되고 말았다. 너무 많이 망가진 바람에 그는 더 이상 예전의 모습이 하나도 남아 있지 않았다. 그의 유일한 욕망은 그의 "귀중한" 반지를 향한 것이었다. 그리고 이제 그는 동굴과 그늘에서 사는 것에 익숙해졌다. 그런데 골룸이 프로도로부터 어둠침침한 동굴에서 빠져나와 보다 고상한 목적을 이루기 위한 거대한 모험에 함께 하자는 초대를 받는다. 요컨대, 프로도는 그를 보다 위대한 이야기 속에서 살도록 초대한 것이다.

원정 내내, 골룸은 심각한 내적 갈등을 느낀다. 그러나 프로도가 골룸에게 그의 진짜 이름을 기억나게 해 주자 스미골의 영이 되살아난다. 그는 자기의 정체성을 새롭게 인식하게 된다. 변화된 이 창조물은 프로도에게 충성을 맹세하고 정찰자요 음식 공급자인 그의 새 주인을 섬긴다.

이렇게 새로워진 본성이 나타나자, 스미골의 어두운 면이 주도권을 쥐기 위해 싸운다. 치열한 자아 대치 상황에서, 악한 자아는 그에게 새 주인을 배신하라고 명령한다. 스미골은 그 명령에 복종하지 않고 맞서 싸운다. 살아남기 위해 더 이상 자신의 권모술수를 신뢰할 필요가 없어졌다. 그가 그의 어두운 면에게 말하듯이 "주인(프로도)이 이제 우리를 돌봐주기 때문이다."

스미골과 골룸이 다툴 때 대화는 더욱 격렬해진다. 마침내, 그 어두운 면이 스미골에게 부끄러운 과거와 살의를 품은 행위를 기억나게 하면서 그의 가장 강력한 무기를 휘두른다. 모퉁이로 물러선 스미골은 새 주인에 대한 믿음에 기대어 그의 악한 면에게 용감하게 말한다. "지금 당장 떠나… 그리고 절대 돌아오지 마." 이것은 골룸과 스미골의 정체가 밝혀지는 결정적인 순간이다. 그때 갑자기 그의 악한 면의 모든 힘이 빠져나간다. 새로운 이 권위와 해방을 깨달은 스미골은 확신을 가지고 더 큰 소리로 다시 외친다. "지금 당장 떠나서 절대 돌아오지 마!"[1]

이것은 또한 우리의 싸움이기도 하다. 옛 자아와 새로운 자아와의 싸움, 옛 이야기와 새 이야기와의 싸움, 지금의 나와 헌신되어야 할 나와의 싸움. 그것은 신념과 헌신 사이의 싸움이다. 그것은 우리들 대부분이 겪는 전쟁인데, 정기적으로 우리 마음속에서 계속 맹위를 떨치고 "분위기가 달라졌음에도 예전에 일단 받아들였던 이유를 계속 붙들라"[2]고 요구한다. 그것은 마음을 단단히 지키는 것이다. 그것은 성령의 속삭임과 하나님의 소유로 성령께서 우리를 인치셨다는 말씀에 주의를 기울이는 것이다. 우리의 적이 큰 소리로 고발하는 것을 잠재우는 길은 오직 이 싸움 속에서도 고집스럽게 믿음의 길을 계속 가는 것뿐이다. 그것은 스미골이 무릅쓴 위험과 같다. 스미골은 새 이야기에 대한 믿음과 "주인이 이제 우리를 돌보신다"라는 믿음 위에 서서 위험을 무릅쓰고 원정길을 계속 간다.

위로부터 난 지혜

너희 중에 지혜와 총명이 있는 자가 누구냐 그는 선행으로 말미암아 지

> 혜의 온유함으로 그 행함을 보일지니라 그러나 너희 마음 속에 독한 시기와 다툼이 있으면 자랑하지 말라 진리를 거슬러 거짓말하지 말라 이러한 지혜는 위로부터 내려온 것이 아니요 땅 위의 것이요 정욕의 것이요 귀신의 것이니 시기와 다툼이 있는 곳에는 혼란과 모든 악한 일이 있음이라 오직 위로부터 난 지혜는 첫째 성결하고 다음에 화평하고 관용하고 양순하며 긍휼과 선한 열매가 가득하고 편견과 거짓이 없나니
> (약 3:13-17)

영원한 세계관을 견지하다 보면 굉장한 위험과 개인적인 연단 그리고 강력한 소망이 뒤따른다. 영원한 세계관은 너무 반문화적이어서 동료들과의 관계가 어색해진 느낌이 들 때도 종종 있고, 제대로 선택한 것인지 의아해질 수도 있다. 그러나 영원한 세계관으로 사는 삶은 단지 미래에서만이 아니라 지금 여기에서도 긍정적인 결과를 낳는다. 영원한 세계관은 착한 행실, 온유함, 자비, 신실함의 열매를 맺고 궁극적으로는 평화에 이르게 한다. 그것은 더 위대한 소망을 자라게 하는 자양분이다. 이것들은 우리가 당분간 견뎌내야 할지도 모르는 어색해진 관계들에 결국 대응할 수 있다.

아래로부터 나온 가치 체계는 세상의 체계이다. 그것은 일시적인, 상향식 체제다. 그것은 위험을 무릅쓸 필요가 없다. 만약 우리가 눈에 보이는 것만을 믿고, 이 세상이 전부라고 믿는다면, 우리는 세상으로부터 우리의 모든 행복과 소망과 목적과 성취감을 얻어내야 한다. 우리

는 현재에 모든 것을 실현해야만 한다. 이 세상이 전부라면, "내일 죽을 터이니 먹고 마시자" 할 것이다(고전 15:32). 누군가를 신뢰할 필요도 없고 의존할 이유도 없다. 이 세상이 전부라는 말은 적어도 처음엔 아주 나쁘게 들리지 않는다. 그러나 일단 이런 지혜에 한번 붙잡히면 벗어나기가 어렵다. 이런 종류의 지혜는 이기심과 시기와 무질서를 초래한다. 그 끝은 추하고 악하다. 도저히 벗어날 수 없는 상태가 되기 전까지는 이것은 우리에게 보이지 않는다. 그러나 그건 우리를 속박하여 곧바로 절망 속으로 빠뜨릴 수 있다. 왜냐하면 예수 그리스도 안에 소망을 두지 않기 때문이다. 어쩔 수 없이 우리는 우리 눈에 소중해 보이는 어떤 것에 소망을 둔다. 그러나 결국엔 그것이 우리를 망가뜨릴 것이다.

야고보 사도는 하늘의 관점으로 상황을 보는 것에 계속 초점을 맞추었다. 하나님을 의지하고 그분께 지속적으로 복종하는 삶이 중요하다는 것을 강조하면서 말이다. 야고보는 그의 수신자들이 잘 인식하고 있는 실제적인 문제들을 언급했다. 특히 그들의 믿음이 그들의 의사 결정에 분명하게 드러나지 않고 있다고 지적한다. 어쩌면 이 때문에 그는 이런 질문을 던지는지 모르겠다. "너희 중에 싸움이 어디로부터 다툼이 어디로부터 나느냐 너희 지체 중에서 싸우는 정욕으로부터 나는 것이 아니냐"(약 4:1).

그는 (하나님으로부터 나오지 않은) 다른 지혜는 "땅 위의 것이요 정욕의 것이요 귀신의 것"이라고 한다(약 3:15). 이건 참 심한 말이다. 중도의 지혜라는 것은 없다. 하나님의 길은 아니지만 모든 게 나쁜 건 아닌 그런 길은 없다. 땅 위의 지혜는 (좋아하든 싫어하든) 마귀에게 속한 것이다. 사탄이 이 세상의 통치자다. 세상의 체계와 세계관은 하나님을 거스르도록 고무시킨다. 이것이 바로 영적 전쟁의 의미다. 우리는 사탄에 맞서 싸운다. 사탄은 눈에 보이는 세상이 보이지 않는 세상보다 진짜이며 우리 눈에 보이는 것이 전부라고 (혹은 적어도 눈에 보이지 않는 것보다 더 뛰어나다고) 하는 거짓말 뒤에 숨은 존재다. 이건 오래된 거짓말이다. 사탄은 에덴 동산에서 하와에게 그 거짓말을 사용하여 그녀를 하나님과 남자로부터 분리시켰다. 사탄은 그와 똑같은 방식으로 당신에게 거짓말을 사용할 것이다. 하나님의 지혜가 아닌 이 세상의 어떤 지혜라도 하나님과 우리의 관계를 무너뜨리는 위협이 된다. 이런 까닭에 야고보는 "누구든지 세상과 벗이 되고자 하는 자는 스스로 하나님과 원수 되는 것이니라"고 말한다(약 4:4).

간단히 말하면, 당신은 동시에 두 가지 규칙을 갖고 경기를 할 수 없다. *궁극적인 충성의 대상*을 분별해야 한다. 사업에 뛰어들어 수익을 내는 게 잘못된 것은 아니다. 인생의 계획을 세우고 번창하고 인생을 즐기는 게 잘못된 것은 아니다. 그러나 미래에 대한 계획을 세울 때 이것도 다 할 수 있고 저것도 다 할 수 있다고 주제넘게 굴어서는 안 된다. 그리고 시기, 신랄함, 이기적인 야망, 거만함과 같은 위험한 징후는 무질서와 모든 악한 것을 낳는다는 사실을 알고서 그런 징후가 있는지 언제나 경계해야 한다. 이 모든 위험한 징후들은 내적인 것이지만 우리의 행동을 형성하며 우리가 정말로 어떤 세계관을 붙들고 있는지 입증한다.

당신은 생각에서부터 시작하여 인생에서 악을 멀리 할 선택권을 갖고 있다. 그리고 똑같은 방식으로 당신은 "너희 영혼을 능히 구원할 바 마음에 심어진 말씀을 온유함으로 받아들이는 것을" 선택할 수 있다(약 1:21). 이렇게 하면 마음이 새로워져서 적어도 우리 생각의 일부가 하나님의 생각처럼 될 수 있고, 우리의 의지가 하나님의 의지에 맞추는 쪽으로 옮겨지기 시작할 수 있다. 하지만 상향식 체제가 우리 생각에 영향을 미치도록 가만 놔두면 우리의 마음은 우리의 원래 의지에 고정될 수밖에 없는데, 이는 하나님을 거스르는 것이다. 우리 자신의 욕망은 잉태되어 점점 자랄 것이며 결국 죽음과 분리로 우릴 이끌 것이다.

죄의 잉태

사람이 시험을 받을 때에 내가 하나님께 시험을 받는다 하지 말지니 하나님은 악에게 시험을 받지도 아니하시고 친히 아무도 시험하지 아니하시느니라 오직 각 사람이 시험을 받는 것은 자기 욕심에 끌려 미혹됨이니 욕심이 잉태한즉 죄를 낳고 죄가 장성한즉 사망을 낳느니라 내 사랑하는 형제들아 속지 말라 온갖 좋은 은사와 온전한 선물이 다 위로부터 빛들의 아버지께로부터 내려오나니 그는 변함도 없으시고 회전하는 그림자

도 없으시니라 (약 1:13-17)

코넬리우스 플랜팅가(Cornelius Plantinga)는 그의 저서 「잘못된 길」 (Not the Way It's Supposed to Be)에서 죄의 본질에 대해 논의한다. 플랜팅가는 죄를 "샬롬에 대한 과실 방해"³로 정의한다. 얼마나 지각 있는 통찰인가. 죄는 우리의 참된 정체성을 이루는 조화를 방해한다. 샬롬은 단지 평화 그 이상의 것이다. 그것은 연합에 관한 것, 하나님과의 리듬에 관한 것이다. 사람이 다른 사람과 하나님과 샬롬 관계에 있을 때 진정한 통합이 존재한다. 이것을 방해하는 것이 뭐든 그것은 죄다. 이것은 위로부터 오는 샬롬에 관해 야고보가 말한 것과 잘 맞는다. 사실, 우리는 이런 종류의 평화를 창조할 수 없고 대신 그것을 힘써 지키라고 부름 받았다(엡 4:3). 아래로부터 온 악은 그 평화를 방해한다.

그리스도인들도 상향식 체계에 의해 살라는 유혹을 경험한다. 우리는 세상에 살고 있으며 우리 중 누구도 세상의 영향을 털끝만큼도 받지 않는 사람은 없다. 우리가 그냥 보기만 하는 위험한 징후들은 먼저 생각 속에 나타나 마음을 향해 나아간다. 그것들이 마음속에 오랫동안 머물 만큼 머물러 있다가 결과를 낳기 시작할 때까지 알아채지 못할 것이다.

그 과정을 주목해 보라. 이것은 죄의 잉태이다. 처음엔 마음속으로 죄를 품는다. 그 다음엔 죄가 자라서 마침내 태어난다. 그리고 죄가 태어날 때는 행동으로 태어난다. 그래서 죄는 생각을 구체화한 것이며,

하나님을 거스르는 것인 줄 알면서도 허용해버린 생각들의 결과다. 다른 말로 하면, 정욕, 악한 욕망 – 마음속에 있는 무엇이든 –은 자라날 자유가 주어지면 결국 죄를 낳는다. 마음속에 한동안 살았던 것은 행동으로 나타난다. 그리고 죄가 실현될 때, 죄가 그 과정을 쭉 실행할 때, 죄는 죽음을 초래한다. 사실상, 이것은 죽음의 탄생이다. 결국 모든 죽음은 당신의 마음속에서 시작된다.

점점 많은 수의 미국 그리스도인들이 자신들의 믿음 체계보다는 문화를 따라 생각하는 것을 허용하고 있는데, 이것은 문제다. 2003년의 한 연구에서, 미국의 기독교 여론조사 기관인 바나 그룹(The Barna Group)의 조사자들은 미국 인구의 거의 절반이 그들이 조사한 핵심 행동의 적어도 절반에 대해 비 성경적인 도덕관을 가진 것을 발견했다.[4] 더군다나 최근 ABC뉴스/빌리프넷 여론조사에서는 미국인들의 거의 80퍼센트가 자기들이 그리스도인이라고 주장한다는 결과가 나왔다.[5] 성경을 믿는 대부분의 그리스도인들이 주요 도덕적 이슈에 대해 비 성경적인 관점을 갖고 있다는 게 어떻게 가능한가?

마음을 새롭게 함으로 변화되다

마음이 열쇠를 쥐고 있다. 그리고 로마서 12장 2절에서는 마음을 새롭게 함으로 변화된다고 한다. 그러나 아이러니하게도, 내가 들은 거의 모든 설교에서는 "여러분은 이러이러한 것을 *해야* 합니다"라고 한다.

구약 성경에 나오는 '영웅들의 믿음을 따라 살아야 한다, 혹은 예수님이 우리에게 말씀하신 것을 행해야 한다, 교회는 이러이러한 방식으로 조직되어야 한다, 우리는 이러이러한 관행을 고수해야 한다'라는 말을 우리는 듣는다. 하지만 어떻게 *생각*해야 하는지, 우리의 의지를 어떻게 관리해야 하는지 혹은 우리 마음을 *우리의 머리와 가슴 속에서 삶*에 어떻게 초점을 맞추게 할 것인지에 대해선 많이 듣지 못한다.

생각은 대단히 중요하다. 사람의 생각이 어떠하면 그의 사람됨도 그러하다(잠 23:7). 우리가 행동부터 시작한다면, 생각을 꼭 바꿀 필요는 없다. 오히려 옛 본성에 새로운 습관을 걸기만 하면 될 것이다. 하지만 우리가 생각의 삶을 정확하게 이해할 수 있다면, 선한 행실은 선한 생각을 공급하는 하나님의 이끄심으로부터 나올 가능성이 크다. 그리하여 우리의 새 본성이 출현할 수 있다. 우리가 가장 친숙한 체계는 밖에서부터 안으로 작동하는 체계다. 그러나 다른 체계(예수님이 가르치신 체계)는 안에서부터 밖으로 작동한다. 그 체계는 우리가 믿는 것을 먼저 진지하게 생각함으로써 변화를 시작하고, 그런 다음 생각하고 더 깊이 곱씹으라고 한다. 우리의 뇌 속에서 떠다니고 있는 잡다한 것들을 관리하는 법에 대한 설교를 거의 듣지 못한다. 배우지 않고 훈련하지 않으면, 우리는 부름 받은 사람에게 합당하지 않는 수많은 생각을 용인하고 만다.

이런 역방향 체계 속에서 (하지 말라는 충고도 거의 받지 않고) 우리 마음

대로 살면서, 우리는 행동하고 우리의 행동을 합리화한다. 우리가 듣는 설교는 달라스 윌라드(Dallas Willard)가 말한 "죄 관리에 관한 복음"[6]으로 꽉 차 있다. 그리고 우리는 그것을 실천한다. 우리는 우리 자신이나 다른 사람을 당황스럽게 하지 않는 방식으로 "개인적인 죄의 약력"을 유지하고 있다. 우리는 관심을 거의 못 받는 죄는 될 수 있는 한 깊이 간직하고, 안전하다 싶은 것만 고백하고 다른 사람들과 기도제목을 나눈다.

그러나 생각은 결국엔 행동을 낳는다. 어떻게 해서든, 당신이 생각하는 것들과 당신의 가슴과 마음이 곱씹도록 허용한 것들이 바로 당신의 묵상거리가 되기 때문에, 생각이 행동을 낳는 건 자명하다. 당신의 죄가 걱정이든 정욕이든 미움이든 질투든, 당신이 수많은 시간 동안 생각한 것들은 마침내 당신의 인격을 변화시킬 것이고 새로운 인격을 형성시킬 것이다.

우리의 인격은 결국 우리가 오랫동안 생각한 것들을 드러낼 수밖에 없다. 우리의 인격은 우리가 주로 죄에 대해 생각하는지 혹은 우리의 마음 중심에서 하나님의 말씀을 지키려고 온갖 애를 쓰는지 우리를 지켜보는 세상에 드러낼 것이다.

자신에게 말하기

첫 번째 단계는 당신의 분위기가 바뀌었다는 사실을 인식하는 것이다. 그 다음 단계는 당신이 일단 기독교를 받아들였다면,

> 기독교의 주요 교리를 매일 일정 시간 동안 당신의 마음 앞에서
> 의도적으로 붙들어야겠다고 확실하게 다짐하는 것이다.
>
> C. S. 루이스

루이스는 「순전한 기독교」(*Mere Christianity*)에서 우리가 (증거를 바탕으로) 뭔가를 믿겠다고 일단 결심했으면 그 증거를 규칙적으로 되새기는 일을 해야 한다고 주장한다. 그는 말하길, 믿음의 증거를 곱씹지 않고 "마음 앞에서 의도적으로 붙들지"7 않으면 믿음이 아니다. 이런 까닭에 성경 읽기, 기도, 묵상 같은 훈련이 정말로 중요하다.

그러나 오늘날 미국의 기독교 문화에서 생각의 삶은 홀대 받고 있다. 영적 훈련에 지나치게 압박을 받은 나머지 그리스도인들의 의지는 날로 무기력해지고 약해지고 있다. 거룩을 추구하는 쪽으로 마음을 훈련하지 못하고 있다. 대신, 거룩에 관해선 어떤 선택도 하지 않은 채 마음과 생각이 아무데나 어슬렁거리도록 허용하고 있을 뿐이다.

하지만 좋은 소식이 있다. 선택할 수 있는 게 있다. 당신 자신에게 *듣는 것*(생각이 이끄는 대로 따라가는 것)을 선택하거나 당신 자신에게 *말하는 것*(생각이 어디로 가야 할지 지시하는 것)을 선택할 수 있다. 당신 자신에게 듣는다면, 아직도 옛 본성의 증오와 신랄함이 가득한 육신이 쏟아내는 짜증과 불평의 소리를 듣게 될 것이다. 당신의 육신은 자연스럽게 당신을 잘못된 곳으로 이끌 것이다. 이것이 바로 당신 자신에게 듣는

것이다. 당신이 선택한 어떤 것이든 혹은 당신이 걸려 넘어진 어떤 것이든, 당신은 뭔가를 묵상할 것이다. 그러나 당신에게 선택권이 있다.

당신 자신에게 *말을 하면서* 혹은 무엇을 생각할지 *선택하면서* 당신은 습관을 창조할 수 있다. 그러한 습관은 시간이 흐르면서 당신의 태도를 바꾸는 쪽으로 작용할 수 있다. 새로운 행동 방식을 낳을 수 있도록 생각하는 것은 가능한 일이며, 새로운 사고방식을 훈련하는 것도 가능한 일이다. 당신 자신에게 말을 하면 의식적인 선택을 할 기회를 얻게 된다.

> 아무 것도 염려하지 말고 다만 모든 일에 기도와 간구로, 너희 구할 것을 감사함으로 하나님께 아뢰라 그리하면 모든 지각에 뛰어난 하나님의 평강이 그리스도 예수 안에서 너희 마음과 생각을 지키시리라 끝으로 형제들아 무엇에든지 참되며 무엇에든지 경건하며 무엇에든지 옳으며 무엇에든지 정결하며 무엇에든지 사랑 받을 만하며 무엇에든지 칭찬 받을 만하며 무슨 덕이 있든지 무슨 기림이 있든지 이것들을 생각하라 너희는 내게 배우고 받고 듣고 본 바를 행하라 그리하면 평강의 하나님이 너희와 함께 계시리라 (빌 4:6-9)

여기서 바울이 생각을 행동 앞에 두고 있는 걸 주목하라. 이 점이 중요하다. 바울은 생각의 삶을 가볍게 여기지 않고, 그 문제를 먼저 말한다.

혼자 남겨지면, 참된 것과 경건한 것과 옳은 것과 정결한 것과 사랑스러운 것과 명예로운 것과 덕이 되고 칭찬 받을 만한 것을 묵상할까? 당신의 마음이 이런 것들에 자연스럽게 끌릴까? 결코 아니다. 훈련하지 않으면 어느 누구의 마음도 자연스럽게 그쪽 방향으로 가지 않는다. 세심하게 신경 쓰지 않으면, 결국엔 이 모든 신적 가치와 정반대되는 가치에 초점을 맞추게 될 것이다. 뉴스를 보거나 신문을 읽어보라. 뉴스나 신문은 참된 것, 선한 것 그리고 하나님의 놀라운 창조세계의 아름다운 것에 초점을 맞추어 팔지 않는다. 그것들은 육신을 자극하고 유혹거리들을 먹여가며 소식을 판다.

슬프게도, 우리는 정작 중요한 것을 대충대충 넘어갈 때가 많다. 우리는 마땅히 용인해야 하는 것보다 훨씬 많이 용인하고 실제로 자기 통제를 거의 훈련하지 않는다. 우리는 하나님으로부터 오지 않은 지혜의 형태를 집어넣는 일은 곧잘 허용하고 하나님의 지혜로 우리 마음을 훈련하는 일은 거듭거듭 실패한다. 그리고 이러한 상향식 체계가 지혜의 *한 형태*다. 에덴 동산의 뱀이 온갖 들짐승 중에서 가장 간교한 짐승으로 묘사된 것처럼 이러한 지혜도 참으로 약삭빠르다.

그리고 그 지혜는 몰래 들어와 있다. 너무 조용히 있다 보니 미국에서, 심지어 그리스도인들 사이에서도 지배적인 세계관이 되고 있는데도 알아채지 못했다. 바나 그룹이 실시한 2003년의 또 다른 조사에서 미국 성인의 4퍼센트만이 성경적인 세계관을 의사결정의 토대로 삼고 있다는 결과가 나왔다.[8] 기독교 그룹에서 그 숫자는 겨우 약간 높았을 뿐, 어느 그룹에서도 성경적 세계관을 가진 사람들이 13퍼센트를 넘지 않았다.[9] 이러한 조사결과에 대해 조지 바나(George Barna)는 다음과 같이 말했다.

> 우리의 목표는 예수님처럼 행동하는 것이어야 한다. 슬프게도, 소수의 사람들만이 지속적으로 예수님을 향한 사랑과 복종을 드러내며, 예수님을 삶의 최우선에 두고 있다. 사람들이 예수님처럼 행동하지 않는 주된 까닭은 그들이 예수님처럼 생각하지 않기 때문이다… 비록 사람들이 대부분 성경을 가지고 있고 성경의 일부 내용을 알고 있지만, 우리의 조사 결과 대부분의 미국인들은 인생의 도전과 기회에 통일되고 의미 있게 반응하기 위해 성경의 핵심 원칙들을 어떻게 통합시켜야 할지 거의 생각이 없다.[10]

세상적인 지혜는 영원한 패러다임을 수반하는 지혜와 닮은 점이 하나도 없다는 사실을 인식하는 게 중요하다. 하나님의 지혜는 우선 거룩하고 순결하다. 그것은 숨겨진 의제가 하나도 없다. 그것은 두 가지 규칙을 갖고 경기하지 않는다. 키에르케고르는 순결한 마음은 한 가지만 바란다고 말했다. 의지를 집중시키는 법을 훈련하고, 자신에게 말을 하고, 믿음을 훈련함으로써 우리는 하늘의 지혜를 얻는다. 그 지혜는 "첫째 성결하고 다음에 화평하고 관용하고 양순하며 긍휼과 선한 열매가 가득하고 편견과 거짓이 없나니"(약 3:17). 하늘의 지혜는 진리에 헌신하며 진리를 붙든다. 하늘의 지혜를 고수하는 사람들은 상처를 입더라도 약속을 지킨다.

그러므로 하나님께로 향하고 이기적인 야망에서 돌이킬수록, 새로운 사람이 되어 자비와 선한 열매와 위선을 피하려는 변함없는 열망을 선명하게 드러낸다. 이것들은 생각이 맺은 열매들로서, 생각을 훈련하고 영원에 초점을 맞춤으로써 맺어진 것들이다. 우리는 무질서와 시기와 온갖 악한 것을 물리치려는 선택을 해야 하고, 조화와 평화를 낳는 것들을 선택해야 한다.

> 우리의 싸우는 무기는 육신에 속한 것이 아니요 오직 어떤 견고한 진도 무너뜨리는 하나님의 능력이라 모든 이론을 무너뜨리며 하나님 아는 것을 대적하여 높아진 것을 다 무너뜨리고 모든 생각을 사로잡아 그리스도에게 복종하게 하니 (고후 10:4-5)

이 싸움은 먼저 우리 마음속에서 벌어져야 한다. 물론, 다른 전쟁들도 뒤따를 것이다. 우리의 욕구가 우리의 믿음에 도전할 때 서로 우리의 애정을 차지하려고 싸움이 일어날 것이다. 믿음에 따라 행동하는 것이 예상보다 힘들다는 걸 발견할 때 실제로 싸움이 일어날 것이다. 그러나 믿음을 훈련하고, 우리의 믿는 바를 알고, 맨 처음에 믿게 된 이유를 기억하면 흔들리지 않고 믿음의 싸움을 계속 할 수 있는 원동력이 생길 것이다. 루이스가 지적한 대로, 그렇게 할 때 "날씨와 소화 상태에 따라 정말로 믿음이 이리저리 흔들리는 창조물"이 되지 않을 수 있다. "결국 믿음의 습관을 훈련해야 한다."[11]

파급 효과

건설 회사를 소유한 내 친구 중 한 명(그의 이름을 제프라고 부를 것이다)이 거대한 프로젝트 입찰에 참여했다. 그 프로젝트는 그에게 커다란 수익을 올려 줄거라 예상했었다. 그러나 그가 본격적으로 그 프로젝트를 시작한 후에, 그가 가장 신뢰하는 사원이 끔찍한 실수를 저질렀다는 걸 알았다. 그 사원이 응찰한 게 엄청나게 비현실적인 것으로 밝혀진 것이다. 그 회사는 터무니없이 낮은 입찰가에 그 일을 하기로 해버렸다. 그러나 의도하지도 않았던 약속을 누가 지킬까? 세상적인 지혜는 제프에게 은행 계좌를 주시하라고 말했을 것이다. 그러나 궁극적으로 나 자신만을 위한 것과 우리가 섬겨야 한다고 말하는 그분을 위한 것 사이에서 선택을 할 수 밖에 없는 시점이 찾아온다. 제프는 바로 그 시점에 있었고, 그는 선택을 했다.

오직 너희 말은 옳다 옳다, 아니라 아니라 하라 이에서 지나는 것은 악으

로부터 나느니라 (마 5:37)

제프는 약속대로 그 프로젝트를 끝냈다. 결국 엄청난 재정 손실을 입을 게 뻔했지만, 그는 수락된 입찰가에 그 일을 했다. 그에겐 입찰을 철회할 선택권이 있었다. 빠져나갈 구멍이 있었다. 그는 원했다면 법적으로 합의를 취소할 수도 있었다. 그러나 그의 마음에 심어진 하나님의 말씀이 지금 그에게 도로 말을 하고 있는 것 같았다. 제프의 내면에 있는 어떤 것이 그가 약속을 했다고, 그 사실이 돈 보다 더 중요하다고 말하고 있었다. 그것은 그의 이익에 관한 것이 아니었다. 그 이상의 무엇에 관한 것이었다.

나의 반석이시요 나의 구속자이신 여호와여 내 입의 말과 마음의 묵상이 주님 앞에 열납되기를 원하나이다 (시 19:14)

제프는 완벽한 사람이 아니다. 우리 중에 완벽한 사람은 아무도 없다. 그러나 당신의 가슴과 마음의 묵상이 영원한 초점을 가질 때 무슨 일인가가 일어난다. 제프는 진실성이 대단히 중요하며 그의 영원한 초점으로부터 영원성을 띤 윤리가 흘러나온다는 것을 알고 있었다. 그는 "옳다"라고 말한 것이었다. 그는 해를 입을 지라도 약속을 지켰다 (시 15:4). 모든 것을 고려해 볼 때, 입으로 한 말을 지키는 것이 보다 중요하다고 뭔가가 그에게 말을 했기 때문이다.

아이러니하게도, 우리는 이 땅에서 잃은 것이 영원에서 얻을 것일 때가 종종 있다. 제프가 그 거래에서 잃은 돈을 결국 되돌려 받았는지 여부는 나도 모른다. 하지만 돌려받지 않았더라도 나는 놀라지 않을 것이다. 그리고 협상 테이블 맞은편에 앉은 사람이 신자였다는 것을 나중에 알았더라도 나는 놀라지 않을 것이다. 내 친구가 몸소 보여준 용기와 믿음 때문이다.

제프가 믿음에 발맞춰 사업에 관한 결정을 내리기로 했을 때, 무슨 일이 일어났다. 그 결정은 단지 그 자신이나 그의 사업 혹은 다른 회사에 관한 게 아니었다. 그 결정은 하나님 나라에 관한 것이었다. 그의 재정에 딱 알맞은 것을 하려는 욕망을 포기하고 오히려 약속을 지켰을 때, 파급 효과가 생겼다.

만일 우리가 하나님의 영원한 지혜의 원리에 따라 마음과 정신을 훈련한다면, 우리는 변화될 것이다. 우리는 예전과 다르게 결정을 대할 것이다. 기회가 생기면 내 친구처럼 대범한 선택을 할지도 모른다. 그러면 우리의 행동이 영원에 잔물결을 일으킬 것이다. 만일 우리가 믿음을 훈련하지 못하면, 다른 지혜가 살금살금 들어올 것이다. 어쩌면 이미 당신의 삶에 들어와 있을지도 모른다. 그러나 너무 늦지 않았다. 이어지는 〈더 깊은 묵상〉을 읽고 당신의 모습에 직면할 수 있고, 당신이 보고 있는 이기심과 신랄함과 질투를 향해 소리 지를 수 있다. 그리고 "지금 당장 떠나서 다시는 돌아오지 마!"라고 강력하게 요구할 수 있다.

이렇게 하는 것을 두려워할 필요가 없다. 우리 주인 되신 하나님이 지금 우리를 돌보시기 때문이다.

더 깊은 묵상

1. 〈반지의 제왕〉의 팬이라면, 최근 영화를 보거나 책을 구하여 프로도와 샘과 골룸이 등장하는 장면을 읽으라. 그것을 우화라고 생각한다면 당신이 무엇을 보고 있는지 적으라.

2. 당신 머릿속에 그려진 삶은 어떤 모습인가? 머릿속을 떠다니는 수많은 생각들 중에서 제거해야 할 생각은 무엇인가? 당신의 마음에 무엇을 먹여야 하는가? 그 일을 어떻게 할 것인가? 언제 시작할 것인가?

3. 야고보서 1장 13-17절을 읽으라. 이 단락에 이런 구절이 있다. "온갖 좋은 은사와 온전한 선물이 다 위로부터 빛들의 아버지께로부터 내려오나니." 이 구절이 인용될 때가 많은데, 보통 그 구절의 맥락 속에서 인용되지는 않는다. 방금 읽은 구절의 맥락은 무엇인가? 그 맥락이 왜 중요한가?

4. 영원한 관점을 유지하기 위해 C. S. 루이스가 제시한 실제적인 단

계는 무엇인가? 그리스도인이 되는 데 이 훈련은 얼마나 필요한가? 당신의 믿음 체계를 어떻게 양육하고 있는가?

■ 초점 성경

야고보서 4장 4절은 이렇게 말한다. "간음한 여인들아 세상과 벗된 것이 하나님과 원수 됨을 알지 못하느냐 그런즉 누구든지 세상과 벗이 되고자 하는 자는 스스로 하나님과 원수 되는 것이니라." 야고보 사도가 말하는 것에 대해 어떻게 느끼는가? 당신은 어떤 식으로 세상의 벗이 되고 있는가? 당신 자신에게 솔직하라. 이것을 읽는 사람은 당신뿐이다. 7장은 우리 마음속에서 악을 뽑아내고, 행동이 아닌 생각부터 시작하고, 우리 마음을 새롭게 하는 것에 관해 이야기한다. 이것을 훈련했거나 당신의 마음을 휘젓는 생각을 사로잡았거나 더는 그 생각을 하지 않고 성경에 나온 하나님의 진리로 대신해 본 적이 있는가? 이번 주에 이것에 도전해 보라. 아래 적힌 성경 구절의 일부를 암송하라. 그 말씀을 활용하여 당신의 마음을 새롭게 하고 일시적인 관점으로 생각하라는 유혹에 맞서 싸우라.

- 요 15:4
- 엡 2:10
- 빌 1:6
- 빌 4:19

- 약 1:13-17

■ **실천 사항**

이번 주에 당신 자신에게 말하기를 시작할 계획을 세우라. 무엇을 다르게 할 것인가? 어떻게 마음을 새롭게 하고 생각을 지킬 것인가? 마음을 새롭게 하는 것에 관한 성경 구절을 여기에 덧붙였다.

- 고후 10:5
- 신 15:9
- 사 55:7
- 마 15:19
- 고후 4:4

내 입은 지혜를 말하겠고

내 마음은 명철을 작은 소리로 읊조리리로다

[시 49:3]

너희 중에 누구든지 지혜가 부족하거든

모든 사람에게 후히 주시고 꾸짖지 아니하시는

하나님께 구하라 그리하면 주시리라

[약 1:5]

너희 중에 지혜와 총명이 있는 자가 누구냐

그는 선행으로 말미암아 지혜의 온유함으로

그 행함을 보일지니라

[약 3:13]

8

비행 계획, 잘못된 목표 그리고 흔치 않은 삶

    1938년, 더글라스 코리건(Douglas Corrigan)이라는 이름의 아일랜드계 미국인 비행사가 엔진 한 개 달린 고물 비행기를 몰고 실수로 대서양을 향해 날아갔다. 그런데 그 이야기는 계속된다. 그가 착륙한 비행장 관계자에게 보고한 바에 따르면, 안개가 끼었고 어둠 속에서 계기판을 볼 수 없어서 운항 실수를 했다. 그는 원래 뉴욕에서 캘리포니아까지 비행할 목적으로 비행 계획을 세우고 문서로 철을 했다. 그러나 경험 많은 비행사였음에도 그는 "실수로" 반대 끝을 가리키는 나침반 바늘 방향으로 날았으며 아일랜드에 착륙하는 것 말고는 손을 쓸 도리가 없다는 걸 뒤늦게 알았다. 더블린 근처 비행장 직원들의 질문을 받았을 때, 코리건은 단지 자신의 실수였을 뿐이라며 경위를 계속 설명했다. 코리건은 비행 면허가 상실되었지만, 미국에 돌아오자마자 국민 영웅이 되었다. 대공황으로 마음이 짓눌리고 위축되어 있었던 미국인들에게 코리건의 아슬아슬한 묘기는 재미있는 기분전환이 되었다.

코리건은 절대 인정하지 않았지만, 그의 "실수"는 부모님의 고향 아일랜드까지 대서양 횡단 비행을 하게 해달라는 줄기찬 요구를 계속 거절했던 항공법을 피하기 위한 계략이었던 것 같다. 그 사건 이후 "반대 방향 코리건"(Wrong Way Corrigan)이라는 별명이 붙었으며, 1년 후에 그는 그의 인생을 다룬 전기 영화 〈The Flying Irishman〉으로 스타가 되었다. 그의 진짜 의도가 무엇이었는지 우리는 전혀 알 길이 없지만, 그의 이야기는 당시 절망에 빠진 미국인들에게 널리 퍼져 국민들을 잠시나마 웃게 해 주었고 심지어 용기를 살짝 맛보게 해주었는지도 모르겠다.

선포를 하든 안 하든, 목표는 과정을 정하게 하고 나침반에 따라 행동하게 한다. 그래서 우리는 한층 더 올바른 목표를 선택해야 한다. 우리를 유혹하는 이 세상의 지혜는 눈에 보이는 게 전부라는 메시지를 퍼붓고 일정한 목표를 받아쓰게 한다. 이를테면, 쾌락을 최대한으로 하고 고통을 최소화하라, 이름을 날리고 돈과 지위와 권력을 얻으라. 깨어진 이야기가 있는 삶을 살아온 사람이라면, 이런 목표들은 실망으로 이끈다는 것을 알 것이다. 그러나 위로부터 오는 지혜는 다른 이야기를 들려준다. 즉 우리는 불멸의 피조물이며 이 땅에서 잠시 머무는 삶은 우리를 기다리는 영원히 존재하는 삶과는 비교가 안 된다는 것이다.

성경은 하나님을 아는 것이야 말로 우리가 추구할 수 있는 가장 위대한 것이라고 말한다. 그분은 우리가 원하는 모든 것을 그분의 오른

손에 쥐고 계신다(시 16:11). 예수님은 마태복음 6장에서 하나님의 나라를 먼저 구하고, 우리에게 필요한 것은 구하기도 전에 우리의 필요를 아시는 동일한 하나님께서 공급해 주실 것을 신뢰하라고 촉구하신다.

하지만 타락한 이 세상에 살면서 우리는 쉽게 잊어버리고 초점을 놓쳐버린다. 우리는 세상이 우리에게 설정해 준 목표와 성경에서 말하는 것이 진실이라고 정말로 믿은 후에 우리가 설정한 목표 사이에서 긴장하고 있다. 이것은 세상에 속한 마귀의 지혜와 하늘에 속한 하나님의 지혜 사이에 벌어지는 전쟁이다(약 3:13-17). 그리고 우리는 모두 어느 편에 서서 싸울 것인지 선택해야 한다.

결정을 내리는 동안, 우리 인간들이 전형적으로 구하는 몇 가지 목표를 살펴보고 그 목표들 이면에 존재하는 것들을 낱낱이 밝혀 보기로 하자.

잘못된 목표 1: 쾌락

> 누군가 문을 두드려요 들어오게 해야 되나.
> 주님, 그건 악마예요. 그를 봐 주세요.
> 악마에 대해 들어봤죠.
> 그러나 전혀 꿈꾸지 않았죠.
> 그는 파란 눈에 청바지를 입었죠.
>
> 테리 깁스 (Terri Gibbs)

아아, 자기 탐닉이여. 너무 많은 와인이든, 너무 많은 아이스크림이든, 스물 여덟 벌의 이탈리안 가죽 구두든, 들어가지 말아야 할 웹사이트에 너무 많이 접속하는 것이든, 우리가 쾌락 그 자체를 목적으로 추구할 때, 우리는 올바른 것들을 잘못된 방식으로 사용하여 결국엔 진짜 결박당하게 된다. 컨츄리 싱어송라이터인 테리 깁스는 그녀의 히트 싱글 앨범 〈Somebody's Knockin〉[1]으로 엄청난 돈을 벌었다. 이 노래는 그것을 듣는 모든 사람들에게 공통적인 유혹의 말을 건넨다. 바로 죄는 "정말로 좋아 보인다"는 것이다.

어윈 루처(Erwin Lutzer) 목사도 같은 생각을 갖고 있다. 그는 이렇게 말한다. "죄는 제대로 상표를 붙인 채 우리에게 절대 다가오지 않는다. 죄는 언제나 다른 포장지에 싸여 나타나고 실제와 다른 어떤 것으로 소개되어 등장한다.[2] 잠깐의 감각적인 쾌락이 길고 긴 고통을 초래할 수 있다. 잘못된 이유로 흥청망청 먹고 마시다가 중독에 이를 수도 있다. 위에 열거한 목록들은 사탄이 우리에게 덫을 놓기 위해 사용하려는 몇 가지 왜곡에 불과하다. 사탄은 우리에게 쾌락 추구 혹은 극도의 자기 부인 둘 중에서 하나만 선택해야 된다고 생각하게 하는 경향이 있다. 그러나 이건 완전히 틀렸다. 하나님은 우리가 삶을 즐기는 것을 막으려고 하지 않으신다. 사실, 그분은 우리가 풍성한 삶을 살기를 원하신다. 그러나 진정한 풍성함은 자기 탐닉의 방식으로는 결코 얻을 수 없다. 그것은 우리의 모든 기쁨을 영원히 그의 오른손에 쥐고 계신 분을 구하는 과정에서 생긴 부산물로 주어진다.

지혜로운 잠언 저자는 "연락(향락)을 좋아하는 사람은 가난하게 된다"고 말한다(잠 21:17). 세월이 흐른 후에, 사도 바울은 이와 똑같은 지혜를 디모데에게 전한다. 그는 디모데가 마땅히 피해야 할 사람들 중에 쾌락을 사랑하는 사람들도 포함시켰다(딤후 3:4). 그리고 세상에 산 사람 중 가장 지혜로운 사람이셨던 예수님은 가시가 좋은 씨앗을 질식시키는 것처럼 쾌락 추구가 하나님의 말씀을 질식시킬 수 있다고 말씀하셨다(눅 8:14). 쾌락을 추구하면 결국 언제나 실망에 이르게 된다. 하나님은 그분 자신을 위해 우리를 창조하셨다. 그러므로 앞으로도 우리가 알게 될 가장 깊은 쾌락은 하나님을 아는 것이다.

그리스도인으로서 분명히 우리는 이 사실을 볼 수 있어야 하는데 도대체 무엇이 잘못되었을까?

대부분의 경우, 너무나 품위 있고, 똑똑하고, 좋은 의지를 품은 사람들이 - 심지어 헌신된 그리스도인들도 - 어리석고 이기적이고 자기 파괴적인 방식으로 행동하는 이유는 도대체 뭘까? 왜 때로는 악한 방식으로 행동할까? 왜 우리는 우리가 옳다고 아는 대로 살아가지 못할까?

아주 솔직하게 말하자면, 그 답은 우리는 이유에 끌려 살지 않고 욕망에 끌려 살기 때문이라는 것이다. 우리는 우리의 지성이 말하는 대로 행동하지 않는다. 우리는 만족을 갈망하는 우리의 열정에 굴복한다. 우디 알렌(의붓딸과 사랑에

빠진)의 말을 빌리자면, "마음은 마음이 원하는 것을 원한다."³

영화감독 우디 알렌(Woody Allen)의 말은 미국 토착어의 일부가 되었다. 팝스타 셀레나 고메즈(Selena Gomez)도 이것에 관한 노래를 썼다. 명백히, 쾌락의 길은 걸어가기에 아주 힘든 길이 아니다. 우리는 의도적으로 그 길로 걷기 시작한다. 그러나 그런 다음엔 야고보가 말한 대로 "오직 각 사람이 시험을 받는 것은 자기 욕심에 *끌려* 미혹됨이니" (약 1:14, 저자 강조). 우리는 즐거움이 넘치는 길을 느긋하게 걷기 시작한다. 그때 어디서 나왔는지 모르게 욕망과 욕구의 뱀이 스멀스멀 기어 나와 우리 발목부터 휘감아 우리가 질식해서 죽을 때까지 쥐어짠다. 대개 밖으로 나가는 방향에서 쾌락으로 가는 길을 따르기가 쉽다.

잘못된 목표 2: 인정

바울은 우리 모두가 스스로에게 던져봐야 할 질문을 했다. "내가 지금 사람들의 인정을 얻으려 하고 있습니까? 아니면 하나님의 인정을 얻으려 하고 있습니까? 아니면 사람들을 기쁘게 하려고 하고 있습니까? 내가 아직도 사람들을 기쁘게 하려고 하고 있다면, 나는 그리스도의 종이 아닙니다"(갈 1:10, 역자 번역). 아주 강력한 말이다. 내가 사람을 기쁘게 하려고 애쓴다면 난 더 이상 그리스도인의 종이 아니란 말인가?

대답을 찾기 위해 본디오 빌라도를 들여다보자. 예수께서 죽을 당시 유대 통치자였던 빌라도는 정치가였으나 분명코 아주 선한 정치가는 아니었다. 정복당했다는 사실을 전혀 인정하지 않는 정복민을 통치해야 하는 임무를 맡은 빌라도는 자기가 잘 다루지 못할 아주 어려운 상황에 처한 것을 알았다. 그는 잔인하기도 했다가 타협적이기도 했다가 그랬던 것 같다. 그는 그저 약한 사람으로 그려질 때도 종종 있지만, 역사는 빌라도가 유대인들을 끔찍이 미워했으며 잔혹하고 살기등등한 인물로 악명이 높았다고 말한다. 백성을 난폭하게 다스리고 있다는 소식은 황제에게 지속적으로 보고되었다. 그래서 예수님이 재판을 받을 시점엔 아마도 그는 감찰 대상이 되어 있었을 것이다. 아마도 이런 점 때문에 빌라도는 다양한 이유로 유대인들을 위협하고 그의 목적을 달성하기 위해 압력을 과시했을 것이다. 그러나 (겉으로는 빌라도의 이런 폭정을 겁내지 않았던) 유대인들이 수그러들지 않자, 빌라도는 마지못해 수긍했을 것이다.

그의 행동들과 요한복음 18장에서 그가 예수님께 물었던 "진리가 무엇이냐?"라는 잘 알려진 질문은 어떤 신뢰할만한 수준의 자문 없이 결정을 내리고 혼란스러워하는 한 남자의 그림을 그려보는데 도움을 준다. 두 번에 걸쳐 예수님을 재판하는 동안, 통치자로서 빌라도의 관심사는 정의를 두루 펼치는 것이어야 했다. 그러나 빌라도는 통치자로서 그의 직임이 위태로운 지경에 놓여 있을 때 성난 군중을 달래는 데 실제로 더 큰 관심을 두었던 것 같다. 설상가상으로, 빌라도의 아내는 남편이 재판석에 앉아 있는 동안 그에게 사람을 보내 메시지를 전한다. "당신은 그 옳은 사람에게 아무 관여도 하지 마세요"(마 27:19). *이제 그가 무엇을 하는가?* 빌라도는 상징적으로 손을 씻고 나서 이렇게 말한다. "나는 이 사람의 피에 대하여 책임이 없으니, 여러분이 알아서 하시오"(마 27:24). 그리고 예수님을 십자가에 처형하라고 넘겨준다.

빌라도가 나중에 그리스도인이 되었다고 하는 주장도 있고 심지어 순교자가 되었다는 말도 있다. 그러나 역사는 그가 칼리굴라(Caligula) 황제에 의해 유배되었고, 일종의 쇠약증으로 고생하다 자살했다고 전한다. 비극적이게도, 빌라도는 하나님의 아들을 면전에서 마주대했지만 황제의 권력과 성난 군중의 압력을 지나치게 신경 쓰는 바람에 역사상 가장 권세 있는 분이 자신의 통제에 굴복하면서 바로 앞에 앉아 계시다는 걸 깨닫지 못했다. 사람을 기쁘게 하려고 애를 쓰다가 그는 고난 받는 메시야와 관계를 맺을 수 있는 절호의 기회를 영영 놓쳐 버렸다. 그분의 도움이 그에겐 절실하게 필요했는데도 말이다.

우리가 사람들의 의견을 하나님의 뜻보다 중요하게 여길 때 기회를 놓쳐버리고 끔찍한 결정을 내리는 결과를 치른다. 우리가 인정받는 것을 원하든 이런 결과를 피하기 위해 미친 듯이 서로 다투든, 사람을 기쁘게 하려고 애쓰면 결국 실패하게 될 것이다. 우리는 하나님으로부터 인정받기를 구해야 한다. 하나님의 인정을 구하는 과정에서 *부수적으*

로 사람의 존경을 받는 결과가 생길 수도 있지만, 중요한 것은 목표이다. 우리는 사람에게 깊은 인상을 주는 일과 그리스도를 기쁘게 하는 일을 동시에 구할 수는 없다.

잘못된 목표 3: 명성

> 또 말하되 자, 성읍과 탑을 건설하여 그 탑 꼭대기를 하늘에 닿게 하여 우리 이름을 내고 온 지면에 흩어짐을 면하자 하였더니 (창 11: 4)

참 좋은 소리다. 그렇지 않은가? 플랑드르 화가 피터르 브뤼헐(Pieter Brueghel)의 환상적인 그림 〈바벨탑〉(그림 3과 4)을 보고 이 지구라트 건축물의 마땅한 모습에 대한 착상을 얻어 보라.[4] 창세기 11장에서 놀라운 기념비적인 건축물을 지은 사람들은 참으로 대단한 사람들이었다. 이 거대한 프로젝트를 위해 사람들을 끌어 모으려면 강력한 리더십이 필요했을 것이고, 탑 하나를 쌓는 데도 엄청난 사람들이 필요했을 것이다. 얼마나 멀리 갔는지 누가 알겠는가?

그러나 자기들의 이름을 내려고 시날 땅에 모여든 사람들의 계획 가운데 하나님은 어디 계셨는가? 그분은 그들의 계산에서 전적으로 배제되어 있었다. 하나님은 그들에게 흩어져서 온 땅에 충만하라고 말씀하셨다(창 9:1). 그런데 그들은 한 곳에 웅성거리며 모여있었다. 하나님의 지시와 완전 정반대였다. 창세기 11장 8절에서는 그들의 계획이 얼마

그림 3과 4. 〈바벨탑〉 피터르 브뤼헐 作

나 잘 수행되었는지 들려준다. "여호와께서 거기서 그들을 온 지면에 흩으셨으므로 그들이 그 도시를 건설하기를 그쳤더라." 그들이 막으려고 힘썼던 바로 그 일, 즉 흩어지라는 명령에 순종하는 일이 하나님이 내려오시자 즉각 일어났다.

업적 하나 남기지 않고 이 세상을 떠나길 원하는 사람은 아무도 없다. 우리는 모두 중요하고 기억에 남을 뭔가를 성취하길 원한다. 그리고 우리가 하나님의 종이라면, 영원히 지속될 뭔가를 성취하길 바라는 것은 옳은 일이다. 언제나 살아있을 뭔가를 완수할 때까지는 우리는 죽는 것을 두려워해야 한다. 그러나 이것을 *어떻게* 성취할 것인지가 중요하다. 성경은 성공에 대한 세상의 처방과 완전히 반대로 이야기한다. 겸손해야 하며, 종이 되어야 하며, 하나님께서 우리를 높여주실 것을 신뢰하라고 전한다(약 4:10). 하나님은 우리를 통해 위대한 일을 성취하길 원하신다. 그러나 우리가 혼자 힘으로 그 일을 해내려고 할 때 자만해지고 실패하게 될 것을 그분은 아신다.

다른 이 길은 얼마나 힘들까? 예수께서 앉으사 열두 제자를 불러 이렇게 말씀하신 걸 보면 다른 길은 정말로 힘들다는 걸 알 수 있다 "누구든지 첫째가 되고자 하면 뭇 사람의 끝이 되며 뭇 사람을 섬기는 자가 되어야 하리라"(막 9:35). 참으로 우리 각 사람은 영원히 지속될 뭔가를 성취하라고 하나님께서 공들여 지으신 존재들이다. 그러나 그 일을 이루기 위한 첫 번째 방법은 예수 그리스도의 이름으로 다른 사람들을 희생적으로 도와주는 것이다.

예수님은 무엇이 효과가 있는지 아신다. 그분을 진지하게 받아들일수록 이 점은 더욱 분명해진다. 위대해 지고 싶으면 종이 되어야 한다고 그분은 말씀하신다. 생각해 보라. 명성을 날리는 데 인생의 초점을 맞추고 산다면, 인생의 성공과 실패를 결정하는 게 사람들에게 달려있게 된다. 그런데 사람들은 변덕스럽다. 설령 당신이 잘 한다 해도 사람들의 존경을 얻지 못할 수도 있다. 혹여 사람들의 존경을 얻었을지라도 사람들이 어느 날 당신에게 박수쳤다가 다음 날 등을 돌려버리면 그것을 잃을 수도 있다. 인기는 풀잎에 맺힌 이슬처럼 덧없다.

노아는 얼마나 유명했는가? 그의 가족 외엔 아무도 그와 함께 있지 않았다. 그러나 오늘까지 우리는 그의 이름을 기억한다. 그는 하나님의 종이었기 때문이다.

반대로, 바리새인들의 인기를 보라. 예수님이 역사의 전면에 등장하기 전까지 그들은 온갖 좋은 것을 누리고 있었다. 특별석에 앉았고 사람들로부터 특별대우를 받았다. 그들은 명성이 줄 수 있는 것들을 다 가지고 있었다. 그러나 정작 그들은 실속 있고 중요한 것을 가지고 있지 않았다. 예수님은 줄기차게 이 문제를 지적했다. 그들은 유명해졌지만, 그들이 얻은 영구적인 명성은 수치와 망신이었다.

이제 사도행전 2장에 등장하는 조롱당한 종들의 적은 무리를 보라. 그들은 예루살렘으로 가서 기다리라는 예수님의 말씀에 순종한 사람들이었다. 그들은 자기들이 무엇을 기다리고 있는지조차도 몰랐다. 그러나 그들은 함께 모여서 신실하게 기도하고 있었고 그때 오순절 성령강림이라는 놀라운 일이 일어났다. 시날 땅에서 탑을 쌓은 사람들의 노고와 의사소통을 깡그리 무너뜨릴 수 있었던 것과 동일한 능력이 글도 제대로 못쓰는 무리에게 임하였다. 그들은 예루살렘에 모여든 순례자들 각각의 언어로 갑자기 말할 수 있게 되었다. 이 놀라운 사건 뒤에 베드로가 한 말을 읽어보면 분명해진다. 창세기 11장에서 탑을 쌓은 사람들이 그들 힘으로 하길 원했던 일을 하나님께서 그 무리를 위해서 하고 계셨다. 작가 앤 게리 그레이(Anne-Geri Gray)는 다음과 같이 표현한다.

> 매 순간 하나님 나라를 위해 가장 좋은 것을 구하기보다는 내 자신의 이득을 구했다. 실패의 연속이었다. 나의 꿈 위에다 내 소망을 세웠을 때, 덧없는 꿈

을 꾄 대가를 톡톡히 치렀다.

> 내 손이 능숙함에도 하나님은 끊임없이 내 교만을 꺾으셨다(사 25:11). 사람이 위대한 명성을 갈구하며 하나님께 도전할 때, 하나님은 그 도전을 그냥 받아들일지도 모른다. 아무튼, 오만한 자는 전쟁에서 질 것이다.[5]

하나님은 우리의 자아가 무너져서 그분께 소망을 두기를 원하신다. 하나님의 감독과 지시 없이 우리가 그린 제도판 위에 올린 탑은 몽상에 불과하며 그것을 전부 무너뜨려 보라고 감히 그분께 도전하는 것이나 다름없다.[6]

잘못된 목표 4: 부(Wealth)

> 세상에서 가난만큼 힘든 것은 없다. 그리고 부의 추구만큼
> 혹독한 비난을 받는 것은 없다!
>
> 에베니저 스크루지 (Ebenezer Scrooge)

찰스 디킨스(Charles Dickens)의 영국 구두쇠 스크루지처럼[7], 미국인들도 돈을 사랑한다. 우리는 이미 가진 것보다 더 많은 돈을 원한다. 돈을 얻기 위해서라면 정말로 끔찍한 일도 저지를 의향이 있다. 작가 제임스 패터슨(James Patterson)과 피터 김(Peter Kim)에 따르면, 25퍼센트의 미국인들이 백억을 준다면 모든 친구들과 교회를 포기할 의향이 있다고 하

고, 23퍼센트의 미국인들이 백억을 벌 수 있다면 일주일에 한 번 매춘부가 될 의향이 있다고 하고, 16퍼센트가 배우자를 떠날 의향이 있다고 하고, 7퍼센트가 모르는 사람을 죽일 의향이 있다고 한다.[8] 세상에나!!

어쩌면 우리는 실제로 그처럼 나쁜 사람은 아닐지 모른다. 그러나 백억이란 돈은 우리의 믿음을 스크루지의 황금 우상으로 대체하도록 유혹한다. 세상은 부를 성공과 안전과 정체성의 기준으로 삼는다. 우리는 전적으로 그 사실을 믿는다. 돈은 섹시하고 강력하다는 말을 들으면 우리는 그 말을 믿는다. 또한 재산이 많으면 행복해질 수 있고 안전해질 수 있다는 말도 믿는다. 이러한 일시적인 가치 체계가 우리 문화에 계속 스며듦에 따라 이 기준이 대부분의 사람들의 인생에서 중심을 차지하고 삶의 원동력이 되고 있다. 기독교 신앙을 가진 사람들도 마찬가지다. 우리는 이 길을 따라 너무 멀리 내려갔기 때문에 이러한 가치 체계의 문제점을 거의 인식할 수가 없다.

우리 사회는 부에 초점을 맞추고 있다는 점에서 아마 최악의 사회일 것이다. 그러나 그 점은 현 시대에서도, 과거 시대에서도 국가들 중에 확실히 유별나지는 않다. 부를 향한 갈망은 적의 강력한 무기이며 언제나 그랬다. 사도 바울은 이렇게 말한다.

> 부하려 하는 자들은 시험과 올무와 여러 가지 어리석고 해로운 욕심에 떨어지나니 곧 사람으로 파멸과 멸망에 빠지게 하는 것이라 돈을 사랑함이 일만 악의 뿌리가 되나니 이것을 탐내는 자들은 미혹을 받아 믿음에서 떠

나 많은 근심으로써 자기를 찔렀도다(딤전 6:9-10)

돈을 사랑하는 것과 연관된 가장 큰 위험은 우리를 믿음에서 떠나게 한다는 데 있다. C. S. 루이스는 이렇게 말했다.

> 번영은 사람을 세상과 일체가 되게 한다. 그는 "세상에서 자기 자리를 찾고 있다"고 느낀다. 그러나 실제로는 세상이 그의 안에서 자기 자리를 찾고 있는 것이다. 명성이 날로 치솟고, 교제권이 넓어지고, 중요한 사람이라는 자부심이 강해지고, 몰입해서 할 수 있는 기분 좋은 일들을 점점 더 많이 맡게 되면, 그 사람 마음속에 이 땅에서 정말로 본향에 있다는 느낌이 고조된다.

번영을 달성하게 되면, 돈을 주고 살 수 있는 것들이 많아져 하나님을 잊어버리는 위험에 처하게 될 수도 있다. 그러나 설령 번영을 이루지 못하더라도, 언제든지 우리의 필요를 채워줄 뜻이 있는 한 분 하나님이 아니라 두둑한 은행 계좌가 우리에게 필요한 것을 공급해 줄 거라고 추정하면 똑같은 문제에 맞닥뜨릴 수 있다. 하나님은 다만 우리에게 그분을 먼저 찾으라고 하신다.

이 말은 일을 그만두라는 의미가 아니다. 노동은 번영을 창출하는 성경적인 도구다. 그러나 다시 말하지만 우리의 초점이 중요하다. 우리는 누구를 또는 무엇을 먼저 구하는가? 부를 먼저 추구하는가? 혹은 우리

내면에 하나님의 성품을 닦는 것을 먼저 추구하는가? 그것은 부와 진실성 사이의 선택이 아니다. 위대한 진실성을 지닌 부요한 남자들과 여자들이 있다. 그러나 부를 얻기 위해 진실성을 희생하는 사람들 역시 많다. 그리고 우리는 그들과 같이 되지 말아야 한다.

우리가 무엇을 선택해서 추구하느냐와 상관없이 우리가 추구한 것의 결과는 하나님께 속해 있다. 우리가 탁월하게 그리고 부지런히 일하고 결과는 하나님이 정하시게 한다면, 그것이 믿음이다. 그분은 한 사람에겐 부를 풍족하게 주실 수 있고 다른 사람에겐 아주 적게 주실 수도 있다. 그러나 중요한 것은 당신이 축적한 부가 아니라 당신이 닦은 성품이다.

사업에 능숙한 어떤 사람이 하나님께서는 진실성을 희생하게 될 선택에 직면해 있을 때 사업의 손실을 무릅쓰라고 때때로 우리에게 요구하실 수도 있다는 사실을 받아들이는 건 힘들지도 모른다. 시간은 적게 들이고 수익은 많이 낼 수 있지만 전혀 윤리적이지 않은 손쉬운 방법을 제안 받을 수도 있다. 그리스도께 하듯 일을 한다면 결국에 우리는 훨씬 더 탁월하게 일을 할 것이다. 우리는 손쉬운 방법을 피할 것이다. 우리는 유혹을 불러일으키는 회색 지대에서 대조되는 것을 구할 것이다. 우리는 부와 지위를 얻으려고 진실과 인격을 손상시키는 행동을 대범하게 거절할 것이다. 부와 지위는 결코 만족을 주지 못하기 때문이다. 부와 지위를 좇는다면, 결국 다시 깨어진 자신을 발견하게 될 것이다.

누가복음 12장에서 예수님은 부를 이미 얻었고 선한 삶을 산 한 사람의 이야기를 비유로 들려준다. 그는 이미 가진 게 많고 남보다 월등히 앞섰으니까 더 일을 안 해도 된다고 생각했다.

> 또 이르되 내가 이렇게 하리라 내 곳간을 헐고 더 크게 짓고 내 모든 곡식과 물건을 거기 쌓아 두리라 또 내가 내 영혼에게 이르되 영혼아 여러 해 쓸 물건을 많이 쌓아 두었으니 평안히 쉬고 먹고 마시고 즐거워하자 하리라 하되 하나님은 이르시되 어리석은 자여 오늘 밤에 네 영혼을 도로 찾으리니 그러면 네 준비한 것이 누구의 것이 되겠느냐 하셨으니 자기를 위하여 재물을 쌓아 두고 하나님께 대하여 부요하지 못한 자가 이와 같으니라 (눅 12:18-21)

어이쿠 이런! 모래 위에 집을 지은 어리석은 사람에 관한 오래된 주일학교 노래도 있다. 그 집은 비가 오자 무너졌다. 불행하게도, 내가 아는 사람 중에 이런 사람이 있다. 그 남자는 하나님께서 주신 사명을 버리고 석유로 떼돈을 벌려고 떠났는데, 가족을 잃고 말았다. 그 여자는 부유한 남자를 따라 가려고 남편을 떠났다가 하나님과 가족과의 관계를 송두리째 빼앗겼다. 그 남자는 젊은 판매직 사원이었는데 혼자만의 이득을 얻으려고 소액 현금을 따로 쌓아두었다. 이 사람들은 모두 결국에 인생이 깨지고 말았다.

시편 기자는 이렇게 말했다. "재물이 늘어도 거기에 마음을 두지 말지어다"(시 62:10). 잠시 머물다 가는 인생인데, 황금 우상이 아니라 끊이지 않는 관계들에 마음을 두면 행복할 것이다. 스크루지처럼 돈을 사랑하느라 세월을 허송한 자신을 뒤늦게 발견하지 않기를, 대신 하나님 나라와 의를 구하는 일에 관대하게 돈을 쓰는 삶을 살기 바란다. 하나님은 관대함이 넘치시는 분이시다. 하나님의 형상을 따라 지음 받은 우리는 *하나님*의 관대함을 반영하는 삶을 살아야 한다.

잘못된 목표 5. 권력

네가 너를 위하여 큰일을 찾느냐 그것을 찾지 말라 (렘 45:5)

이 구절은 인용구로 들어본 적이 별로 없다. 왜 그럴까? 이 구절은 다소 너무 직접적이라 그럴 수도 있다. 하나님께서는 모든 좋은 것을 주시는 분이시다. 그리고 우리가 큰일을 이루려고 하면, 그 일을 이루시는 분은 바로 하나님이시다. 더 말할 필요가 없다. 그분은 큰 일이 일어나게 해 주실 때도 있고, 잔인한 자비를 보이셔서 우리가 가진 큰 것들을 거둬 가실 때도 있다. 그러나 우리는 그분을 의지해야 한다. 우리의 목표가 개인적인 권력을 키우는 것이라면, 그 목표는 하나님의 목표와 충돌한다.

아무 일에든지 다툼이나 허영으로 하지 말고 오직 겸손한 마음으로 각각

> 자기보다 남을 낫게 여기고 각각 자기 일을 돌볼뿐더러 또한 각각 다른 사람들의 일을 돌보아 나의 기쁨을 충만하게 하라 (빌 2:3-4)

성경은 겸손하게 살라는 구체적인 가르침으로 가득 차 있다. 너 자신을 낮추라, 겸손을 훈련하라, 너 자신을 쏟아 놓으라, 다른 사람을 섬기고 다른 사람을 너 자신 보다 중요하게 여기라. 세상은 이렇게 사는 것은 시간낭비라고 말할 것이다. 그러나 선택은 당신의 몫이다.

사실은 하나님께서 번영을 향한 *갈망*을 우리 안에 실제로 창조하셨다. 그러나 영원한 관점을 가지면 하나님께 우리를 번영케 할 능력을 드리게 되고 (*그분의 시간에*) 우리의 마음과 에너지를 하나님께서 귀하게 여기는 것에 드리게 된다. 그렇게 함으로, 결국 절망에 빠지게 하는 무가치한 것들을 피할 수 있다.

그렇다면 무엇 때문에 우리는 권력과 지위에 시선을 두는가? 베드로전서 5장 6-8절을 보라.

> 그러므로 하나님의 능하신 손 아래에서 겸손하라 때가 되면 너희를 높이시리라 너희 염려를 다 주께 맡기라 이는 그가 너희를 돌보심이라 근신하라 깨어라 너희 대적 마귀가 우는 사자같이 두루 다니며 삼킬 자를 찾나니

예수께서 너희 힘으로 정상까지 올라가려는 생각을 내려놓고 하나님 한 분만이 우리를 높이실 수 있게 하라고 하실 때는, 그분이 책임을

떠맡으실 뿐 아니라 염려도 가져가신다. 어쩌면 우리는 두렵기 때문에 권력과 지위를 갈구하는지 모른다. 그러나 예수님은 본인이 두려움을 다스릴 수 있다고 말씀하신다. 우리는 이 염려를 내놓을 수 있다. 그분이 우리의 불안과 두려움을 가져가실 수 있다. 더군다나 *그분은 이렇게 하는 것을 원하신다.* 예수님은 아무것도 두려워하지 않으신다.

사람을 지배하는 권력을 추구하는 데 강한 충동을 느끼는 사람들이 있다. 사람들은 권력을 쟁취하려고 수 세기동안 사람들을 죽였다. 그들은 실제보다 아주 크게 느껴지는 어떤 것을 얻으려고 끔찍한 일을 저질렀다. 그러나 예수님은 세상이 아는 사람 중에 가장 권세 있는 분이셨는데도, 이 세상에서 살았던 사람들 중에 가장 겸손하게 사셨다. 겸손은 그 자체가 힘이라는 걸 그분은 아셨다. 그 힘은 세상이 도저히 이해할 수 없는 형태의 힘이다.

비행 계획 수립하기

소형 항공기 조종사와 임대 항공기 조종사는 공항 이륙 서비스를 제공하는 비행정보실(Flight Service Station, FSS)에 비행 계획서를 제출해야 한다. 그런 다음, 비행정보실은 그 정보를 통제 시스템에 입력한다. 비행정보실은 비행 계획을 처리하는 데 책임이 있다. 비행계획엔 항공기에 대한 등록번호, 출발 및 도착 공항, 항로, 출발 예정 시간, 도착 예정 시간 그리고 탑승객 인원수가 포함된다. 비행정보실은 비행기의 도착 예정 시간을 계속 파악하고, 조종사는 무선으로 비행기 위치를 보고한다. 만약 조종사가 비행 계획을 끝내지 않거나 통신이 바뀌면, 비행기가 실종된 것으로 추정하고 수색과 구조 절차가 시작될 것이다.

잘못된 목표는 길을 잃게 한다. 만약 우리가 지혜와 현실과 영적 성취를 향한 비행 계획서를 제출하고서 난데없이 쾌락과 인정과 명성과 부와 권력으로 가는 항로를 따라 비행한다면, 우리는 무엇을 얻게 될까? 전혀 쓸모없는 것들을 얻게 될 것이며, 추구한 게 무익하게 되고, 항로를 이탈하고 통제를 벗어난 인생을 살게 될 것이다. 원한다면, 코리건처럼 전혀 엉뚱한 목적지인 아일랜드에 도착하게 될 것이다. 우리는 그리스도 안에서 눈부신 햇살이 반짝이는 로스앤젤레스와 같은 인생에서 이륙했다가 절망의 더블린 공항에 착륙하게 될 것이다.

피플지 *(People Magazine)* 가 선정한 가장 섹시한 남자 배우 크리스 헴스워스 (Chris Hemsworth) 는 명성이 가져다주는 실망에 대해 이렇게 말한다. "당신은 헐리우드에 진출해 뭔가를 성취한 후에 이런 사실을 깨달을 것입니다. '제기랄, 헐리우드에서 성공하면 행복해질 거라 생각했는데 실제로는 전혀 아니야. 헐리우드는 아무것도 고쳐주지 않았어' … 저는 일어나서 거울을 보고는 '좋아, 다 완벽해' 이렇게 말하지 않습니다."

설상가상으로, 헐리우드에는 신실하지 못한 사람들이 상당히 많다고 그는 말한다. 몇 해 전까지만 해도 그를 거들떠보지도 않았었는데 그가 유명해지고 난 뒤에 갑자기 그에게 관심을 가진 사람들이 많았던 것이다. "다음에 그들을 만났는데, 그들이 저의 가장 친한 친구인거 있죠. 역겹다니까요."[10]

2015년 〈GQ Australia〉 2월호 표지에 헴스워스의 사진이 실렸는데, 이런 말이 그의 가슴을 가로질러 선명하게 새겨져 있었다. "절을 하시오, 올해는 우리의 오스트레일리아 신이 높이 올라가는 해이기 때문이오." 하지만 헴스워스는 신이 아니다. 그도 그 사실을 알고 있다. 기사에 따르면, 그는 밖에 나가서 명성으로 얻은 것들을 즐기기보다는 가족과 함께 집에서 지내는 게 더 낫다고 한다. 그러나 세상이 그를 선택했고, 그의 목표에 도달하도록 도왔다. 그런데 파파라치에게 곤혹을 치뤄야 했다. 일부 극성맞은 파파라치 때문에 자녀들이 해를 당하지 않을까 그는 두려워한다.

헐리우드를 기준으로 세운 목표와 같은 잘못된 목표들은 허탈하고 공허한 삶을 보상으로 안겨준다. 일시적인 것들은 사람의 마음을 만족시켜줄 수 없다. 그것들은 그밖에 다른 무엇인가를 끊임없이 갈망하게 할 뿐이다. 일시적인 것들은 마음을 다 채워줄 만큼 충분하지 않기 때문이다. 그것들은 당신을 신으로 지목하거나 헌신짝처럼 버릴 것이다.

우리가 추구하는 것들을 우리를 향한 하나님의 계획보다 위에 두는 것은 어리석은 일이라고 성경은 우리에게 말한다. 그런데 우리는 그 어리석은 짓을 계속 하고 있다. 우리는 자율적인 존재가 아니다. 우리가 자율적인 존재라고 믿는다면 바보다. 한편, 영원한 가치 체계는 현실에서 발견되고 현실에 남아있으며, *성취*를 안겨주고 *지혜*로 이끈다. 이런 변수들을 고려하여 비행 계획을 세우라 그리고 착륙 지점을 보라.

출발점: 현실

많은 사람들은 이미 죽어가는 것들에 소망을 두고 산다. 죽음은 인생의 냉혹한 사실이다. 죽음은 아무런 경고 없이 우리에게 살금살금 다가와 현실을 뒤바꿔놓을 수 있다. 우리 생각에 만져볼 수 있고 지속적이었던 것이 기억되고, 잡고자 했으나 떠나버린 사람이나 꿈이, 현실이 되어 다시 살아나게 만든다. 잃은 지 오래된 적, 사망의 것들이 얼굴을 친다.

태초부터, 생명을 붙들고 최대한 값지게 살고 싶은 갈망이 인간 본성이었다. 에덴 동산에서 뱀이 생명은 통제될 수 있다는 거짓말로 하와를 유혹했다. 그녀는 미끼를 물고 말았다. "*지금 그것을 먹으면 넌 지혜로워지고 결코 죽지 않을 것이다!*" 오만한 이 선택의 결과 그녀는 고통을 겪었고 죽음을 더 깊이 이해하게 되었다. 건강하지 못한 호기심으로 그녀는 슬픈 현실을 맞이했으며 "지나간다"는 말이 무슨 의미인지 알게 되었다.

요한일서 2장 17절에서, 요한은 세상에 있는 많은 것들은 지나갈 것이며 오는 세상에까지 이어지지 않는다는 사실을 우리에게 상기시킨다. 하나님의 뜻을 행하는 자는 영원히 거한다. *우리의* 현실은 다가

올 하나님 나라, 영원히 지속될 보이지 않는 하나님 나라에 대한 준비이다. 일시적인 세상의 속성을 제대로 알면 현실 속에서 사는 데 도움이 된다.

> 우리 주 예수 그리스도의 아버지 하나님을 찬송하리로다 그의 많으신 긍휼대로 예수 그리스도를 죽은 자 가운데서 부활하게 하심으로 말미암아 우리를 거듭나게 하사 산 소망이 있게 하시며 (벧전 1:3).

우리의 소망은 죽지 않을 산 소망이다. 무엇보다, 이 소망은 불멸한다. 둘째, 이 소망은 정결하며 썩지 않는다. 셋째, 이 소망은 사라지지 않을 것이다. 넷째, 이 소망은 당신을 위해 하늘에 예비되어 있다. *이게 현실이다. 이것이야말로* 영원히 지속될 것이다. 그러므로, 하나님께서 영원하고 가치 있다고 말씀하신 것에 인생을 거는 사람이 지혜로운 사람이다. 하나님께서 가증스럽다 하시고 가치 없다고 말씀하신 것에 인생을 거는 사람은 어리석은 사람이다.

순항 고도: 성취

사람들이 실제로 갈망하는 것은 무엇일까? 사람들의 인정을 추구할 때, 그들이 정말로 원하는 것은 무엇일까? 권력이나 지배로부터 원하는 것은 무엇일까? 무엇이 그들을 충동질하며, 얻고자 소망하는 것은 무엇일까? 사람들이 인정하든 인정하지 않든, 인생의 모든 성취목록은 갈라디아서 5장 22-23절에 나온 놀라운 아홉 개의 단어로 귀결된다. 사랑, 희락, 화평, 오래 참음, 자비, 양선, 충성, 온유, 절제. 이 성령의 열매 안에 모든 게 들어 있다.

목록을 보라. 처음 세 개만 가져도, 대부분의 사람들에게 충분하다. 성취는 사랑과 희락과 화평 가운데 발견된다. 부와 권력을 구하는 많은 사람들은 부와 권력을 얻으면 만족할 것이라고 추정한다. 그러나 부도 권력도 열매를 맺게 해 주겠다고 약속하지 않는다. 그러므로 더 깊이 들여다볼 때 어쨌든 우리는 참된 것을 훨씬 더 갈망한다는 것을 발견하게 된다. 우리가 정말로 갈망하는 것은 사랑받는 것이며 자족하는 것이며 현실과 더불어 평화롭게 사는 것이다.

특별 도구: 지혜

> 미련한 자는 행악으로 낙을 삼는 것 같이
>
> 명철한 자는 지혜로 낙을 삼느니라 (잠 10:23)

지혜는 언제나 삶이라는 예술을 다루는 기술과 관련되어 있으며, 하나님의 다스림 아래서 인생의 모든 것을 유지하는 능력과 관련되어 있다. 누구나 습득할 수 있는 가장 위대한 기술은 경건한 삶을 살 줄 아는 기술이다. "지혜문학"이라 불리는 잠언서에서는 사람들이 맺는 모든 관계, 부를 다루는 법 그리고 말하는 방식을 논한다. 지혜는 인생의 모든 요소에 대한 지식을 알려줄 수 있다. 당신이 정말로 도덕적이거나 윤리적인 기준에 따라 살고 싶다면, 지혜가 알려주는 것을 들어야 한다. 그러나 이 지혜는 성경 공부를 통해 영원한 관점을 갈고 닦음으로써 얻을 수 있다.

우리의 죄된 본성은 우리를 충동질하여 한 번에 두 마리 토끼를 잡고 싶어 한다. 우리는 일시적인 것과 영원한 것을 동시에 원한다. 우리가 깨닫지 못한 게 있는데, 우리가 영원한 것을 추구하면 일시적인 것은 제자리를 잡기 시작한다는 사실이다. 영원한 관점에 따라 살면 우리가 원하는 대로 모든 게 될 거라는 약속은 못하지만, 현실 속에서 희락과 성취라는 열매를 여전히 맛볼 수 있다. 영원한 관점은 세상의 약속들이 담긴 선물 꾸러미를 가져오진 않지만, 반드시 희락과 성취의 열매를 가져오며 자주 더 크게 더 많이 가져온다. 세상을 먼저 구하면 천국은 나중이 되고, 결국엔 둘 다 놓칠 것이다. 그러나 천국을 먼저 구하는 사람들은 이 세상을 사는 동안에 희락을 누릴 것이다. 이것이 지혜다. 지혜롭게 산다는 것은 상황과 관계된 것이 아닌 우리의 확신, 즉 나는 진짜 살아계신 하나님의 사랑을 받는 자이다, 나는 소망과 목적과 운명이 있다는 확신에 대한 이해와 관계된 것을 토대로 산다는 의미이다. 이런 것들은, 한 번에 하나씩 이뤄낼지라도 잘못된 목표들을 모두 합쳐 이뤄낸 결과보다 가치 있다.

목적지: 흔치 않은 삶

예수님은 가나 혼인잔치에 참석해서 첫 번째 기적을 일으키셨다(요 2장). 예수님은 실제로 물을 포도주로 변화시켰을 뿐 아니라 포도주를 숙성시키는 기적까지 행하셨다("그대는 지금까지 좋은 포도주를 두었도다" 요 2:10). 더군다나 그분은 포도주를 무척 많이 만드셨다 ("돌로 만든 물 항아리 여섯이 놓여 있었는데, 그것은 물 두세 동이들이 항아리였다" 요 2:6, 새번역). 혼인잔치의 신랑과 신부에게 넘치는 사랑을 보여준 이 이야기는 우리를 향한 그분의 위대한 사랑을 표현한 그림이다. 흔치 않은 그 사랑으로 그분은 이례적이고 넉넉하고 아름다운 일을 행하셨다.

흔치 않은 그 사랑은 그분이 우리에게 약속하신 흔치 않은 삶의 특징이기도 하다. 세상은 언제나 가장 좋은 포도주를 맨 먼저 따른다. 맨 마지막에 따라 주려고 가장 좋은 포도주를 아껴두는 일은 없다는 것을 세상은 알고 있다. 세상은 우리에게 약속을 한 다음 우리의 사리분별력이 둔해지면 약속을 깨버린다. 우리는 사기를 당한 것이다. 우리가 원하는 상황이라고 생각하지만 나중엔 기대만큼 그리 좋은 게 아니라는 사실이 밝혀진다. 그러나 하나님은 가나 혼인잔치 이야기 속에서 그분의 성품을 보여주신다. 그분은 정말 탁월하신 분이시다. 이보다 덜한 것은 그분의 속성을 반영한 것이 아니다. 또한 가나에서의 기적은 나중을 대비하여 가장 좋은 것이 예비되어 있다는 사실을 상기시켜준다. 이 땅에서 사는 동안 엿보는 하나님의 영광은 우리가 기다리는 장차 다가올 삶에서 넘치게 부어질 영광의 잔을 살짝 마시는 것에 불과하다.

이 모든 것에 비추어, 스스로에게 몇 가지 질문을 던져보라: 무엇을 선택하여 추구할 것인가? 내 삶을 기꺼이 드릴 그 무엇이 있는가? 어디로 인생 항로를 정해서 가고 있는가?

진단용 테스트가 여기 있다. 당신이 한 가지를 받을 수 있다면, 무엇이었으면 좋겠는가? 얼른 답해보라. 맨 먼저 떠오르는 게 무엇인가? 당신의 마음의 집중이 당신이 성취하고자 하는 것보다 훨씬 중요하다.

당신 마음의 초점이 정확하다면 모든 것이 영적인 것이다. 그러나 잘되는 삶의 기술을 습득하고 항상 하나님의 임재를 의식하면서 살기 위해서는 훈련을 해야 한다. 도움이 될 만한 어떤 방법이라도 사용하여 그 훈련을 하나의 기술로서 개발해야 한다. 기도 시간을 지키기 위해 알람 맞추어 놓기, 성경 구절 벽에 붙여 놓기, 성경 구절 정기적으로 암송하기, 등등. 그러나 이런 영적 훈련을 우리의 삶 속으로 *반드시* 합력시켜야 한다. 신명기 6장 6-9절에서 명령하듯이, 자녀들에게 성경을 가르쳐야 하고, 가정에서 하나님의 말씀에 관해 이야기하고 우리 입술과 마음에 말씀을 담아야 한다. 잠들기 전에 가장 마지막으로 생각해야 할 것이 주님의 말씀이어야 하고, 아침에 깨어나서 가장 먼저 우리 입술로 고백하는 말이 주님의 말씀이어야 한다. 이러한 명령은 주님을 언제나 맨 앞에 두어야 한다는 것을 상기시키는 역할을 한다. 이 명령대로 행할 때, 평범한 것이 예전에 전혀 없던 광채를 띠는 것을 보고 깜짝 놀랄 것이다.

 매일 당신은 세상의 제도가 주는 유혹에 이끌릴 것이다. 그러나 하나님의 말씀을 선택하고 그것을 권위로 삼으면, 세상이 알지 못하는 방식으로 행동할 것이며 그때 당신의 삶은 정말로 희소성 있는 삶이 될 것이다.

> 인생을 너무나 크게 사랑한 나는
> 죽는다는 건 연회가 끝나기 전에 떠나는 것이라고
> 생각하곤 했지
> 이제는 알고 있다네
> 연회는 다른 어딘가에서 실제로 열리고 있다는 걸.
> 빛이 먼데서 비쳐오고
> 먼데서 들려오는 음악도 심장을 뛰게 한다는 걸.
> 또 알고 있다네
> 내가 거기에 이르면
> 음악이 결코 끝나지 않을 것을.[11]

 이 글은 죽어가는 것에 관한 것도 아니고 시도 아니다. 그러나 이것은 그리스도를 따르는 자들에게 약속된 것이 장차 올 것이라는 실제에 관한 것이다. 사랑하는 사람을 잃은 후에 한밤중에 깨어나 그녀의 목소리를 기억해본 적이 있는가? 그런 경우 낙심하게 될 수 있지만 용기가 북돋워질 수도 있다. 그 목소리가 당신의 비행 계획을 정리하라고 당신을 손짓하며 부르는 장면과 비행 항로에 머물러 있다가 하늘에서 당신을 기다리는 연회에 참석할 수 있도록 하기 위해 당신의 나침반이 작동하는 모습을 상상해 보라. 너무 듣기 좋은 소리여서 사실이 아니라고 생각할지도 모른다. 그러나 우리가 도저히 상상할 수 없을 정도로 좋을 것이라는 약속을 우리는 받았다(고전 2:9).

수많은 잘못된 목표와 유혹거리가 우리를 찾아와 문 밖에서 두드릴 것이다. 그러나 하나님의 말씀에 푹 잠기면 영원한 가치 체계를 발전시키는 데 도움이 될 것이다. 하나님 말씀이야말로 성취의 근원이 될 수 있으며 하나님의 지혜로 우리를 이끌 수 있다. 하나님의 말씀은 정욕과 욕망의 뱀이 똬리를 틀고 있는 문을 쾅 닫을 수 있다. 하나님의 말씀은 빌라도처럼 대야에 손을 씻어 사람들의 인정을 얻으려는 욕망을 거절할 능력을 주실 수 있다. 하나님의 말씀은 우리 자신의 청사진을 가지고 탑을 세우려는 시도를 멈출 힘을 얻게 해 주신다. 하나님의 말씀은 흔치 않은 삶으로 우리를 이끌어 주신다. 하나님께서 우리 모두를 도우신다.

더 깊은 묵상

1. 바울은 우리 모두가 스스로 물어야 할 질문을 했다. "이제 내가 사람들에게 좋게 하랴 하나님께 좋게 하랴 사람들에게 기쁨을 구하

랴 내가 지금까지 사람들의 기쁨을 구하였다면 그리스도의 종이 아니니라"(갈 1:10). 이것은 강력한 말씀이다. 사람들을 기쁘게 하려고 하면 왜 그리스도의 종이 될 수 없는가?

2. 하나님이 아니라 사람들을 기쁘게 하는 삶의 예가 될 만한 게 무엇이 있을까? 당신이나 당신이 아는 누군가에게 해당될지도 모르는 어떤 일이 있는가?

3. 하나님을 아는 기쁨 혹은 하나님이 원하시는 곳에 제대로 있는 기쁨을 느껴본 적이 있는가? 그 기쁨은 어떠했는가? 그런 적이 없다면, 그분의 임재 안에 있는 기쁨을 경험하기 위해 당신이 시도할 수 있는 훈련을 말해보라.

4. 야고보서 4장 10절은 우리에게 자신을 낮추고 하나님께서 높여 주시기를 기다리라고 한다. 이 말씀이 불편하게 느껴지는가? 왜 그런가?

■ 초점 성경

디모데전서 6장 9-10절 또는 베드로전서 5장 6-8절을 암송하라. 하나님을 잊어버릴 만큼 많이 주지 말라고 하나님께 구한 적이 있는가? 혹은 하나님께 집중하지 못하게 할 정도로 많은 부를 갖지 않게 해 달라고 구한 적이 있는가? 이와 같은 기도를 기꺼이 할 생각이 있는가? 이 점에 대해 다른 사람과 이야기를 나눠보라.

■ *실천 사항*

"당신 마음의 초점이 정확하다면 모든 것이 영적인 것이다"라고 시작되는 단락을 읽어보라(198쪽 참조). 다 읽었으면, 보다 영적인 삶을 발전시키기 위해 언급된 모든 훈련을 적어보라. 실천할 수 있는 훈련 예 닐곱 가지를 명명할 수 있는지 보라. 그것들 중 어떤 것이 명령인가? 그 중 어떤 것을 규칙적으로 실천하고 있는가? 이 훈련 중에 한 가지를 매일 일상적으로 하는 일에 추가하라. 지금 당장 이 훈련들 중 아무것도 하지 않고 있는 자신을 발견한다면, 의기소침해질지도 모른다. 그렇다고 자신을 두들겨 패지는 말라. 당신과 하나님은 새로운 이야기를 쓰고 있다. 벌떡 일어나 지금 있는 자리에서부터 시작하라.

예수께서 앉으사 열두 제자를 불러서 이르시되

누구든지 첫째가 되고자 하면 뭇 사람의 끝이 되며

뭇 사람을 섬기는 자가 되어야 하리라 하시고

[막 9:35]

아무 일에든지 다툼이나 허영으로 하지 말고

오직 겸손한 마음으로 각각 자기보다 남을 낫게 여기고

각각 자기 일을 돌볼뿐더러 또한 각각 다른 사람들의 일을 돌보아

나의 기쁨을 충만하게 하라

[빌 2:3-4]

우리가 아직 연약할 때에 기약대로 그리스도께서

경건하지 않은 자를 위하여 죽으셨도다

[롬 5:6]

9

어둔 숲에서 나와 빛으로 들어가다

> 우리는 길을 따라 절반은 더 가야 하는데,
> 큰 숲에서 내 모습이 보이지 않는다는 걸 알았다.
> 갈팡질팡한 나는 길을 잃어버렸다는 걸 알았다.
>
> 단테 알리기에리 (Dante Alighieri), 「신곡, 지옥편」

지금껏 가장 유명한 시 한 편¹에서 단테는 인생의 중반에 이르렀는데 길을 잃어버렸다는 걸 발견한다. 이런 일은 누구에게나 일어날 수 있다. 인생길 초반에서 위기가 우리를 강타할 때도 있다. 억지로 인생의 속도를 늦추고 지금까지 지내온 것을 천천히 살펴볼 만큼 우리의 지성과 감성이 날카롭다면, 보물 같아 보였던 것이 공허하고 망상적이고 어리석은 것에 지나지 않는다는 걸 발견할지 모른다. 우리가 정말로 원했던 것, 즉 성취와 현실과 지혜는 어디에도 보이지 않는다. 우리는 갈

팡질팡한다. 그리고 길을 잃어버렸다는 것을 알게 된다.

어쩌면 아무도 위대한 서사시 〈신곡〉에서의 단테처럼 잃어버린 상태에 관한 이야기를 들려주지 않을지 모른다. 700년 전에 쓰인 단테의 시는 어두운 숲속에서부터 시작해서 높은 산에 오르고 마지막으로 천국에 이르기까지 한 사람의 영적 여정을 그린 자전적 우화이다. 단테가 살았던 세계는 지금 우리가 사는 세상과 엄청나게 다르지만, 그도 우리들과 똑같은 인생 여정에 있었다는 사실만큼은 맞다. 과거에 완전히 길을 잃어버린 우리는 영원한 미래를 발견하려고 현재를 항해하고 있다. 누구에게나 이런 갈망이 있으며, 누구나 어둔 숲에서 나오는 길을 찾고 있다. 그러나 대부분의 사람들은 위기를 맞닥뜨리거나 인생 여정의 중간 어디쯤에 다다를 때까지 이 사실을 자각하지 못한다.

도움도 희망도 없는 상황에 직면할 때, 또는 책임질 일은 늘어만 가는 것 같은데 능력은 점점 떨어지고 있는 자신의 모습을 볼 때, 우리는 예기치 않은 좌절의 시점에 놓인 우리 모습을 발견한다. 우리가 그동안 바랐던 것들 혹은 할 수 있을 거라고 희망했던 모든 것들이 우리가 죽을 수밖에 없다는 사실을 받아들일 때 그것은 더 이상 실행 가능한 선택들이 아니다. 가족, 경력, 건강 그리고 심지어 믿음과 관련하여 우리가 가장 염원하는 일들은 우리가 희망하는 그대로 일어나지 않았다. 우리는 언젠가 죽을 존재라는 걸 알고는 있었지만, 인생의 절정기를 맞이하게 되자 다른 것을 확신하기 시작했다. 그러므로 위기는 우리를 돌이

켜 현실을 직시하게 한다.

어마어마한 성공을 *거둔* 소수의 사람들도 그것으로 충분하지 않다는 걸 발견한다. 그들에게도 현실 직시의 순간이 찾아온다. 솔로몬 왕은 이렇게 적었다. "그 후에 내가 생각해 본즉 내 손으로 한 모든 일과 내가 수고한 모든 것이 다 헛되어 바람을 잡는 것이며 해 아래에서 무익한 것이로다"(전 2:11). 성 어거스틴(St. Augustine)이 표현한대로 "하나님은 하나님 자신을 위하여 우리를 지으셨습니다. 그래서 우리 마음은 하나님 안에서 쉼을 얻기까지 쉴 수 없습니다." 그러나 우리는 영혼은 고갈시키고 감각만 자극하는 근시안적인 발산 수단으로 만족할 때가 많다. 이상한 방식이지만, 우리는 믿음을 지키려고 싸우고 동시에 믿음을 무시하면서 세상의 쾌락을 좇아 점점 더 곁길로 빠진다.

우리는 세상을 비판해야 한다. 여기 이 세상에 존재하는 체계는 하나님의 사랑과 완전히 반대되기 때문이다. 세상은 언제나 우리로 하여금 일시적인 것을 향하게 하고 더욱 애를 써서 그 방향으로 가게 한다. 세상은 우리로 하여금 쾌락을 얻기보다 하나님 아는 것을 추구하고, 사람의 인정보다는 하나님의 인정을 구하고, 인기를 소중하게 여기기보다는 섬기는 종이 되라고, 부와 지위 보다는 진실성과 성품을 구하라고, 혹은 권력 보다는 겸손을 구하라고 영영 가르치지 않을 것이다. 세상은 아예 그런 것을 가르칠 수 없다.

오히려 세상은 기필코 자기중심성을 향해 나아가라고 제안한다. 증거가 필요한가? 지난 20세기에 연달아 나온 잡지 제목만 봐도 알 수 있다. 〈Time〉(1923), 〈Life〉(1936), 〈People〉(1974), 〈Us Weekly〉(1977), 〈Self〉(1979). 사람들이 스마트폰으로 자기 모습을 보는 거울로 또는 자기 모습을 직접 찍는 사진기로 사용하고 있는 모습을 보라. 나는 최근에 일단의 십대 소녀들이 선교 여행에 참여할 수 있을지에 대해 이야기하는 것을 들은 적이 있다. 친구들과 함께 셀카를 찍기에 아주 좋은 장소가 될 거라고 그들은 말했다. 세상은 세상의 화려함을 보라고 우리에게 소리친다. 그러나 그건 근시안적인 지시일 뿐이다. 그런데도 그것은 우리를 압도할 수 있다. 인스타그램(페이스북 등)에 게시하느라 바쁘게 지내면서 세미한 주님의 음성을 듣는다는 건 어려운 일인 것이다.

그래서 우리도 길을 잃었다.

세상의 길과 하나님의 길 사이에 잘못된 이분법을 그려놓고 아주 냉혹하게 굴 필요는 없다고, 요한복음 3장 16절을 들먹이면서 어쨌든 하나님은 세상을 사랑하지 않느냐고 말하는 사람들도 있지만, 일시적인 패러다임에 관해 경고를 핑계치 못할 것이다. 우리는 요한일서 2장 15-16절 말씀에서 분명히 경고를 들었다.

> 이 세상이나 세상에 있는 것들을 사랑하지 말라 누구든지 세상을 사랑하면 아버지의 사랑이 그 안에 있지 아니하니 이는 세상에 있는 모든 것이 육신의 정욕과 안목의 정욕과 이생의 자랑이니 다 아버지께로부터 온 것이 아니요 세상으로부터 온 것이라

이 단락을 잘못 해석하여 적(適, enemy)이 문제라고 하는 오래된 영지주의 믿음으로 벗어나는 사람들이 많다. 그러나 하나님은 모든 것을 창조하셨으며 보시기에 좋다고 말씀하셨다. 그분은 우리를 위해 아름다운 세상을 만드셨다. 그리고 세상을 다스리라고 하셨다. 요한이 말하고 있는 세상에 대한 사랑은 16절에서 설명한 대로 이와 다른 것이다. 우리에게 조심하라고 하는 "세상에 있는 모든 것"은 물질적 소유물이 아닌 윤리적 선택들이다. 작가 마이클 위트머(Michael Wittmer)가 「천국은 이 땅에 있는 곳이다」(Heaven Is a Place on Earth)에서 말한 대로, 우리의 문제는 "물건이 아니라 죄"2이다.

세상에 대한 요한의 삼중 묘사 즉 '욕망', '정욕', '자랑'은 현실의 다양한 면이 아닌 죄를 묘사한 것이다. 요한이 우리에게 경고하는 세상은 아름다운 것들로 가득 찬 우주를 가리키는 것이 아니라 우리를 매혹하는 것들에 대해 반응하는 죄 된 방식을 가리킨다. (즉 우리는 어떤 것을 욕망하고, 어떤 것에 대해 강한 정욕을 느끼며, 부당한 방법으로 얻은 경우에도 성취한 것을 자랑한다)3

그러므로 다시 말하지만 문제는 패러다임에 있다. 우리는 이 세상에서 신실하게 살면서도 영원한 세계관을 견지해야 한다. 그러나 욕망과 정욕(그리고 뭔가를 얻거나 성취했을 때 자랑하라는 유혹)이 우리를 좇고 있는 것처럼 보인다. 이게 바로 단테가 발견한 것이다. 이러한 일시적이고 세상적인 패러다임이 몰래 살짝 들어오는 그때야말로 단테가 자기 앞에 있는 빛에 줄기차게 초점을 맞추었듯이, 우리가 거룩하고 영원한 관점을 유지해야 할 때이다. 이 세상의 체계는 멸망할 것이다. 그러나 "하나님의 뜻을 행하는 사람은 영원히 남습니다"(요일 2:17, 새번역). 그리고 우리는 영원히 살게 되어 있다.

표범과 안목의 정욕

단테의 「신곡」 첫 번째 〈지옥편〉에서 그늘진 땅을 방금 지나온 단테는 우뚝 솟은 거대한 산의 발치에 눈이 부신 채 서 있다. 위를 쳐다보니 산봉우리 뒤로 태양이 희미한 윤곽을 드러내고 있다. 그는 자신의 힘과 굳센 발걸음을 의지하여 천국을 향해 오르기 시작한다.

그러나 얼마 지나지 않아 표범과 사자와 암컷 늑대를 순식간에 마주친다. 그 짐승들은 단테가 천국에 이르지 못하게 막으려고 한다. 단테는 그 짐승들의 정체를 알게 된다. 바로 '제지하는 것들'이다. 우리는 언제나 그렇게 똑똑하지 않다.

그를 가로막은 첫 번째 짐승은 표범인데, 단테가 앞으로 향하는 것을 방해하고 있다.

> 비탈이 시작되는 지점에 거의 다다랐을 때
> 나는 표범을 봤다. 날아갈 듯 가볍고 활기찬,
> 얼룩무늬 표피였다.

어쩐 일인지 표범은 내 앞에 멈춰 있으려고 낑낑댔다.
그런 식으로 내 길을 너무 많이 막아
어쩔 수 없이 왔던 길로 종종 되돌아갈 수밖에 없었다...

빛나는 표피를 가진 야생의 짐승.⁴

우리의 주인공이 산꼭대기에 있는 눈부신 빛을 찾아가고 있을 때, 그는 "빛나는 피부"가 반짝이는 점박이 훼방꾼을 마주친다. 단테는 하나님의 위엄에서 떠내려가 우리의 초점을 표류하게 하는 것들을 언급하고 있다. 우리와 그리스도 안에서 추구하는 풍성한 삶 사이에 장애물을 만들면서 말이다. 우리를 흥분시키는 어떤 것을 볼 때면 우리 눈이 "환해져" 초점을 잃는다. 그러나 예수님은 우리에게 그런 훼방꾼에 맞서라고 경고하셨다.

> 눈은 몸의 등불이니 그러므로 네 눈이 성하면 온 몸이 밝을 것이요 눈이 나쁘면 온 몸이 어두울 것이니 그러므로 네게 있는 빛이 어두우면 그 어둠이 얼마나 더하겠느냐 한 사람이 두 주인을 섬기지 못할 것이니 혹 이를 미워하고 저를 사랑하거나 혹 이를 중히 여기고 저를 경히 여김이라 너희가 하나님과 재물을 겸하여 섬기지 못하느니라 (마 6:22-24)

탐욕. 우리가 가지지 못하거나 가진 것을 계속 유지하는 쪽으로 삶이 축소될 때, 우리는 지나친 욕망에 사로잡혀 마치 우상을 숭배하듯 욕망의 대상에 몰두하게 된다. 혼란을 피하기 위해 여기서 분명히 해 두자. 부는 아주 좋은 것이며 하나님 나라의 사역에 뒷받침이 될 수 있다. 그러나 우리는 하나님 자신이 아닌 하나님의 선물에 의지하는 것을 피하기 위해 항상 깨어 있어야 한다.

최신 가전제품이든, 고급 자동차이든, 더 큰 집이든 우리 삶에 불쑥 나타나는 표범들을 세심하게 주의해야 한다. 조심하지 않고 그것들에 심취해 있으면, 하늘 아버지를 향한 우리의 초점을 잃어버릴 수도 있다. 그러나 경건에 마음을 쏟고 산다면, 주님께 이것들을 내어드려 그분을 향한 우리의 초점을 다시 새롭게 하는 데 사용하시게 할 수 있다.

우리는 영원한 소망으로 이끄는 보이지 않는 실재를 갈망하도록 부름 받았다. 보이지 않는 실재는 우리 주변에 있지만 우리는 그것을 구해야 한다. 우리는 세상에서, 우리 이웃이 보는 앞에서 그것을 구하며 살도록 초대받은 사람들이다. 우리는 우리가 받은 은혜와 똑같은 정도로 이웃을 (우리 원수들도) 사랑하라고 부름 받은 사람들이다. 자비 없는 세상에서 우리가 자비를 베풀 때, 하나님 나라를 상상조차 할 수 없는 사람들에게 그것을 밝히 드러내준다.

그리스도인들이 "중생"의 삶으로 부름 받은 이유가 있다. 예수 그리스도의 부활은 쇠하지 않을 진짜 소망을 주며 자연법칙 너머의 것을 힐

끗 보게 해 준다는 사실을 알아야 한다. 우리는 새로운 피조물로 다시 태어났으며, 더럽혀지지 않고 결코 희미해지지 않을 불멸의 어떤 것을 상속 받을 수 있게 되었다. 이러한 부르심을 마음에 품고 살면, 우리는 권위를 획득하여 천국을 향한 길에서 이 짐승과 그 일행을 당당하게 맞닥뜨릴 수 있다.

사자와 야망을 품은 교만

단테가 자기 자신의 힘으로 표범 주위를 돌아 길을 떠나려고 할 때, 두 번째 짐승이 불쑥 나타난 것을 갑자기 알게 된다.

두려움이 없어졌을 때
사자가 내 앞에 나타났다. 표범이 그랬듯이.

나를 향해 다가왔을 때,
머리를 높이 치켜든 그 짐승은 몹시 굶주려 보였다.
그래서 공기마저도 그 짐승을 무서워했다.[5]

야망은 잘못된 것 즉 우리 자신을 믿는 것이다. 우리는 우리 자신과 우리의 능력이 결국 우리를 실망시킬 것이라는 사실을 알지 못한 채 선뜻 그것을 믿는 경향이 있다. 으르렁거리는 교만은 우리가 우주에서 믿을 수 있는 최고의 대상이라는 충격적인 생각을 창조함으로써 실망으로 향하는 이 과정을 부채질한다. 불행하게도, 우리는 고생을 하면서 이것이 잘못된 것임을 알게 된다. 우리가 가고 싶은 길을 따라갔더니 우리를 잡아먹는 포식자의 땅이 나오기 때문이다. 우리가 말하고 생각하고 행하기를 바라는 바로 그 좋은 것들은 실제로 우리를 피해서 가버릴 때가 많다. 매일 충동질하는 야망이 주님을 섬기려는 갈망을 집어삼키려 우리 주위를 어슬렁거리고 있기 때문이다.

이처럼 가장 심각한 훼방꾼이 나타나 한창 방해하고 있을 즈음, 우리는 길을 잃어버린다. 어떻게 소망해야 하는지 그 방법을 그때 잊어버렸기 때문이다. 세상에 있는 것들을 *바랄* 수 있다. 그러나 우리는 영원한 것에 소망을 *둔다*. 우리는 더 나은 직장 혹은 더 나은 삶의 방식과 같은 물질적인 어떤 것을 소망할 수 있다. 온갖 종류의 것들을 소망할 수 있다. 그렇게 하는 데엔 아무런 잘못이 없다. 야망에 이끌려 그것들에 소망을 두게 될 때 문제가 생긴다. 그것들은 야망에 이끌린 소망의 무게를 감당할 만큼 강하지 않기 때문이다. 강한 분은 오직 한 분, 예수 그리스도이시다. 그러므로 그분께 우리의 소망을 두고 일시적인 소망에 연연하지 않는 게 현명한 선택이다. 일시적인 소망이 현실에서 이루어지지 않더라도 우리가 무너지지 않기 위해서다. 우리가 어떤 목표를 달성해내지 못할 거라는 걸 인식할 때 혹은 꿈이 이루어지지 않는 것을 지켜볼 때 위기는 오히려 하나의 과정이 된다. 일시적인 소망의 상실을 한참 슬퍼하다가, 우리는 하늘 아버지가 우리와 함께 계시는 한 괜찮다는 걸 깨닫는다.

예수님이 구세주라고 지적으로 결론 내렸다 할지라도, 그분이 주님이시며 우리가 주님이 아니라는 중요한 확신 속에 매일의 삶을 영위하려면 엄청난 힘을 쏟아야 하고 지속적으로 헌신해야 한다. 이것이 바로 믿음의 진가가 발휘되는 장이다. 그러나 믿음의 진가를 계속 발휘한다는 것은 정확하게 말하자면 우리가 진지하게 주님께 헌신되어 있다는 걸 보여주는 방식이다. 우리는 그분께 우리의 소망과 꿈을 말씀드릴 뿐 아니라 우리를 위한 그분의 계획에 우리 자신을 열어놓고 그분의 뜻에 굴복함으로써 날마다 우리 삶을 그분께 다시 드린다. 우리는 그분의 계획이 어쨌든 우리 계획보다 언제나 훨씬 낫다는 걸 틀림없이 발견할 것이다.

지속적으로 헌신하려고 하면 심각한 위험을 마주할 때도 있을 것이다. 그러나 믿음은 언제나 위험을 필요로 한다. 기독교는 단지 진리를 알기 위한 질문이 아니다. 기독교는 선하시고 우리를 위해 가장 좋은 의도를 가지고 계신 하나님께 우리 삶을 전적으로 위탁하는 것에 대한 문제이기도 하다. 날마다 우리 마음속에서 일어나는 충동을 정말로 다시 생각하길 바란다면, 우리 삶의 *맥락* 안에 성경 말씀이 있어야 한다. 그리고 하나님과 그분의 말씀을 신뢰하는 법을 *배워야 한다*. 그게 유일한 길이다.

열세 살에, 나는 예수님이 그분이 주장한 바로 그분이라고 지적으로 믿었다. 당시엔 그것으로 충분해 보였다. 그러다가 그 후로 8년 동안 기독교에 관해 꽤 폭넓게 이해하고 있다고 생각하면서 살았다. 그런데 마음 깊은 곳에서, 뭔가 엉망이 되었다는 걸 깨닫기 시작했다. 그러나 난 그 문제를 직접적으로 다루고 싶지 않았다. 전체적으로 봐서, 일찍이 내린 결정으로 충분하다고 믿으면서 사는 게 마음 편했기 때문이다.

열아홉 살이 되어서야 나는 인생의 문제에 대해 아무런 답을 갖고 있지 않다는 걸 깨달았다. 그리고 스물한 살이 되어서야 비로소 내가 지금껏 치고 있던 울타리를 걷어낼 수밖에 없다는 것을 깨달았다. 이제야 되돌아보면, 하나님께서는 줄곧 강력한 방법으로 자신을 드러내셨고 인생을 정말로 어떻게 살 것인지에 대해 내 안에 질문을 제기하셨다는 걸 알 수 있다. 이 모든 게 명확해졌을 때, 마치 그 결정이 나를 위해 내려진 것 같았다. 예수 그리스도에 대해 지적으로 동의한 것에서 그분을 인격적으로 받아들이는 것으로 전환하자 내 삶의 모든 게 달라졌다.

기독교는 어떤 명제를 믿는 게 아니라 한 인격을 신뢰하는 것이다. 이 말은 명제적 진리를 아무렇지도 않게 생각한다는 뜻이 아니다. 하나님의 말씀은 명제적 진리로 가득 차 있다. 그래서 명제적 진리는 아주 중요하다. 그러나 기독교의 명제만으로는 충분하지 않다. 하나님과의 관계에서 얻는 힘과 용기가 없다면 우리 중 아무도 그리스도께서 명하신 것을 *행할* 수 없다. 우리는 명제를 뛰어 넘어 진리가 가리키고 묘사하는 인격과의 관계 안으로 들어가야 한다. 우리는 예수님 한 분만을 추구하고 신뢰하도록 부름 받았다.

우리가 유다의 사자(창세기까지 거슬러 올라가는 내내 하나님께 붙여진 이름)와 *그분의* 의를 먼저 구할 때, 우리는 일시적인 소망을 추구하되 그것에 연연하지 않게 된다. 하나님과 그분의 의를 구한다고 해서 우리가 망하지 않는다. 거룩한 것과 세속적인 것은 통합적인 관점을 창조하여 그 밖의 다른 것을 추구했던 삶보다 더 위대한 삶을 찾게 하는 방식으로 서로 소통한다. 이와 같이, 두 관점의 연합은 탁월함의 가치를 볼 줄 아는 값진 통찰을 얻게 하며, 그때 우리는 "기쁜 마음으로 섬기기를 주께 하듯 하고 사람들에게 하듯 하지 않는다"(엡 6:7).

탄탄한 권력과 재물과 좋은 물건을 일시적으로 구하는 것은 자연스러운 일이지만, 성령께서 우리를 붙드시게 해서 그것들을 구하는 동기에 대해 책임을 질 수 있어야 한다. 그 목표가 우리의 성공을 자랑하기 위해서인지 아니면 주님을 위해 더 위대한 일을 할 수 있는 힘을 갖게 해 줄 지위를 얻고 싶어서인지 고려해야 한다. 우리의 목표가 주님을 기쁘시게 하는 것이라면, 정신의 빈곤을 버텨낼 수 있으며 그 사이에 위험한 함정을 피하게 된다. 오스 기니스(Os Guinness)는 교만에 대해 다음과 같이 설명했다.

> 교만은 일곱 개의 죄(교만, 인색, 질투, 분노, 음욕, 탐욕, 나태) 중에서 가장 첫 번째 죄이며, 가장 나쁘고, 가장 만연되어 있는 죄이다. 그것은 다른 모든 죄

> 의 근원이거나 주된 요소이거나 둘 중 하나다… 교만의 근원은 세상도 아니도 유신도 아니다. 교만의 근원은 사탄이다… 현대 세계는 이 악을 (자아존중과 혼동하여) 하나의 미덕으로 변질시키고 말았다.[6]

어쩌면 교만의 가장 잘못된 점은 하나님에 대한 사랑보다 자기에 대한 사랑을 위에 둔다는 점에 있을 것이다. 자기 사랑을 하나님 사랑보다 위에 둘 때, 그것은 우상이 된다. 그러나 하나님에 대한 사랑을 최우선으로 둘 때, 그 사랑으로 성화에 이른다. 「신곡」을 통틀어, 그리스도가 전경과 배경에 등장하는 것을 본다. 그분의 은혜는 단테가 주인공을 충동질하여 높이 올라갈 야망을 품는 것을 허용하신다. 비록 그 여정에서 연옥을 꼭 거쳐 가야 될지라도 말이다. 단테의 신학에 전적으로 동의하지 않을지라도, 그가 형상화 해 놓은 것을 감상할 수는 있다. 단테는 성화의 과정을 선명하게 보여준다. 그리스도에게 유죄판결을 내리심으로써 우리에게 베푸신 하나님의 은혜에 반응하게 하시려고 하나님은 성화의 과정 중에 죄를 드러내신다. 솔직히 말하면, 삶이란 그리스도와의 관계를 통해 하나님 나라에 들어가자마자 시작되는 것이다. 성화의 과정 - 우리 삶을 구별하여 그분께 드리는 과정 -은 정결케 하는 과정과 함께 일어나기 시작한다.

불행하게도, 야망은 우리를 곁길로 새게 하고, 절망에 빠지게 하며, 우리를 정상 궤도로 되돌려 줄 사람들로부터 멀어지게 한다. C. S. 루이스는 다음과 같이 말했다.

교만은 세상이 시작된 이후 모든 나라와 가정을 비참하게 만든 주된 요인이다. 다른 악들은 사람들을 뭉치게 할 때도 있다. 술 취한 사람들이나 정숙하지 못한 사람들 사이에서도 돈독한 우정과 농담과 유대감을 발견할 수 있으니까 말이다. 그러나 교만은 증오와 원한을 불러일으킨다.[7]

우리는 이 사실을 명심하고 교만이라는 이 굶주린 짐승의 먹잇감이 되지 않도록 조심해야 한다. 사자가 지나가고 단테를 충동질하여 어둠의 골짜기로 뒷걸음치게 하려는 마지막 짐승이 등장한다.

암컷 늑대와 육신의 정욕

단테는 세 번째 공격자에 대해 이야기하면서 몹시 짜증이 나 있다.

이번엔 아주 늘씬한 암컷 늑대다.
지나친 욕구 외엔 아무것도 가지고 있지 않은 것 같다.
그 짐승은 이미 비참한 일을 많이 저질렀다.

그 짐승은 무겁게 나를 짓눌렀다
그 이미지가 내뿜는 두려움으로
나는 산꼭대기에 오르고 싶은 희망을 잃어버렸다.

상금에 마음이 쏠린 남자에게
패배의 시간이 다가오면
모든 생각이 슬픔과 눈물로 바뀌듯

가만히 있지 못하는 그 짐승 탓에 나는 변해버렸다.
그 짐승은 나와 마주치더니 점점 나를 끌어내려
태양이 침묵하는 곳으로 돌아가게 했다.[8]

우리 인생에서 무엇이 최고 우선순위에 있으며 무엇을 지나치게 욕망하고 있는지를 알려면 지난 일정이나 카드내역을 힐끗 보기만 하면 된다. 우리의 시간과 재능과 보화를 어떻게 쓰고 있는지는 육신의 정욕이 우리를 무겁게 짓누르도록 내버려둘 때 드러난다. 정욕을 불타오르게 만드는 세상의 유혹들은 언제나 우리의 시야에 있다. 그래서 정욕은 문자 그대로 우리를 바꿔버릴 수 있다. 그때 우리의 초점은 바뀌고, 처음엔 살짝만 돌리지만 점점 하나님을 향해 아예 등을 돌려버리게 된다. 그런 다음 우리는 다시 어둠 속으로 향하게 된다.

예수님은 육신의 정욕은 신체적 활동으로 인간성을 말살시키기 전에 우리의 생각으로 인간성을 말살시킨다고 설명했다. 오늘날 사회에서 노예제도를 건강한 이상으로 여긴다는 건 소름 돋는 짓이라고 생각하는 사람들이 있겠지만, 대부분의 사람들은 다른 사람과 함께 환상적인 삶을 창조하는 것이 정신적이고 영적인 일과 맞먹는다는 사실을 전혀 연관지으려하지 않는다. 사회 비평가 헨리 페어리(Henry Fairlie)는 암컷 늑대와 그 짐승이 나중에 위조한 진실한 사랑 사이를 다음과 같이 구별한다.

> 정욕은 다음날 새벽에 죽는다. 혹시 모를 정욕의 자리를 찾아 저녁에 다시 돌아올 때는 지워진 과거의 정욕과 함께 있다. 사랑은 침대에서 사랑을 누렸던 사람과 다른 방식으로 즐거움을 누리길 원한다. 즉 아침밥을 먹기를 고대한다. 그러나 아침에 정욕은 언제나 은밀하다. 정욕은 옷을 벗는 것처럼 기계적으로 옷을 입고 곧장 문으로 향한다. 그리고 원래의 고독으로 되돌아간다.9

단테가 잠시도 가만히 있지 못하는 암컷 늑대를 마주할 때, 그는 암컷 늑대를 지나가게 할 방법을 생각할 기회와 상상력이 부족한 자신을 발견한다. 암컷 늑대의 현존과 그 이미지가 그가 염원했던 천국에 다다르리라는 소망을 훔치고, 죽이고, 파괴한다. 그래서 그는 어쩔 수 없이 산 아래로 되돌아가고 신의 도움이 절박해진다.

도와달라고 외친다!

짐승들 때문에 파멸되지 않으려고, 단테는 도와 달라고 외친다. 우리는 이 패턴을 너무 잘 안다. 슬프게도, 이 패턴은 모든 상황이 막다른 길에 다다라야만 도와달라고 외치는 것처럼 보일 때가 많다. 나는 하나님이 우리의 첫 번째 지지자가 아니라 마지막 피난처가 되시는 것에 대해 어떻게 생각하시는지 가끔 궁금하다. 솔직히 말하면, 하나님께서 우리를 어떻게 참으시는지 알지 못한다. 우리는 대개 순수한 동기에서 그분께 나아가지 않는다. 어쩌면 이런 까닭에 하나님은 우리가 애지중지하는 것들을 우리 삶에서 떼어 가셔서 우리의 초점을 다시 그분께 두게 하고 우리의 관심이 어디에 속해 있는지를 일깨우실 때가 종종 있다.

단테의 우화에서, 도움을 구하는 그의 기도는 로마의 시인 베르길리우스를 통해 응답받는다. 베르길리우스는 일찍이 천 년 전에 죽었고 단테에게 미친 영향은 까마득했다. 베르길리우스는 안내자가 되어 깜깜한 숲을 지나 깊은 지옥을 거쳐 마침내 새로운 오르막길을 향할 때까지 단테를 인도한다. 단테는 베르길리우스가 여기까지만 그를 데려다 줄 수 있으며 궁극적인 영역인 천국에는 들어갈 수 없다는 것을 문득 깨닫는다. 왜냐하면 여전히 그는 세상의 지혜와 통찰을 가진 이교도이기 때문이다. 두 사람이 어렵게 천국을 향해 떠날 때, 그들은 완전히 자포자기하여 짐승들에게 잡아먹힌 사람들이 고초를 겪는 참상을 목격한다.

인생의 여정을 지나는 동안, 우리는 다른 사람들이 죄로 인해 어떤 고통을 겪는지 관심을 기울이라고 부름 받았다. 그 과정에서 영원의 실재를 보다 더 잘 이해하기 위해서이다(유 7절). 이렇게 우리 주변의 죄를 체를 치듯 걸러내는 일은 우리 안에서 구속의 경험을 창조한다. 하나님은 그 경험을 사용하여 우리 자신의 과정에서 어디쯤 와 있는지를 드러내신다. 어느 날 우리 모두 그리스도의 거룩한 재판석 앞에 나타나 우리 자신을 해명해야 한다는 점에서 이러한 점검은 꼭 필요하다. 각 사람의 일은 불로 시험받을 것이다. 남는 것은 뭐든지 상급이 되겠지만 그 밖의 다른 모든 것은 타 없어질 것이다. 금과 은 그리고 남아 있는 귀한 것들이 거기 있는 까닭은 인생의 힘든 질문에 답을 해 왔고 그리스도에게 초점을 맞추며 살아왔기 때문이다.

단테의 작품에서, 그리스도가 한 권역이 다른 권역보다 높은, 수정 같은 다양한 권역을 지나 천국에 들어가는 것이 보인다. 각자 따로가 아니라 하나인 세 원으로 된 빛의 위대한 이미지에 초점을 맞추면서 시가 끝난다.

위기에 처할 때, 고통과 낙담으로 인해 우리는 답을 찾게 될 것이다. 그러나 결국, 우리는 인생의 모든 답을 갖고 있지 않으며 결코 그럴 수 없다는 사실을 알고서, 모호함에 익숙해진다. 놀랍게도, 우리는 인생의 모든 답을 가지고 계시며 우리가 맞닥뜨리는 모든 일들을 이미 겪으신 분을 신뢰할 수 있다. 우리는 통제할 수 없는 것을 통제하려 하고 얻을 수 없는 것을 얻으려고 애쓰는 것을 그만둘 수 있다. 어떤 사람들은 천국에 대한 소망이 예수 그리스도를 통해 살아있다는 것을 오로지 위기 때문에 배울지도 모른다.

길을 잃은 사람들은 대개 세상의 약속을 믿고 산 사람들이다. 그러나 가장 극심한 지옥을 경험하신 예수님은 우리가 일상의 싸움을 다시 생각하고 위기의 한 가운데서도 영원한 소망을 찾을 수 있도록 도와주실 수 있다. 우리는 땅에서 하늘나라 – 도저히 형용할 수 없고 인간의 상상 너머에 존재하는 것이라 어떤 시인이라도 그것을 표현할 예술적 자원을 영영 갖지 못할 것이다 –를 발견할 수 있다.

더 깊은 묵상

1. 「신곡」에서 단테가 여행길에 마주친 세 짐승을 말해보라. 그 짐승들은 무엇을 상징하는가?

2. 예수님께서 광야에서 시험받으신 장면이 나오는 마태복음 4장이나 누가복음 4장을 읽으라. 예수님이 당하신 시험 중에서 어느 시험이 단테가 마주친 각각의 세 짐승을 상징하는지 알아보라. 예수님은 각각의 시험에 어떻게 대응하셨는가?

3. 본문에서 인용한 오스 기니스의 글귀를 읽어보라. 교만에 대해 그가 말한 것에 동의하는가, 동의하지 않는가? 왜 그런가? 다른 사람들과 한번 토론해 보라.

4. C. S. 루이스는 교만이 다른 죄와 어떻게 구별된다고 말하는가?

■ *초점 성경*

요한일서 2장 15-16절을 암송하라.

■ *실천 사항*

일주일간 스마트 폰으로 텔레비전이나 영화를 보지 않고, 소셜 미디어나 게임을 하지 않는 것을 고려해보라. 날마다 들고 다니는 스마트폰을 옛날에 썼던 전화기로만 이용해 보라. 해 볼 수 있겠는가? 이것들이 당신의 삶을 너무 꽉 옥죄고 있지 않은가? 실제로 필요 없는데도 그것들이 필요하다고 합리화하는 건 아닌가?

10

무엇을 구하는가?
(마음의 의도)

　미 해군의 초대형 화물선에 얽힌 오래된 이야기가 있다. 그 배는 어느 날 밤 사우스캐롤라이나에 있는 항구를 향해 항해하고 있었다. 레이더 화면에 깜박거리는 신호가 나타나자, 선장은 무선 통신병에게 이렇게 말했다. "항로를 15도 바꾸라고 저 배에 명령하시오." 통신병은 그대로 메시지를 전했다. 잠시 후 선장을 깜짝 놀라게 하는 회신이 왔다. "*당신*의 배가 항로를 15도 바꾸시오!" 올바른 항로로 항해 중이라고 알고 있었던 선장은 지시를 반복했다. "저 배가 항로를 15도 바꿔야 한다고 저 배에 말하시오!" 회신이 다시 왔다. "*당신*의 배가 항로를 15도 바꾸시오!" 선장은 무선 통신사한테서 수화기를 낚아채어 직접 거기에 대고 버럭 소리를 질렀다. "나는 미 해군 화물선 선장이란 말이오. 나는 올바른 항로로 가고 있소. 당신에게 명령하오. 당신이 항로를 15도 바꾸시오!" 상대방 목소리가 응답했다. "선장님, 여기는 등대입니다. 등대의 항로를 바꿀 수는 없습니다!"

가장 좋은 시절에도, 우리는 모두 뭔가를 추측한다. 나중에 가서야 몇몇 추측은 아주 어리석은 것이었음을 깨닫는다. 어떤 추측은 우리 자신이 중요하다는 생각을 토대로 이루어진 것이다. 많은 사람들이 생각을 잘 못한다. 그 밖의 다른 것들이 우리에게 있는지조차도 모르는 전제들이다. A. W. 토저가 말했듯이 "인류의 역사는 아마도 어느 민족도 종교보다 위대해진 적은 없었다는 사실을 보여줄 것이다. 그리고 인류의 영적 역사는 어느 종교도 그 종교가 생각하는 신의 모습보다 위대하지 않았다는 사실을 적극적으로 보여줄 것이다."[1]

우리는 하나님이 누구시며, 그분과 관련하여 우리는 누구인가에 대한 자기만의 생각을 갖고 있다. 그 생각을 인식하든 인식하지 않든, 혹은 논리적 결론에 이를 때까지 그것을 충분히 생각했든 그렇지 않든, 우리의 전제는 우리의 관점을 형성할 *것이며* 결국 우리의 행동까지 형성할 *것이다*. 하나님의 이야기라는 맥락 안에 우리 자신을 고정시켜두고서, 어떠어떠한 일에 헌신해야 한다고 우리가 주장하는 것들과 실제로 우리가 헌신하고 있는 일들을 면밀히 살펴볼 필요가 있다. 이것들을 주의 깊게 생각하지 않을 때 문제가 발생한다. 그때 우리는 우리가 실제로 구하고 있는 것이 무엇인지 인식조차 못한다.

그래서 무엇을 구하는가? 이것은 복음서에서 예수님이 질문하셨던 것으로 기록된 첫 번째 질문이다.

또 이튿날 요한이 자기 제자 중 두 사람과 함께 섰다가 예수께서 거니심을 보고 말하되 보라 하나님의 어린 양이로다 두 제자가 그의 말을 듣고 예수를 따르거늘 예수께서 돌이켜 그 따르는 것을 보시고 물어 이르시되 무엇을 구하느냐 이르되 랍비여 어디 계시오니이까 하니 (랍비는 번역하면 선생이라) 예수께서 이르시되 와서 보라 그러므로 그들이 가서 계신 데를 보고 그날 함께 거하니 (요 1:35-39)

명쾌하면서도 생각을 자극하는 이 구절은 마음의 의도가 가장 중요하다는 것을 실제로 보여준다. *무엇을 원하느냐? 무엇을 구하느냐?* 사람들이 예수께 나아오는 데는 수만 가지 이유가 있다. 그러나 이 구절의 경우, 예수님은 그들이 *왜* 예수님께 나아오는지 알고 싶어 하지 않으신다. 오히려 그분은 *사람들이 예수님으로부터 무엇을 원하는지* 알고 싶으셨다. 당신은 예수님으로부터 무엇을 원하는지 알고 있는가? 동정인가? 치유인가? 가르침인가? 혹은 어쩌면 제자들처럼 그분과 단지 그날 함께 지내는 것에 더 관심이 있을지도 모른다. 그분은 여기 계신다. 그분은 침묵하지 않으신다. 놀라운 방식으로 당신에게 그분자신을 드러내실 뿐 아니라 무엇보다 그분을 찾는 당신의 의도를 드러내실 것이다. 당신은 꼭 물어봐야 한다.

분명컨대, 우리 자신의 동기를 인식하지 못할 때가 많다. 또한 영원한 관점을 고수하지 못할 때도 많다. 그 이유는 바로 우리가 헌신해야 하는 일들이라고 주장하는, 타협할 수 없는 일들을 검토해 보지 않았기 때문이다. 우리는 논리적인 결론에 이를 때까지 그것들을 충분히 생각하지 않았다. 그리스도인으로서, 놓지 말아야 할 몇 가지 중요한 확신이 있다. 신학자 프란시스 쉐퍼(Francis Schaeffer)는 이것들 중 가장 중요한 것이며 모든 그리스도인들의 토대가 되는 전제를 그의 저서 제목으로 묘사하였다. 그것은 「거기 계시는 하나님」(*He Is There and He Is Not Silent*, 생명의 말씀사 역간)이다.

하나님은 여기 계시며 침묵하지 않으신다

창조주 하나님은 "여러 번에 걸쳐 여러 가지 방법으로"(히 1:1, 새번역) 인간에게 자신을 계시하셨다. 창조를 통해, 우리 양심을 통해, 꿈과 환상과 예언자들과 사도들과 가장 결정적으로는 예수 그리스도의 인격과 사역을 통해 계시하셨다. 인격적인 계시의 가장 선명하고 가장 고결한 형태는 하나님께서 내려오셔서 우리와 같은 사람이 되셨다는 것이다. 예수님의 이야기는 사람이 하나님이 된 이야기가 아니라 하나님이 우리와 같은 사람이 된 이야기다. 그분이 이렇게 하셨기 때문에, 그분은 유혹받는다는 게 어떤 것인지, 거절과 역경과 피로와 배고픔과 목마름과 배신과 그 외 우리가 겪는 모든 것을 어떤 것인지 아신다. 성경이 말씀하는 대로, 우리에게는 우리의 모든 연약함을 동정하실 수 있는 대제사장이 계시다(히 4:15). 당신이 어디에 있든지 혹은 무슨 일을 겪고 있든지 예수님은 상관하실 수 있다.

그분은 그분의 영광스런 삶의 자리로 우리를 들어올리기 위해 우리와 같은 사람이 되셨다. 인간의 몸을 입은 하나님의 계시(육신을 입은 그리스도 자신)는 하나님이 누구신가에 대한 가장 명확한 선언이다. 아버지 하나님을 알고 싶으면 아들 예수 그리스도를 보라. 아버지 하나님이 당신을 얼마나 사랑하는지 알고 싶으면, 아들 예수 그리스도가 그의 주변에서 그를 따랐던 사람들을 얼마나 사랑했는지 보라. 아버지 하나님이 당신을 위해 얼마나 고초를 겪으시는지 알고 싶으면 아들 예수 그리스도가 당신을 위해 얼마나 고초를 당했는지 보라.

하나님 아버지는 무감각하고 어떤 감정도 가지고 있지 않은 분이라고 생각할 때가 종종 있다. 그러나 그건 사실이 아니다. 예수님은 감정이 풍부한 삶을 사셨다. 그분은 하나님의 완벽한 형상이다. 우리가 부르심에 합당하게 충만한 삶을 살지 못하면 하나님은 슬퍼하신다. 비록 그분에게 우리가 필요 없지만, 그분은 우리를 통해 기뻐하시기로 선택하셨다. 왜 그런 선택을 하셨는지 알 수 없지만, 성경이 그것이 사실임을 입증하고 있다.

성경은 하나님의 성품과 방식에 대한 선언이며, 그의 아들을 보내어 구원하시려는 사람들에게 쓴 사랑의 편지이며, 인생을 사는 법에 대한 하나님의 청사진이다. 성경은 우리 마음을 새롭게 하고, 그리스도를 닮은 사고방식을 계발하고, 하나님께 가까이 가기 위해 우리를 사용하는 것이다. 이렇게 하기 위해, 우리는 성경과 맞물려 사는 습관을 길러야 한다.

성경은 지혜와 목적과 믿음과 소망과 사랑이 넘치는 삶을 사는 법을 우리에게 가르쳐 줄 수 있다. 더군다나 하나님은 우리가 이것들을 원한다는 걸 아신다. 그러나 이 위대한 것들은 그것들을 구함으로써 절대 얻을 수 없다. 그것들 자체를 목적으로 삼으면 결코 그것들을 얻을 수 없다. 그것들은 하나님을 추구하는 과정에서 생기는 부산물로서 얻을 수 있을 뿐이다. 다른 무엇보다 하나님 그분을 구할 때 이것들이 흘러넘친다.

성경은 이렇게 말한다. "그런즉 너희는 먼저 그의 나라와 그의 의를 구하라 그리하면 이 모든 것을 너희에게 더하시리라"(마 6:33). 우리가 아무것도 받지 못했다면, 어쩌면 우리 마음속에서 의도적으로 "먼저"라는 단어를 빠뜨렸는지도 모른다. 두 번째나 세 번째가 아니라, *첫 번째를 먼저* 구하라. 만약에 첫 번째 것들보다 두 번째 것들을 추구하면, 두 번째 것들을 얻을 수 없을 것이다. 그리고 첫 번째 것도 놓치게 될 것이다. 선물을 주는 분 말고 선물을 구하라, 그리하면 아무것도 얻지 못하리라. 선물을 주는 분을 구하라, 그러면 그분과의 풍성한 관계로부터 필요한 모든 것이 흘러넘칠 것이다.

우리는 믿는다 그러나 진심인가?

다섯 살짜리 여자 아이가 머리에 왕관을 쓰고 연한 청록색 드레스를 입고 손에 지팡이를 들고서 아빠 사무실에 불쑥 나타나는 장면을 상상해 보라. 아이는 이렇게 말한다. "타다다다! 나는 엘사 여왕이다. 넌 얼었어!" 아빠는 킬킬 웃더니 다시 서류 작업을 한다. 아이는 아빠의 등을 톡톡 두드리더니 아빠를 얼게 하려고 손을 흔든다. 그리고 다시 말한다. "나는 엘사다!" 그래서 아빠는 꼼짝하지 않고 몸이 얼 것 같은 추위에 맞서 싸우는 시늉을 한다. 20초 동안. 여자 아이는 투덜거리며 말한다. " 에잉! 아빠아아아! 날 엘사 공주라고 믿으면 딱 얼어 있어야죠! 적어도 믿는 것처럼 행동을 해야죠!"

우리 문제도 이와 같지 않은가? 자주, 우리는 단지 시늉만 하고 있다. 우리는 믿는 대로 행동하지 않고 있다.

그러나 내 이야기가 주님의 이야기의 일부라고 믿는다면, 난 그분의 이야기를 더 잘 알고 그것을 믿는 믿음에 따라 행동할 것이다. 하나님이 여기 계시고 그분은 침묵하지 않으신다는 사실을 근본적으로 믿는다면, 내가 행하는 모든 일은 이 믿음에서 흘러나온 것이어야 한다. 나는 그분의 임재를 인정할 뿐만 아니라 그분에게 *귀 기울이는* 법도 배워야 한다. 하나님은 스스로 계시는 분이고 말씀하시는 분이시라는 핵심 개념이 모든 것에 대한 나의 관점을 형성해야 한다. 하나님은 누구신가? 나는 누구인가? 우리는 어디에서 왔는가? 왜 여기에 있는가? 어디로 가고 있는가? 우리는 서로 어떻게 관계를 맺어야 하는가?

우주 생물학자이자 우주론자인 칼 사강(Carl Sagan)은 미국 공영방송

PBS에서 방송한 〈코스모스〉에서 "우주는 예전에도 완벽했고, 지금도 완벽하며, 앞으로도 완벽할 것이다"라고 말했다. 이것은 믿음의 명제다. 그 어떠한 과학적 관찰로도 이것을 당신에게 말해줄 수 없다. 과학의 한계는 엄청나다. 그러므로 과학이 모든 답을 가지고 있다고 주장하는 것은 믿음의 진술이다. 우주론은 변동이 심한 과학이다. 만약 당신이 이 분야에서 일한다면, 당신이 할 일은 우주가 어떻게 시작되었는지를 결정하는 것이다. 그리고 단언하건대, 오늘의 이론은 지금부터 몇 년 후에 유행할 이론과 똑같지 않을 것이다. 어떤 우주론자가 오늘의 이론과 결혼한다면, 몇 년 후에 그는 홀아비가 되어 있을 것이다. 그러나 사람들은 아직도 과학의 이론은 절대적으로 증명되었고 절대적으로 사실인 것처럼 붙들고 있다.

왜 그럴까? 믿음으로 살고 싶지 않기 때문이다. 그들은 권위의식을 갖고 싶어 한다. 그래서 그들은 과학이 그들에게 권위의식을 준다고 생각한다. 불행하게도, 당신과 나 역시 그런 식으로 생각할 수 있다. 그러나 우리가 선택을 잘 한다면, 우리의 권위는 하나님의 계시된 말씀에서 나올 것이다. 우리는 튼튼한 기반과 최종적인 권위를 가지고 있다. 그리고 우리의 전제엔 심오한 것들이 함축되어 있다.

핵심은 이렇다. 모든 사람은 믿음의 체계를 가지고 있으며, 무신론자인 과학자라도 그렇다. 만약 당신이 어떤 사람의 내면을 파헤쳐보면, 세계관과 관련된 답을 요구하는 질문들에 대해 깊은 곳에 적어도 흐릿한 생각이라도 갖고 있을 것이다. 불행하게도, 대부분의 사람들은 그들의 전제를 이처럼 흐릿한 상태로 남겨둔 채 살아간다. 하지만 그건 삶을 세울만한 든든한 토대가 되지 못한다. 자신의 믿음 체계를 분명하게 표현할 있는 사람들은 아주 적으며, 자신의 세계관을 명료하게 표현할 수 있는 소수의 사람들 중에 자신의 세계관이 요구하는 삶의 방식에 대해 논리적으로 설명할 수 있을 정도까지 충분히 생각한 사람들의 비율은 훨씬 더 작다. 그런데, *이처럼* 작은 비율의 사람들 중에 그 세계관의 논리적 결론에 함축된 것들을 실제로 따르는 사람들은 극소수다.

당신은 어떠한가? 당신이 무엇을 믿는지 분명하게 말할 수 있는가? 더 중요한 것은, 당신이 믿는다고 말하는 것에 맞추어 행위를 조정하고 있는가? 이미 살펴본 대로, 우리는 모두 세계관을 가지고 있으며, 그 세계관이 우리의 정체성과 근원과 운명 그리고 이 세상에서 어떻게 살아야 하는지에 대한 이해를 형성한다. 다른 말로 하면, 세계관이 가치를 형성하고 가치가 행동에 영향을 미친다. 이 사실이 중요한 이유가 여기 있다. 세상은 바로 당신의 행동을 보기 때문이다.

하나님이 여기 계시고, 그분이 침묵하지 않으신다면 – 하나님이 삼위일체 즉 인격적이고 그분과 관계를 맺기 위해 그분의 형상대로 우리를 지으신 공동체라면, 또한 하나님이 정말로 여러 가지 다양한 방식으로 자신을 계시하셨다면 – 그 전제엔 함축된 것들이 있다. 하나님은 엄청 대단한 존재이거나 전혀 아무것도 아닌 존재이거나 둘 중 하나다.

적당하게 중요한 분은 될 수 없다. 그런데 불행하게도 우리 중 많은 사람들이 그분을 적당히 중요한 분으로 여기고 있는 것 같다.

하나님으로부터 선물을 받고, 그분과 활발하게 의사소통을 하면서 사는 그리스도인들은 삶을 떠받치는 든든한 토대를 부여받은 사람들이다. 궁극적 실재이신 하나님이 우리가 어떻게 살아야 하는지를 정하신다고 알고 있다면, 우리의 삶은 그 앎을 입증해야 한다.

두 선택 이야기?

> 최고의 시절이자 최악의 시절이었다.
> 지혜의 시대이자 어리석음의 시대였다.
> 믿음의 세기이자 불신의 세기였다.
> 빛의 계절이자 어둠의 계절이었다.
> 희망의 봄이자 절망의 겨울이었다.
>
> 찰스 디킨스 (Charles Dickens)

문학작품에서 가장 유명한 예언적 진술이 담긴 작품일지도 모르는 「두 도시 이야기」(A Tale of Two Cities)에서 디킨스는 지나간 많은 시대를 정확하게 묘사했다.[2] 그때나 지금이나 사실이다. 우리는 믿음의 시대와 불신의 시대 속에서 동시에 지금 살고 있다고 말하는 게 타당하다. 지금처럼 사람들이 남의 말을 잘 믿은 적은 없었다. 그리고 지금처럼 회의론이 팽배한 적은 없었다.

우리가 지금 살고 있는 이 시대에서, 생각할 권리를 아예 포기한 채 살고 있는 사람들이 참 많다. "우리는 무엇을 믿는가?" "우리의 역할은 무엇인가?" "우리는 무엇을 해야 하는가?"와 같은 질문들은 자주 받지 않는다. 만약 그리스도인들이 자신들의 세계관을 면밀히 살펴보기 시작한다면, 이 질문들에 대한 답이 더 많을 것이다. 하나님은 누구신가에 대한 근본적인 믿음을 검토하고 나면, 나머지 믿음을 살펴보게 될 것이고 이 믿음 체계를 따라 궁극적인 질문 즉 '무엇을 구하느냐'에 이르게 될 것이다. 우리는 그 질문에 알기 쉽게 대답할 수 있을 것이며 다른 사람들에게 확신을 가지고 질문할 수 있을 것이다.

> 너희 마음에 그리스도를 주로 삼아 거룩하게 하고 너희 속에 있는 소망에 관한 이유를 묻는 자에게는 대답할 것을 항상 준비하되 온유와 두려움으로 하고 (벧전 3:15)

우리가 믿는 하나님이 어떤 분이신가를 먼저 정립해 두어야 한다. 그런 다음, 그분의 형상을 따라 창조되었다는 점에 비추어 우리가 누구인지를 생각할 수 있다. 이 일은 하나님이 누구시며 무슨 일을 위해 우리를 부르셨는지를 충분히 생각한 후에 생길 수 있다. 이 점에 비추어 난 어떻게 생각해야 할까? 나는 어떻게 살아야 할까? 그러나 우리는 언제나 위에서부터 시작해서 아래로 내려와야 한다. 즉 "하나님은 누구신가?"라는 질문에 대한 답에서 "나는 누구인가?"와 "인생을 어떻게 살아야 할까?"라는 질문에 대한 답을 찾아야 한다.

그렇다면, 하나님에 관해 생각할 때 가장 먼저 마음에 떠오른 것은 무엇인가? 하나님에 관한 생각이 우리에게 가장 중요한 일이기 때문에 우리가 그 답을 알면 각 사람의 영적인 미래를 확신 있게 예언할 수 있다고 토저는 말한다.[3]

몇 해 전에 필(Phil)이라는 이름의 젊은 음악가가 그가 참석하려고 한 청소년 캠프장 근처에 사는 노숙자와 친구가 되었다. 그래서 그는 이 친구를 곧장 캠프에 초대했다. 그는 노숙자 친구를 아이들과 어울리게 해 주고 심지어 그의 식탁에서 저녁을 같이 먹자고 초대도 했다. 처음에 아이들은 낯선 이 남자를 경계했는데, 점차 시간이 지나면서 아이들은 그와 함께 있는 것을 즐거워했고 그를 받아들이기에 이르렀다. 어쩌면 그의 주머니엔 돈이 없었는지 모른다. 하지만 그의 말엔 심오한 지혜가 담겨 있었다. 그들 모두 그날 저녁에 초청 연사가 강단에 서는 걸 기다리고 있을 때였다. 이 남자는 자리에서 일어나 통로 아래로 걸어가더니 너덜너덜한 자켓을 벗기 시작했다. 그는 얼굴에 묻은 분장용 "때"를 닦아냈다. 강단엔 "그대는 내가 누구라고 말하는가?"라는 글귀가 새겨진 스포츠 티셔츠를 입은 초청 연사가 서 있었다.

필은 초청 연사가 노숙자처럼 옷을 차려입고서 강조하려고 했던 게 뭔지 즉각 깨달았다. 그날 밤, 그는 숙소로 돌아와서 생각을 정리하고 다음과 같은 글을 썼다.

> 그대는 나를 누구라고 말하는가?
> 그대는 나의 인생을 아는가? 혹은 나에 관해 들어본 적이 있는가?
>
> 그대는 나를 누구라고 말하는가?
> 시간을 들여 나를 알아보지 않을 텐가?
>
> 나는 어린 양 예수 그리스도라네.[4]

때로 하나님은 이 초청 연사와 같다. 그분은 우리가 예상하지 못한 방식으로 자신을 드러내신다. 그리고 세계관을 묻는 질문으로 되돌아가게 된다. 우리가 누구인지에 관한 첫 번째 질문은 우리가 하나님이 누구신지 말하는 것에 대한 질문이다. 이 점을 마음에 새기고 있다면, 그리고 하나님은 스스로 계시는 분이며 예수 그리스도와 성경을 통해 자신을 결정적으로 계시하셨다는 기본 전제를 기억한다면, 이 전제에 논리적으로 함축된 것은 무엇일까? 어쩌면 엄청 많은 것들이 함축되어 있을 것이다. 그러나 골로새서 1장 15-20절을 보면, *인생의 최고는 내가 아니라 하나님*이라는 사실이 가장 중요하다고 말할 수밖에 없다. 모든 만물은 하나님에 의해, 하나님을 위해 창조되었으며, 우리는 하나님을 섬기기 위해 존재하는 것이지 우리를 섬겨달라고 하나님을 설득하기 위해 존재하는 건 아니다. 이 사실을 적용한다면, 우리가 드리는 기도 방식이 십중팔구 바뀔 것이다.

본질적으로, 성경은 그분이 하나님이지 우리가 하나님이 아니라는 점을 끊임없이 상기시킨다. 그러므로 우리는 선택해야 한다. 지혜 혹은 어리석음? 믿음 혹은 불신? 빛 혹은 어둠? 희망 혹은 절망? 세상의 체계는 믿음과 정반대되는 것들과 함께 존재하고 있다는 사실을 볼 줄 알아야 한다. 그러므로 우리는 어느 한쪽으로 치우치지 말아야 한다? 둘 중 하나를 선택해야 하는 이야기처럼 들릴지 모르겠다. 그러나 하나님에 관해 어떻게 생각하는지에 대한 답을 알고 나서야 우리는 정말로 선택을 할 수 있다는 게 맞는 말이다. 루이 기글리오(Louie Giglio) 목사는 다음과 같이 말했다.

> 한 이야기가 있죠. 당신이 지구 행성에 도착하기 오래 전부터 계속된 이야기랍니다. 그 이야기는 당신이 죽은 뒤에도 계속 이어질 것입니다.
>
> 하나님이 선매권이 있고 널리 퍼진 이 이야기의 주인공이십니다. 그분이 이 책의 주인공입니다.
>
> 그분은 존재와 창조와 시간과 인생과 역사와 구속과 영원과 그 외의 것들을 통해 중앙 무대를 통솔하셨습니다.
>
> 당신을 실망시키려고 하거나 혹은 당신이 중요한 존재가 아니라고 넌지시 말하려는 게 아닙니다. 하나님의 광대한 이야기에서 당신이 빠져 있

다고 말하고 있는 것도 아닙니다. 사실은 정반대입니다. 놀랍게도, 책의 매 쪽마다 당신이 등장합니다. 이 세상이 창조되기 오래 전부터 하나님의 생각 속에 당신이 존재했었습니다. 난 그저 명백한 사실을 진술하고 있을 뿐입니다. 그 이야기에는 이미 주인공이 있었으며, 당신도 나도 그 주인공이 아니라는 겁니다.[5]

이 점이 왜 중요한지 이유가 있다. 그 이야기를 명쾌하게 이해하지 않으면 우리 삶의 모든 것은 엇나갈 것이기 때문이다.

엇나가지 않게 되다

"내가 하나님이고 너는 하나님이 아니야." 이 사실을 잊어버릴 때 우리는 스스로 작은 신들 즉 우리가 통제할 수 있고 창조할 수 있다고 생각하는 쥐방울만한 자율적인 대리자를 만들어낸다. 그러나 그리스도인으로서, 우리는 "하나님이 하나님이시고, 내가 하나님은 아니다"라는 명제의 실재와 끊임없이 익숙해져야 한다. 그분이 우리 삶의 중심에 계시다는 것을 발견할 때, 우리의 삶을 다시 얻을 수 있을 것이다.

> 자기 목숨을 얻는 자는 잃을 것이요 나를 위하여 자기 목숨을 잃는 자는 얻으리라 (마 10:39)

이 구절은 하나님이 마치 신적인 폭군처럼 "넌 이것을 해, 그렇지 않으면 이런 결과를 맛볼 줄 알어!"라고 말씀하시는 게 아니다. 오히려, 우리는 그분이 모든 아름다움과 진리와 선함의 근원이시기 때문에 그분이 요구하시는 것을 행한다. 근원되시는 그분을 무시하거나 심지어 근원이신 그분에 맞서 싸우는 것은 영적으로, 도덕적으로, 지적으로 미친 짓이 될 것이다. '하나님만이 하나님이시고, 삶은 그분에 관한 것이다'라는 관점을 유지하는 것이 옳고 타당한 일이다. 하나님을 섬길 때 우리는 완벽한 자유를 얻는다. 그리고 예수 그리스도를 섬길 때만이 우리는 자유로워진다. 다른 주인을 섬길 때 우리는 노예가 된다. 이해하기가 좀 어려울지도 모르지만, 세상을 이해하는 데 있어서 결국 이 문제로 귀결된다.

> 그러나 우리에게는 한 하나님 곧 아버지가 계시니 만물이 그에게서 났고 우리도 그를 위하여 있고 또한 한 주 예수 그리스도께서 계시니 만물이 그로 말미암고 우리도 그로 말미암아 있느니라 (고전 8:6)

우리는 우리 자신을 위해서가 아니라 하나님 아버지를 위해 존재한다. 이것이 바로 예수님이 요한복음 1장에서 "너희가 무엇을 구하느냐?"(38절)라는 질문을 던지셔야만 했던 (그리고 그분은 반복해서 우리에게 물으신다) 한 가지 이유다. 그런데 그 답을 기억하는가? 그것은 신학이나 철학에 대한 것도 아니고 바로 그 한 순간에 예수님을 통하여 세상의 모든 답을 파악하는 것에 관한 것도 아니었다. 답은 그분의 대답 속에 있었다. "와서 보라." 그러므로 *그들이 가서 그날 그분과 함께 거하였다(39절).*

무한하고 인격적인 하나님이 계시고, 그 하나님이 그리스도와 성경을 통해 결정적으로 자신을 계시하였으며 우리와 관계 맺기를 원하신다고 보는 관점에 논리적으로 함축되어 있는 것들은 무엇인가? 그것들을 간추려 보자.

- 우리는 모든 선한 것을 지으신 분과 관계를 맺도록 창조되었기 때문에, 우리의 삶의 목적은 그분을 알고 그분을 닮아가는 것이다.
- 성경은 하나님의 영감으로 되었기 때문에, 우리는 성경의 교훈과 원칙을 배우고, 이해하고, 경험하고, 적용해야 한다.
- 성경은 반문화적이다. 그러므로 우리가 이 땅에 사는 동안에는 언제나 세상과 긴장 관계에 있을 것이다. 우리는 한 길을 따라 삶을 사는 법을 구하겠지만 다른 길이 끊임없이 우리를 끌어당길 것이다.

예수님과 함께 하는 삶은 선물이다. 그러나 우리가 엄청난 선물을 받으면 선물을 준 사람보다 선물에 즉시 시선이 향하는 것 같다. 그리고 적어도 얼마동안은 선물을 준 사람을 깡그리 잊어버린다. 그러나 하나님은 우리의 약함을 아신다(히 4:15). 그분은 우리가 완벽한 동기를 가지고 그분을 추구할 때까지 기다리지 않는다. 만약 그랬다면, 아무도 하나님을 추구하지 못했을 것이다. 그러나 적어도 우리는 그분을 추구하느라 노력하는 데서 그분이 기쁨을 발견할 수 있도록 일을 할 수 있다.

예수님 자신이 기준이다. 하나님이 하나님이시고 나는 하나님이 아니다. 그리고 이 사실을 받아들이면서 우리의 기쁨이 실제로 완벽해진다면 정말 대단할 것이다.

> 만물이 그에게서 창조되되 하늘과 땅에서 보이는 것들과 보이지 않는 것들과 혹은 왕권들이나 주권들이나 통치자들이나 권세들이나 만물이 다 그로 말미암고 그를 위하여 창조되었고 또한 그가 만물보다 먼저 계시고 만물이 그 안에 함께 섰느니라 (골 1:16-17)

우리는 그분 자신을 위해 그분을 의지한다. 그분을 의지하는 쪽으로 인생항로를 선택하는 과정에서 우리는 즐거움을 덤으로 얻는다.

인생항로를 변경하라

일시적인 체계에 맞서 싸울 때 그리스도 안에 있는 자원을 파악하는 것은 정말 중요하다. 당신에겐 성령의 능력이라는 자원이 있다. 만일 성령이 당신의 삶을 통치하도록 초대하고, 당신이 다시 삶을 통제하려고 할 때마다 성령의 임재와 충만을 구하면 성령의 능력으로 승리할 수 있다. 또한 영원한 관점을 가지고 마음을 새롭게 하기 위해 성경을 활용하면, 일시적인 것들을 다른 빛에 비추어 볼 수 있을 것이다.

우리는 내내 "그러면 우리는 어떻게 살 것인가?"라는 질문을 하고 있다. 필의 초청 연사도 비슷한 질문을 했다. "당신은 내가 누구라고 말하는가?" 그리고 이 질문들은 예수님이 제자들에게 처음 하신 질문 즉 "너희는 무엇을 구하느냐"와 똑같은 가치를 전달하고 있다. 그러므로 탐색이 잇따른다. 당신이 그리스도를 따르는 사람이라면, 당신의 진짜 모습과 *당신 마음의 의도*를 찾아내야 한다. 내면 깊은 곳에 있는 당신은 누구인가? 당신 안에 있는 그리스도는 누구인가? 영광에 대한 소망을 가지고 있는가? 그 소망이 당신의 삶을 통해 드러나는가? 이것이 진짜 갈망이자 당신 마음의 의도이다.

사람들이 하나님을 이해하는 데에는 십중팔구 결점이 있기에 예수님 외에 아무도 하나님을 완벽하게 이해할 수 없다. 그러나 당신 마음의 의도가 예수님과 풍성한 관계 속에 사는 것이라면, 당신의 깨어진 이야기는 조각난 것을 다시 합친 것보다 훨씬 나아질 것이다. 당신의 인생항로는 변경될 것이다. 그리하여 당신의 배는 안전한 바다를 항해할 것이며, 어떤 등대도 당신의 항로를 조정하라고 강요하지 않을 것이다. 오히려 하나님이 누구이신지 앎으로써 당신의 인생항로는 변경될 것이다. 그분은 "내가 누구라고 말하는가?"라고 물으려고 변장할 필요가 없으실 것이다. 당신은 이미 하나님을 알고 믿고 있고, 그리고 당신의 세계관 가장 중심부에 있는 그분을 발견했기에 당신은 어떻게 살아야 하는지를 잘 알 것이다.

더 깊은 묵상

1. "우리는 내내 '그러면 우리는 어떻게 살 것인가?'라는 질문을 하고 있다"로 시작되는 단락을 읽어보라(245쪽 참조). 당신 마음의 의도를 명확히 규정해보라.

2. 하나님은 당신과 어떻게 의사소통하시는가? 하나님이 별로 의사소통을 하지 않으시는 것 같다고 느낀다면, 당신이 지각할 수 있고 이해할 수 있는 방식으로 당신과 의사소통을 시작해 주시라고 기도하고 구하라.

■ 초점 성경

골로새서 1장 15-20절을 암송해 보라. 암송을 시작하기 전에 당신이 예수님을 이렇게 생각하고 있는지 점검해보라.

■ 실천 사항

당신의 세계관을 진술하는 대답으로 다음 질문에 답하라. 그리고 영적 멘토와 함께 이야기를 나누라. 당신의 세계관을 적은 후에, 각 항목을 살펴보고 스스로 이런 질문을 해 보라. "나의 행실은 내가 믿는다고 말하는 것과 일치하는가?"

- 하나님은 누구신가?
- 나는 누구인가?
- 우리는 모두 어디에서 왔는가?
- 우리는 왜 여기에 있는가?
- 우리는 어디로 가고 있는가?
- 우리는 서로 어떻게 관계를 맺고 살아야 하는가?

■ *더 깊은 실천*

우리가 구하는 것은 참으로 중요하다. 당신은 무엇을 구하고 있는가? 하나님의 사람들이 역사 속에서 어떤 방식으로 하나님을 구했는지 알아보고 그 방식 중 한 가지를 실천해 보라.

11

영원한 흔적을 남기는 사람

몇 년 전에 우연히 이 짧은 시를 접했다.

아이였을 때 나는 웃고 울었고
시간은 기어갔네.
소년이었을 때 나는 더욱 대범하게 왁스를 발랐고,
시간은 더디갔다.
어른이 되었을 때
시간은 **달렸고**
여전히 매일 늙어가고 있을 때
시간은 **날아갔네**.
죽어가면서 곧 알게 되겠지
시간은 *사라져버린다는 것을*.

시간은 기어가고 그 다음엔 천천히 걸어간다. 시간은 달리다가 곧날아간다. 그런 다음 시간은 사라져버린다.[1] 심오하면서도 간결하고 함축적이다. 그런데 비관적이다. 당신의 이야기가 무엇이든지간에, 그 이야기는 당신의 소망을 잃어버리게 할 수도 있다. 시간은 느릿느릿 가거나 우리 곁을 훌쩍 지나가버리거나 둘 중 하나다.

대신에, 하나님이 여기 계시며 우리의 삶의 세세한 부분이나 방향에 대해 침묵하지 않으신다고 생각하는 사람들의 관점에서 인생을 바라보자. 시간은 여전히 지나간다. 그러나 그런 관점을 가진 사람들은 일상의 아주 작은 결정들까지도 영원이라는 모자이크 안에 놓는 법을 훨씬 잘 알고 있다. 시간은 계속 흘러간다. 그러나 결코 사라지지 않는다. 시간은 투자된 것이다. 행동 하나 하나가 중요하다. 매일 매일은 영원에 우선순위를 두고 예비할 수 있는 기회. 우리보다 훨씬 크고 우리의 상상보다 훨씬 멋진 이야기 속에서 우리는 모두 함께 배역을 맡는다.

세속적인 성취 목표들 너머의 것을 보지 못하는 사람은 획을 그어놓은 채 세속적인 성취에만 몰두한 그의 삶이 어떻게 그의 자아를 인생에서 가장 큰 것으로 만들어 버렸는지 결코 온전히 알 수 없을 것이다. 그러나 삶이란 진실로 하나님의 이야기이며 그 이야기 속에서 자신의 역할을 발견하는 것이라면, 이러한 근시안적인 태도는 무시해서는 안 될 우상 숭배를 함축하고 있다.

지금이든 우리의 예상보다 더 빠른 어느 날이든, 시간은 우리의 관점이나 세계관과 상관없이 우리보다 훨씬 빨리 흘러가는 것처럼 보일 것이다. 이 사실에 비추어 보면, 스스로에게 심각한 질문을 던져 보는 게 현명할 것이다. "나는 이 세상에 어떤 흔적을 남기길 원하는가?", "지금 내가 하는 일은 영원히 지속될 무언가를 향해서 하는 일인가?", "나는 누구를 섬기고 있는가?"

영원한 관점을 가지면 우리는 늘 영원에 우선순위를 두고 예비하게 된다. 그러나 궤도에서 벗어나기가 쉽다. 책 읽기를 멈추고 잠시 쉬면서 이 질문들에 대한 답을 생각해 보고 싶을 지도 모르겠다. 어쩌면 답을 적어보고 싶을지도 모르겠다.

흔적 남기기

예전에 수업을 하다가 유성 마커펜을 우연히 집어들어 화이트보드에 뭔가를 쓴 적이 있다. 말할 필요도 없이, 마커 자국을 없애기 위해 온갖 지우개를 다 써 봤지만 자국은 화이트보드에 그대로 남아 있었다. 그러나 화이트보드가 아니라 인생이라는 칠판 위에 영구적으로 남을 어떤 것을 우리는 모두 정말로 성취하고 싶은 건 아닐까? 우리는 잊혀지고 싶어 하지 않는다. 그러므로 영원한 관점을 가진 우리 같은 사람들은 우리가 내리는 결정들과 우리가 취하는 행동들이 보다 큰 이야기 – 역사 속으로 사라질 우리의 이야기가 아니라 영원 속으로 들어갈 영구 마커 형태인 하나님의 이야기 –에 기여할 수 있기를 소망하고 그렇게 될 줄로 믿는다. 영원한 패러다임을 선택한다는 것은 지금은 흔적이 남아 있지만 결국 쉽게 지워지고 말 인생이 아니라 영원히 중요한 인생을 살기로 선택한다는 것을 의미한다.

몇 년 전에 한 친구가 한 말 때문에 마음이 무척 불편했던 게 기억난다. 그 친구는 내게 이렇게 말했다. "난 세상을 바꾸고 싶어. 어떻게 바꿀지는 상관하지 않아. 그저 내가 죽은 후에 사람들이 나를 기억해 주길 바랄 뿐이야."

내 친구만 세상이 중요하다고 선언하는 것을 추구하고 싶은 건 아니다. 우리 모두 영원히 중요한 어떤 일을 하길 원한다. 그러나 (그녀가 이 사실을 모를지라도) 이렇게 해서는 *영원한* 흔적을 남길 수 없다. 크레용으로는 영원한 흔적을 만들 수 없다. 우리는 우리 마음의 의도를 감찰하시는 하나님을 섬긴다. 우리 이름이 얼마나 오래 기억되든지 간에 우리가 무엇을 *어떻게 하는지가* 영원에 비추어 볼 때 정말 중요하다. 그리고 그것은 우리가 하나님을 기쁘시게 하기 위해 노력하든 아니면 사람들의 추앙을 받기 위해 노력하든 이것보다 훨씬 중요하다.

우리는 모두 중요해지고 싶고 우리가 의미 있는 존재라는 걸 안다. 우리는 우리가 받은 삶을 낭비하지 않았다고 확신하길 원한다. 우리는 시간이라는 지우개가 인생이라는 화이트보드를 가로질러 여행할 때 우리의 이름이 사람들의 마음에서 사라지는 걸 원치 않는다. 그러나 영원한 관점은 영향을 끼치기 위한 세상의 방법으로부터 멀어지게 하고 우리의 시간을 영원으로의 투자로 보는 방향으로 이끌 것이다.

예수님이 흔적을 남긴 방법

영화 〈굿바이 뉴욕 굿모닝 내 사랑〉(City Slickers)에서, 빌리 크리스탈(Billy Crystal)은 라디오 광고 시간을 파는 지루한 베이비붐 세대인 미치 로빈스(Mitch Robbins)역을 한다. 어느 날, 그는 직업 체험의 날(Career Day)을 맞이하여 아들의 학교를 방문한다. 이 영화의 가장 중요한 순간에, 그는 직업에 관한 연설에서 빗나가 다음과 같은 이야기를 꺼내 교실에 꽉 찬 학생들을 어리둥절하게 한다.

> 여러분 인생에서 지금 이 시간을 귀하게 여기세요. 여러분 인생에서 지금 이 시간은 여러분이 여전히 선택권을 가지고 있을 때이니까요. 그리고 시간은 너무나 빨리 흘러가니까요. 여러분이 십 대일 땐, 뭐든 할 수 있다고 생각하고 실제로 그렇게 하지요. 이십 대는 희미해요. 삼십 대엔 가족을 돌보고, 아이를 기르지요. 돈도 조금 벌고요. 혼자서 이런 생각을 할 거예요. "이십 대에 무슨 일이 있었더라?" 사십 대엔 배가 조금씩 톡 튀어나오고, 턱이 하나 더 생겨요. 음악을 너무 크게 틀기 시작하지요. 고등학교 시절의 옛날 여자 친구 중 한 명은 할머니가 되고요. 오십 대엔 작은 수술을 받아요. 그것을 "절차"라고 부르겠지만 수술은 수술이죠. 육십 대엔 큰 수술을 받지요. 음악은 아직도 크게 틀지만 그건 중요하지 않아요. 귀가 어두워져 어쨌든 그 음

악을 들을 수 없을 테니까요. 칠십 대엔 여러분과 아내가 포트로더데일(Fort Lauderdale, 미국 플로리다주에 있는 도시로 은퇴노인들이 선호함 - 역자 주)로 이사해요. 2시에 저녁을 먹기 시작하고, 10시 경에 점심을 먹고, 그 전날 밤에 아침을 먹어요. 가장 부드러운 요거트를 찾느라 쇼핑몰을 돌아다니면서 대부분의 시간을 보내요. 그리고 이렇게 중얼거리지요. "애들은 도대체 왜 전화를 안 하는 거지?" 팔십 대 쯤엔, 이미 심각한 뇌졸중을 앓고 있죠. 결국 여러분의 아내가 정말 싫어하는 사람이지만 여러분이 엄마라고 부르는 자메이카 출신 간호사에게 횡설수설하면서 인생을 마감해요. 질문 있나요?[2]

카메라는 아이들에게로 장면이 바뀐다. 아이들은 무슨 말인지 몰라 멍한 눈으로 빤히 쳐다보고 있다. 그들은 방금 들은 이야기에 대해 *아무 생각이 없다*. 그러나 그 영화를 보는 관객들은 지금 하고 있는 일은 중요하지 않다고 확신하는 한 남자를 그냥 쭉 보고 있었다는 걸 안다. 로빈스에게, 인생은 증기처럼 사라져버리는 것이다. 그는 자신의 중요성을 찾고자 필사적으로 몸부림치고 있다는 게 그의 재미난 연설로 분명해진다. 이 연설은 우리를 한바탕 웃게 하지만, 인생은 흐릿해질 수 있으며 우리는 모두 목마른 사슴이 시냇물을 찾듯 의미를 갈망하고 있다는 점을 잘 묘사한다.

로빈스가 인생을 보다 의미 있게 살기 위해 무엇을 했어야 할까? 그 목표를 향해 우리는 지금 무엇을 하고 있는가? 늘 그렇듯이, 예수님을 본보기 삼아 바라보면, 그분은 모든 것을 거꾸로 뒤집는다. 이 땅에 산 사람 중에 가장 잘 알려진 이름인 예수 그리스도는 (자신의 영광이 아닌) *아버지*의 영광을 위해 그리고 (자신의 유익이 아닌) *우리의* 유익을 위해 모든 것을 내어줌으로써 흔적을 남기셨다.

우리는 보통 다른 사람을 섬기는 것을 가장 먼저 생각하지 않는다. 우리는 흔적을 남기기 위해 일하고 세상의 사랑을 얻으려고 안달한다. 그러나 예수님은 세상을 구하시려고 우리의 흔적을 짊어지셨다. 얼마나 큰 차이인가? 예수님이 십자가에 달려 "다 이루었다"라고 선포했을 때, 그분은 마무리한 사역에 대해 말씀하고 계신 것이었다. 예수님을 주님과 구세주로 영접하는 사람에게는 과거와 현재와 미래의 모든 죄에 대해 죄 값이 완전히 치러졌다. 예수님은 여러분과 나에게로 - 우리와 꼭 같은 사람으로 - 내려오심으로써 흔적을 남기셨고, 아버지의 뜻에 의해서만 높아지셨다. 우리의 목표는 예수님의 마음을 품는 것이어야 한다.

> 그는 근본 하나님의 본체시나 하나님과 동등됨을 취할 것으로 여기지 아니하시고 오히려 자기를 비워 종의 형체를 가지사 사람들과 같이 되셨고 사람의 모양으로 나타나사 자기를 낮추시고 죽기까지 복종하셨으니 곧 십자가에 죽으심이라 이러므로 하나님이 그를 지극히 높여 모든 이름 위에 뛰어난 이름을 주사 하늘에 있는 자들과 땅에 있는 자들과 땅 아래

있는 자들로 모든 무릎을 예수의 이름에 꿇게 하시고 모든 입으로 예수 그리스도를 주라 시인하여 하나님 아버지께 영광을 돌리게 하셨느니라
(빌 2:6-11)

와우! 지금껏 이 세상에 남겨진 흔적 가운데 가장 영원한 흔적은 하늘에서 내려와서 섬기고 자신을 온전히 내어주고 낮아지신 한 분에 의해 이루어졌다. 그분이 내려오신 결과, 우리의 마음은 우리를 사랑하시고 우리를 뒤쫓으시며 우리를 그분께로 이끄시는 하나님의 제안에 화답하여 지금 올라갈 수 있다. 그분이 먼 폭군으로 이해될지 모르지만 전혀 그렇지 않다. 오히려 그분은 우리를 애타게 찾으시고 사랑받는 친구요 자녀로 우리를 부르신다. 그리고 아버지를 섬김으로 우리도 그분을 섬기는 것을 배울 수 있게 하신 것은 한 사람 즉 하나님의 아들의 선택이었다.

우리는 깨어진 세상에 살고 있다. 그래서 하나님을 섬기는 것이 영원히 우리 이름을 떨치는 길이 될 수 있다는 사실을 깨닫는 건 무척 어렵다. 우리는 자신을 낮추지 않고 우리의 실력으로 우리의 방식에 따라 하나님을 찾으려는 유혹을 받는다. 우리의 창조주와 다시 연결되고 싶은 신적인 갈망은 우리로 하여금 우리 능력을 뛰어넘는 어떤 것을 열망하게 한다. 우리 중 많은 사람들은 더 위대한 것을 갈망하지만 경건의 모양만 갖춘 덜 위대한 것에 만족해버린다. 거기엔 메시야의 할 수 있게 하는 은혜는 전혀 담겨 있지 않다.

신뢰의 표지

세계의 많은 언어들처럼, 그리스어는 "알다"에 해당하는 두 단어가 있다. 두 단어를 이해하면 이 문제를 실제적으로 보는 데 도움을 얻을 수 있을 것이다. 오이다(oida)라는 단어는 지적이고 인지적인 앎을 의미하는 반면, 기노스코(ginosko)라는 단어는 경험적이고 인격적인 앎을 다룬다. 교회를 위한 사도 바울의 많은 기도는 후자의 정의를 의미한다. 바울은 실제적인 믿음의 행위를 통해서 주님을 정말로 이해할 수 있다는 걸 말하려고 이 단어를 사용한다. 두 단어의 차이는 낙하산의 작동법을 지식적으로 아는 것과 실제로 낙하산을 몸에 걸치고 비행기에서 뛰어내리는 것과의 차이와 같다. 둘 중 한 가지만 실재를 경험하게 해 줄 수 있다.

세상에서 영원한 흔적을 남기려면 급진적인 관점, 즉 낙하산을 의지하는 것처럼 하나님을 신뢰하는 태도가 필요하다. 하나님이 계시다는 것과 하나님의 영이 아들의 성육신을 통해 아버지의 이야기로 인도하신다는 것이 기독교의 첫 번째 전제라면, 이 두 번째 전제가 뒤따라야 한다. 즉 하나님과 인격적인 관계를 맺고 그분을 신뢰함으로써 성장하는 것이 그리스도인의 가장 높은 삶의 목표라는 것이다. 이것은 영원한 세상에서 받을 배당금이 보장된 투자다. 이러한 경험적인 배움을 통해 우리는 하나님과 풍문으로 아는 사이가 아니라 직접 얼굴을 보고 아는 사이가 된다. 그때 우리는 우리의 마음과 생각이 그분과 일치되어 점점 더 그분을 닮아가길 구한다.

시간, 기회 그리고 추정

비록 우리는 모두 영원한 존재이지만, 시간이라는 차원을 피할 길은 없다. 우리는 영원의 이편에서 우리에게 주어진 매 순간을 사용하여 그리스도를 우리 마음에 모셔야 한다. 그리하여 그분이 우리의 중심 의도를 조정하실 수 있게 해야 한다. 그때 우리는 한 가닥 실과 같은 우리 삶을 잘 짜서 그분의 이야기라는 아름다운 천을 자아낸다. 이런 식으로 하면, 우리 삶의 모든 측면은 하나님의 거룩하신 은혜를 통해 영적인 것이 될 수 있다. 그때 우리는 우리 삶의 모든 측면을 그분을 위해 따로 떼어 놓는다. 우리 삶이 어떻게든 하나님과 그분의 초월적인 나라와 관련되지 않는다면 다른 것은 아무것도 중요하지 않다. 그분이 하나님이시지 우리가 하나님은 아니다. 또한 하나님이 인생의 전부이지 우리가 인생의 전부는 아니다. 여기에 함축된 의미들은 놀랍기 그지없다. 그리고 가장 중요한 흔적은 하나님이 우리에게 남기라고 한 흔적이다.

1993년에, 영화배우 겸 무술가인 브랜든 리(Brandon Bruce Lee, 유명한 액션배우, 이소룡의 아들)는 영화 〈크로우〉(The Crow) 촬영장에서 총기사고로 죽었다. 그의 나이 스물여덟이었다. 그는 약혼녀와 두 건의 출연 예정 영화와 성공한 것처럼 보이는 수년간의 경력을 남겨 놓고 떠났으며, 창창한 인생을 앞에 두고 떠나고 말았다. 결혼식을 겨우 17일앞두고 세상을 하직하는 바람에 주위를 더욱 안타깝게 했다. 리는 결혼식 청첩장에 작곡가 겸 소설가 폴 바울스(Paul Bowles)의 책 「보호해주는 하늘」(The Sheltering Sky)에서 인용한 글을 실었다. 묵직하고 예언적인 글이었다.

> 우리는 언제 죽을지 모르기 때문에, 인생을 마르지 않는 샘물처럼 생각하게 된다. 그렇다 하더라도 모든 일은 실제로 몇 번 밖에 아니 훨씬 적게 일어난다. 어린 시절의 어떤 오후 즉 당신의 존재의 한 부분에 너무나 깊이 박혀 있어 그것 없이는 인생을 생각할 수조차 없는 어떤 오후를 앞으로 몇 번이나 더 기억할까? 아마도 네 번이나 다섯 번 더? 어쩌면 그 보다 적을 수도 있다. 둥근 보름달이 떠오르는 것을 앞으로 몇 번이나 더 볼 수 있을까? 어쩌면 스무 번은 더 볼 수 있을지도 모르겠다. 그렇다하더라도 모든 게 무한한 것처럼 보인다.[3]

리는 이 글이 얼마나 선견지명이 있는 글인지 전혀 몰랐다. 그는 둥근 보름달이 떠오르는 것을 다시는 영영 보지 못했다. 하지만 그건 주제넘지 않는 지혜다. 미래를 추정하는 것은 굉장히 위험천만한 일이다. 특히 그 추정이 당신이 세상의 모든 시간을 가지고 있다는 신념으로 이끈다면 더욱 위험하다. 이것은 우리 중 많은 사람들이 저지르는 실수이며 우리가 돌보는 사람들의 뜻밖의 장례식이 우리의 허를 찌르는 이유다.

　브랜든 리와 달리, 많은 사람들은 그들에게 부여된 시간에 대해 지금도 추정하고 *있다*. 어떤 사람들은 영원한 패러다임으로의 전환을 고려해보다가 일시적인 패러다임이 훨씬 매력적인 것을 발견하고는 하나님에 관한 문제는 나중에라도 다룰 수 있을 것이라고 가정했다. 그들은 이 신념을 큰 소리로 분명하게 표현한 적은 없을지라도, 내면 깊은 곳에서는 이렇게 생각하고 있을 것이다. "교회, 하나님? 응. 그래, 교회가 기다려주겠지. 하나님이 기다려줄 거야." 그들은 결혼을 하고 아이를 낳고서도 어쩌면 그것을 다시 생각하기 시작할 것이다. 그러나 하나님에 대한 결정을 미루면 결국 영원히 결정하지 않게 되기 마련이다. 하나님을 피하면서 삶의 모든 여정을 지나왔다면, 나중에 마음의 진정한 변화가 생길 것이라고 굳이 왜 상상하겠는가?

　우리가 기나긴 인생을 산다면, 이 땅에서의 마지막 날들은 켜켜이 쌓인 지나온 날들을 반영할 것이다. 습관과 관점에 대해서라면 특히 그렇다. 시간을 최대한 활용한다는 것은 이러한 관점을 지금 점검해보기 시작한다는 것을 의미한다. 어떻게 흔적을 남기려는가? 누구를 섬길 것인가? 지금 추구하고 있는 것이 정말로 영원히 중요할 것인가?

세월을 아끼고 약속을 지키기

우리에게 우리 날 계수함을 가르치사 지혜로운 마음을 얻게 하소서 (시 90:12)

성경에서, 언약이란 우세한 당사자와 열등한 당사자 사이에 맺은 구속력 있는 관계를 의미한다. 이러한 행위는 약속을 지키기 위해 각자 목숨까지도 기꺼이 내어놓겠다는 것을 상징했다. 언약을 깨뜨리는 쪽은 죽음의 벌을 달게 받아야 했다.

예수님은 십자가에 못 박히기 전 최후의 만찬에서 이렇게 선언하셨다. "이것은 죄 사함을 얻게 하려고 많은 사람을 위하여 흘리는 바 나의 피 곧 언약의 피니라"(마 26:28). 이 선언은 언약을 맺으시고 언약을 지키시고 언약을 존중하도록 우리에게 힘을 주는 분이신 하나님이 보여주시는 이례적으로 독특한 그림이다. 우리는 성경을 계약서나 역사적인 문서가 아니라 주님이 보내신 살아있는 사랑의 편지로 받아들여야 한다. 아브라함과 언약을 맺으셔서 많은 민족을 창조하신 동일한 그 하나님이 예수 그리스도를 통하여 우리와 언약을 맺으신다. 우리의 하나님이 우리에게 내려오셔서 그분의 흔적을 남기신다. 작가 몽 스미스(Mont Smith)는 이 사실을 다음과 같이 표현했다.

> 언약을 가지고 아브라함에게 다가가시는 바로 그 행동으로, 하나님은 그분의 능력을 엄청나게 제한하시겠다는 제안을 하고 계셨다. 어떤 사람이 약속을 할 때, 그 사람은 무수히 많은 미래의 가능한 행동을 없애버린 것이다. 그는 약속한 그 한 가지 행동만을 해야 한다. 하나님은 아브라함과 맺은 언약의 결과로서 일련의 모든 행동을 하신 것이었다.[4]

그리고 하나님은 그분의 아들을 통해 우리와 맺은 언약을 계속 지키고 계신다. 이 점을 잠시 생각해보라. 이것은 어마어마한 계시다. 그리고 그것은 또한 우리가 맺은 다른 모든 언약의 관계도 당연히 밝혀 준다. 우리는 인간의 모든 약속과 합의를 겉으로 보이는 것 이상의 어떤 것으로 볼 줄 알게 된다. 한 남자와 한 여자가 결혼할 때, 그들은 둘이서 언약을 맺고 있는 것만은 아니다. 그들은 하나님과 언약을 맺고 있는 것이며 그때 둘은 한 몸이 된다. 이와 같이, 우리가 인간 권위자를 섬길 때, 우리는 하나님과 이 땅의 주인들과 맺은 언약을 지킨다는 생각으로 성심성의껏 주께 하듯 실제로 섬길 수 있다. 이렇게 할 때, 성과 속의 구분이 없어지며 무슨 일을 하든 거룩한 사명이 된다. 그러므로 우리는 일시적인 맥락 안에서도 언약을 유지한다. 그리고 시간을 아끼면서 우리의 흔적을 남기려고 노력한다. 주님이 우리 안에서 일하고 계시기 때문이다.

유대인들은 모세오경을 하나님과 그들 사이의 언약을 정리해 놓은 것으로 인식했다. 우리도 똑같은 방식으로 성경을 인식한다. 즉 성경은 성령의 감동으로 된 초록으로 하나님과 인간의 관계를 다루고 있다. 성경은 우리가 이해하고 경험하고 그 교훈과 원리를 날마다 적용하기에 굉장히 지혜로운 책이다. 그때 우리는 하늘 아버지와 맺은 언약을 한층 더 진지하게 바라보기 시작한다.

그곳을 바라보며 여기에 살다

영화감독 우디 알렌은 인생의 커다란 문제들을 탐색하며 살았다. 그가 인생에 대해 사색한 내용들은 배꼽 빠지게 웃기면서도 울적하게 한다. 그것들은 우리 사회의 세속적인 질문들을 정확하게 반영할 때가 종종 있다. 하지만 그것들이 찾는 거룩한 답을 결코 발견하지 못한 것 같다. 언젠가 알렌은 그가 진지하게 사색한 것들을 (평소의 위트로 꾸며서) 나눈 적이 있다.

> 언젠가 어떤 사람이 저에게 제가 사랑하는 사람들의 마음속에서 살고 싶은 게 꿈인지 물은 적이 있습니다. 전 이렇게 대답했죠. "전 제 아파트에서 살고 싶습니다." 그게 바로 제가 정말로 좋아하는 것입니다… 어느 날 내가 급사했는데, 많은 사람들이 날마다 하루 종일 저를 칭송하는 노래를 한다 해도 그건 아무 소용이 없는 것입니다. 저는 제 일을 통해서 불멸에 이르고 싶지 않습니다. 저는 죽지 않고 불멸에 이르고 싶습니다. [5]

이렇게 말한 우디 알렌은 언젠가 "난 죽는 게 두렵지 않소. 단지 그 일이 일어나면 그곳에 가고 싶지 않을 뿐이오"[6]라고 말한 적도 있다.

이건 아주 흥미로운 관찰이다, 유명인사를 신처럼 높이 떠받드는 문화에서 특히 그렇다. 그러나 대부분의 유명인사의 명성도 그의 세대보다 더 오래가지 않을 것이다. 그 다음엔 어떻게 될까? 세대가 지나면,

유명인사들은 누군가가 족보를 찾을 때 나오는 이름에 불과하게 될 것이다. 그리고 우리가 가장 두려워하는 것 즉 잊혀진 이름, 무의미한 이름이 될 것이다.

성경은 세상에서 가장 반문화적인 책이며 언제나 그럴 것이다. 우리는 성경을 희석시키거나 우리 문화와 일치시키라고 부름 받은 사람들이 아니다. 오히려 우리는 세상의 문화가 무슨 말을 하든지 간에 성경을 따르라고 부름 받은 사람들이다. 감사하게도, 성경은 우리가 말씀 안에서 어떻게 살아야 할지에 대해 통찰을 얻게 해 준다. 성경에는 우리가 마땅히 되어야 할 유형의 사람들의 이야기가 계시되어 있다. 하나님의 빛이 우리를 통해 일시적인 것의 어둠속을 뚫고 지나가도록 하기 위해서다. 이 점은 우리가 중요한 존재라는 사실을 깨닫게 한다. 우리는 결코 잊혀지지 않을 것이라고 약속하신 한 분이 계시니까 말이다.

실제적으로 말하자면, 성경 말씀은 하나님의 성령과 연합하여 우리를 날마다 진리 가운데로 인도하는 일을 한다. 그러한 지혜는 값을 매길 수 없다. 누가복음 16장 14절에서 말한 것처럼, 가장 종교적인 사람들조차도 남을 비웃는 자들이 될 수 있다. 돈을 좋아하고, 은혜의 우산 아래서 겸손하게 살기보다는 높은 자리에 앉아 통제하는 삶을 살려는 바리새인들처럼 말이다. 이렇게 사는 사람들에게 예수님은 말씀하신다. "너희는 사람 앞에서 스스로 옳다 하는 자들이나 너희 마음을 하나님께서 아시나니 사람 중에 높임을 받는 그것은 하나님 앞에 미움을 받는 것이니라"(눅 16:15).

우리가 정말로 표정 관리에 능통하더라도, 사람들은 우리가 깊은 곳에 감추고 있는 인격을 정말이지 결코 모를 수 있다. 하지만 우리는 우리 마음을 아시는 하나님을 결코 속일 수 없다. 성경말씀을 응시함에 따라 우리는 하나님이 사용하시는 거울을 응시하는 우리 자신을 발견하게 될 것이다. 하나님은 그 거울로 우리가 정말로 누구인지, 그분이 우리를 얼마나 사랑하시는지, 우리를 구속하기 위해 얼마나 위대한 계획을 갖고 계시는지 보여주신다. 이 선물이 없으면, 우리는 우리 자신의 능력을 믿기 시작할 것이다. 우리는 과찬이나 성취에 의해 너무나 쉽게 현혹되어 이것들을 추구하기 시작할 수 있다. 과찬이나 성취는 가장 중요한 보이지 않는 것들을 가리는 그림자일 뿐인데 말이다.

성경에서 중요한 계시 중 하나는 이 땅에서 잠시 머무는 삶은 하나님과 함께 훨씬 위대하고 궁극적인 시민권을 갖기 위한 출발점이라는 것이다. 내 친구 중 한 명이 표현한 대로, 우리는 "그곳을 바라며 여기에" 혹은 "그때를 바라며 지금" 살도록 부름 받은 사람들이다. 이 말은 우리 삶이 중요해지는 순간을 바라며 우리가 죽는 날까지 기다리고 있다는 뜻이 아니다. 오히려 우리의 임무는 하나님 나라를 우리가 하는 모든 일들을 통해 이 땅에 가져오는 것이다. 그러므로 우리의 선택과 희생과 행동이 중요하며 그것들은 영원 속으로 울려 퍼진다. 우리가 주님과 맺은 관계는 죽음 이후에 훨씬 더 선명해질 것이다. 그러나 우리가 이 땅에서 남이 볼 때나 보지 않을 때 다른 사람들을 어떻게 대우했는지에 대한 책임도 더 선명해질 것이다.

이 땅에서의 삶은 게임이 아니다. 또한 나머지 영원한 삶과 무관한 일종의 단순한 속편도 아니다. 우리는 지금도 거룩한 구속의 이야기를 활발하게 살아내고 있다. 예수님이 이렇게 기도했듯이. "영생은 곧 유일하신 참 하나님과 그가 보내신 자 예수 그리스도를 아는 것이니이다"(요 17:3). 주님을 따르는 사람들에게는 "영원한 삶"이 이미 시작되었다.

알렌의 말이 상기시키듯이, 죽음이 어느 날 우리를 맞이할 것이다. 그러면 *이 땅의 삶*에서 중요한 기회들은 사라져 버릴 것이다. 그러나 그날에 모든 것들은 거룩하신 하나님의 불로 연단을 받을 것이며, 그분이 가치 있다고 선언하는 것만 중요하게 될 것이다. 그때까지는, 하나님 나라의 정신과 하나님 나라 자체이신 하나님을 끊임없이 추구하며 우리의 *지금*을 살아감으로써 *그때*를 준비하는 게 지혜로운 일일 것이다. 하나님이 그때를 준비하라고 우리에게 주신 말씀을 활용해야 함은 물론이다.

당신은 누군가를 섬길 것이다

악마일 수도 있고 아니면 주님일 수도 있지요. 하지만 당신은 누군가를 섬길 거예요.

밥 딜런 (Bob Dylan)

밥 딜런의 노래엔[7] 여호수아 24장 15절 말씀에 담긴 진리가 가득 차 있다. "만일 여호와를 섬기는 것이 너희에게 좋지 않게 보이거든… 너희가 섬길 자를 오늘 택하라." 우리는 모두 선택해야 한다. 그리스도를 섬기면 완벽한 자유를 얻는다. 하지만 그밖에 우리가 충성을 바치는 대상은 무엇이 됐든 우리를 노예로 삼는다. 그런데 우리는 이 사실을 정말로 잘 알아야 한다. 그렇지 않으면 기나긴 인생길을 걸어간 후에야 경험으로 이게 맞다는 걸 뼈저리게 알게 된다. 우리는 창조주 하나님에 의해 지음 받았으며 그분을 섬기기 위해 존재한다. 우리를 섬겨달라고 그분을 설득하기 위해 존재하는 게 아니다. 이 사실을 일찍 깨달을수록, 그분께 우리의 믿음을 고정시키며 사는 동안 세상에 일찍 영원한 삶에 대한 인상을 남기는 걸 시작할 수 있다.

영원한 관점은 돛과 같아서 우리가 가지 말아야 할 방향으로 표류하지 않게 해 준다. 자기를 중심으로 살지 않고 *그리스도를 중심으로* 사는 법을 배울 수 있게 된다. 중국인 목사 겸 작가인 워치만 니(Watchman Nee)가 「그리스도, 모든 영적인 것들의 전부」(*Christ the Sum of All Spiritual Things*)에서 말하듯이 그리스도가 모든 것의 중심이며, 우리가 원하는 모든 것과 우리가 행하는 모든 것 그리고 우리가 뒤에 남기는 모든 흔적의 중심이다. 그리스도 중심으로 패러다임을 전환하는 일은 삶의 필수다. 전환이 그렇듯이 전환은 우리를 구원으로 이끈다. 또한 그 전환은 우리의 관점을 완전히 갱신시켜야 한다.

그러나 불행하게도, 영원한 관점은 매일 매일 세상의 자극을 받아 뒤집힐 수 있다. 세상에 속한 일시적인 관점은 언제나 우리를 영원한 관점에서 멀어지게 하려고 시도할 것이며, 자기중심과 그리스도 중심 사이를 또는 우리 자신의 이야기를 사는 것과 그분의 이야기 속에서 사는 것 사이를 왔다 갔다 하게 만들어 손바닥 뒤집듯 영원한 관점을 홱 뒤집을 것이다. 그렇게 되면 우리는 속아 넘어가 우리의 최고의 관심사에 대해 우리가 더 나은 발상을 가지고 있다고 생각하게 된다.

사실, 하나님은 언제나 우리의 최고 관심사를 마음에 품고 계신다. 이 사실을 알 때, 그분에 대한 신뢰가 시작될 수 있다. 신뢰는 친밀함에서 나오며, 친밀함은 그분과 함께 시간을 보내는 데서 나온다. 처음엔 이 습관을 들이기 위해 연습하는 게 꽤 힘들 수 있다. 그러나 실패한 시도들을 곱씹지 말고 다양한 영적 훈련을 통해 그분의 임재 안에 거하는 것을 연습해 보려고 다시 시도하는 게 현명한 일일 것이다. [영적 훈련을 소개받으려면, 리처드 포스(Richard J. Foster)의 「영적 훈련과 성장」 *(Celebration of Discipline*, 생명의 말씀사 역간*)* 이나 존 오트버그(John Ortberg)의 「평범 이상의 삶 365 묵상집」*(The Life You've Always Wanted*, 사랑플러스 역간*)*을 읽는 게 좋을 것이다]

하나님의 임재 안에 거하는 연습을 함에 따라, 하나님을 신뢰하는 삶의 기본을 터득하기 시작할 것이며, 그분의 세상에 영향을 끼치라고 우리에게 주신 독특한 발판을 이해하기 시작할 것이다. 날마다 그분을 신뢰하는 연습을 함으로써, 우리는 그분이 우리에게 하라고 하신 일은 뭐든 언제나 우리의 최고 관심사 속에 있다는 걸 깨달을 것이다. 비록 우리의 잣대로는 힘들고 보잘 것 없어 보이더라도 말이다. 그분에 대한 신뢰의 길을 가는 가장 좋은 방법은 그분과의 관계와 다른 사람과의 관계에 시간을 들이는 것이다. 타자 중심의 관계는 그리스도에 대한 사랑을 표현하는 것으로서 천국에서 통용되는 것이다. 우리가 그리스도처럼 겸손하게 타인을 향해 손을 내밀 때, 우리는 그분의 발자국을 따라 걷고 있는 것이며 우리 뒤를 따라오는 사람들을 위해 보다 영구적으로 길을 표시하고 있는 것이다.

더 깊은 묵상

1. 이 세상에서 어떻게 흔적을 남기고 싶은가?

2. 영원히 지속될 어떤 것을 향하여 지금 일하고 있는가?

3. 스카이다이버가 낙하산을 의지하는 것처럼 하나님을 신뢰한다는 것이 무슨 뜻인가? 이것은 어떤 종류의 신뢰인가? 한 개인은 어떻게 그런 신뢰를 얻는가?

4. 11장에서 "세상에서 영원한 흔적을 남기려면 급진적인 관점 즉 낙하산을 의지하는 것처럼 하나님을 신뢰하는 태도가 필요하다"

로 시작되는 단락을 다시 읽어보라(257쪽 참조). 풍문으로 아는 게 아니라 직접 얼굴을 보고 아는 사이처럼 하나님을 진정으로 알기 위해서 무엇을 시도하고 경험해 보았는가?

5. 단지 명령에 복종하거나 교회에 출석하는 것 말고 다른 수단으로 하나님을 알아가는 방법을 교회에서 가르치고 있는가? 교회의 가르침에 부족한 것이 있는가? 경험적으로 그분을 알아갈 수 있는 다른 방법엔 어떤 것이 있는가?

■ *초점 성경 및 실천 사항*

렉시오 디비나(Lectio divina, 거룩한 독서)는 6세기부터 그리스도인 남자들과 여자들이 연습하기 시작한 영적 훈련이다. 이것은 전통적인 성경 공부를 대체하는 건 아니다. 오히려 성경을 연구 교재가 아니라 보다 친밀한 관계를 가지려는 목적이 깃든 하나님의 살아있는 말씀으로 본다. 렉시오 디비나의 네 단계는 우리가 음식을 먹는 과정과 비교될 수 있다.

1단계: 짧은 단락을 읽으라 (먹는다)

- 조용한 장소를 찾아 짧은 성경 구절을 택하라. 마치 새로운 장소를 거닐면서 모든 것을 관찰하고 싶은 심정으로 선택한 본문을 천천히 몇 번 읽는다. 어떤 구절을 골라야 할지 모르겠다면, 시

편 23편이나 주기도문(마 6:9-13) 같은 친숙한 본문에서 한두 구절을 골라 읽어보라.

2단계: 사색하라 (씹는다)

- 본문 말씀을 생각하며 시간을 보낸다. 성령께서 그 말씀을 사용하여 당신을 하나님께 더 가까이 이끌어 주시도록 구하라. 읽은 것을 시각화하라. 즉 모든 감각으로 그 말씀을 경험하는 것을 상상해보라. 그 이야기 혹은 그 말씀 속에 당신이 하나님과 함께 있는 모습을 보라. 그 말씀에 관하여 질문을 던질 수 있도록 성령께 구하라.

3단계: 반응하라 (음미한다)

- 하나님의 말씀에 관하여 하나님에게 이야기하는 것을 연습하라. 그 말씀에 어떤 약속이 들어 있는 게 보이는가? 그 약속을 주신 것에 대해 하나님께 감사하라. 그 말씀에 하나님이 어떤 분인지에 관한 내용이 들어 있는가? 그 말씀으로 다시 하나님께 기도하라(시편은 이런 식으로 기도하기에 참 좋은 말씀이다). 도전을 주는 어떤 내용이 들어 있다면, 순종할 용기를 달라고 하나님께 구하라.

4단계: 쉬라 (소화시킨다)

- 침묵한 채 편안하게 있으라. 귀를 기울이라. 성경의 한 낱말 혹은 짧은 구절에 초점을 맞추라(예를 들면, "양" 혹은 "우리 아버지" 혹은 "나와 함께"). 마음이 안 잡히고 뒤숭숭하면, 그 낱말이나 짧은 구

절에 초점을 맞춤으로써 하나님께 즉시 되돌아가라. 하나님께서 그분의 말씀을 사용하여 당신에게 말씀하시게 하라. 그분의 음성에 귀를 기울이라. 아직 아무것도 들리지 않아도 걱정하지 말라. 나중에 어떤 것을 들을 수 있을 것이다. 그분의 임재를 느낄 수 있을 것이다. 당신 인생에서 변화되어야 할 어떤 것에 대해 평안이나 확신을 느낄 수 있을 것이다. 혹은 그분의 음성을 듣기 전에 조용히 앉아 있는 연습을 먼저 해야 할지도 모르겠다. 사람이 가만히 앉아 있으려면 훈련이 필요하다. 그러나 하나님과의 관계라는 보상을 받는다고 생각하면 충분히 훈련할 만한 가치가 있다.

영적 독서를 연습하기 위한 안내를 더 받고 싶은 사람은 내 책 「영적 독서 저널」(*A Journal of Sacred Readings*)을 활용해 보라. 그 책은 위에 제시한 네 단계 과정을 통해 안내해 줌으로써 성경을 더욱 풍성하게 접할 수 있게 해 줄 것이다. (인터넷 검색을 하여 다양한 정보를 활용하라)

자기 목숨을 얻는 자는 잃을 것이요
나를 위하여 자기 목숨을 잃는 자는 얻으리라

[마 10:39]

그러나 우리에게는 한 하나님 곧 아버지가 계시니 만물이 그에게서 났
고 우리도 그를 위하여 있고 또한 한 주 예수 그리스도께서 계시니 만
물이 그로 말미암고 우리도 그로 말미암아 있느니라

[고전 8:6]

그는 근본 하나님의 본체시나 하나님과 동등됨을
취할 것으로 여기지 아니하시고
오히려 자기를 비워 종의 형체를 가지사 사람들과 같이 되셨고
사람의 모양으로 나타나사 자기를 낮추시고 죽기까지 복종하셨으니
곧 십자가에 죽으심이라

[빌 2:6-8]

12

신학에서 영광의 찬송으로

> 너무나 많은 그리스도인들이 시온에서 편히 쉬려고
> 일요일에 교회에 가며 서로 얼굴을 마주치지만
> 호텔방 문에 걸린 "방해하지 마시오"라는
> 팻말을 들고 바라보는 것 같다.
> 정통파 교인이 되는 것으로 충분하지 않다.
> 우리는 깨어 행동해야 한다.
>
> 반스 하브너 (Vance Havner)

뛰어난 언변과 재능을 가진 부흥 운동가 반스 하브너의 말이 옳다.[1] 일단 우리의 이야기를 하나님의 위대한 이야기에 넣었으면, 하나님의 이야기 속에서 살아야 한다. 기독교는 단지 믿음의 체계만 되어서는 안 된다. 왜냐하면 진정한 믿음은 행동할 수밖에 없게 하기 때문이다.

우리의 전제가 우선순위를 형성하고, 우선순위가 실천을 형성한다면, 우리가 실천하고 있는 것들은 무엇이 정말로 우리의 우선순위인지 명백하게 드러낸다. 이제 우리가 하나님의 이야기 속에서 살고 있다면, 우리는 하나님의 이야기처럼 행동해야 한다. 그리고 우리의 믿음은 구체적이고 손으로 만질 수 있는 행위로 드러나야 한다. 우리의 윤리는 우리의 도덕이 되어야 한다.

우리의 믿음에 대한 진정한 시험은 너무나 말끔하게 살균된 환경을 갖춘 교회 안에서가 아니라 거친 경쟁이 난무하는 매일 매일의 삶에서 치러진다. 세상은 바로 이것을 본다. 그리고 우리가 입으로는 예수 그리스도를 따르는 사람들이라고 고백하면서 그분을 알고자 하는 훈련을 하지 않고 그분의 형상에 따라 우리의 삶을 맞추지 않으면, 우리는 최고로 잘 속아 넘어간 사람들이며 최악의 속이는 자들이 된다. 그리고 지켜보는 세상에 그리스도의 이미지를 형편없이 전달하게 된다.

> 너희는 말씀을 행하는 자가 되고 듣기만 하여 자신을 속이는 자가 되지 말라 누구든지 말씀을 듣고 행하지 아니하면 그는 거울로 자기의 생긴 얼굴을 보는 사람과 같아서 제 자신을 보고 가서 그 모습이 어떠했는지를 곧 잊어버리거니와 자유롭게 하는 온전한 율법을 들여다보고 있는 자는 듣고 잊어버리는 자가 아니요 실천하는 자니 이 사람은 그 행하는 일에 복을 받으리라… 이와 같이 행함이 없는 믿음은 그 자체가 죽은 것이라 (약 1:22-25; 2:17)

밖으로 보이는 것만으로 한 사람의 마음의 진정한 상태에 대해 늘 말할 수는 없지만, 열매로 나무를 판단하는 것은 여전히 어느 정도 가능하다. 이것이 바로 세상이 우리와 접촉하게 될 때 생기는 일이다. 우리가 그렇게 하라고 세상을 초대하든 안하든 간에 세상은 보이는 대로 판단한다. 세상은 그리스도인들이 얼마나 자기만족적이고 다른 사람들에게 정직하지 못할 때가 많은지 다 알고 있다는 건 슬픈 사실이다. 2009년에, 바나 그룹의 조사자들이 실제로 그리스도인이라고 밝힌 사람들 중 몇 퍼센트가 정말로 성경적인 세계관을 가지고 있는지 알아보려고 미국 전역에서 온 기독교인들의 샘플 그룹을 조사했다. 서글프게도, 그들의 조사 결과에 충격을 받지 않을 수도 있다. 기독교인들 중 19퍼센트만이 실제로 기독교 세계관을 가지고 있었다. 이 비율은 그리스도를 따른다고 하고 언젠가 죽으면 천국에 갈 것을 믿는다고 응답한 다섯 명 중 한 명꼴도 안 되는 것이다. 바나 그룹은 한 사람의 세계관이 그 사람의 행위에 미치는 영향을 계속해서 연구했다. "바나 그룹의 조사 결과, 미디어 사용, 매춘, 도박, 음주, 정직, 예의 그리고 성적 선택 같은 문제들에 관련된 행위에서 현격한 차이를 보인다는 게 밝혀졌다."[2]

로널드 사이더(Ronald Sider)는 「그리스도인의 양심선언」(*The Scandal of the Evangelical Conscience*)에서 다음과 같이 말한다.

가증스러운 행위가 미국 기독교를 급속하게 파고시키고 있다. 대부분의 "그리스도인들"이 매일 매일 행동을 통해 정기적으로 반역죄를 저지르고 있다. 그들은 입으로는 예수님을 주님이라고 주장하지만 행동으로는 돈과 섹스와 자아실현에 충성하고 있다는 걸 명백히 보여준다.[3]

쓴소리 같지만, 우리의 전제와 우선순위를 훨씬 더 진지하게 검토해 봐야겠고 *우선순위를 제대로 실천하는 삶*을 살기 시작해야 할 것 같다. 그래야 세상이 우리의 진실한 믿음을 볼 수 있고 우리의 믿음의 대상이 우리를 통해 반사되는 걸 볼 수 있을 테니까.

하나님은 그분의 메시지를 나눌 기회를 우리에게 주신다. 하지만 우리는 그 기회를 놓칠 때가 많다. 1999년에 나온 영화 〈매트릭스〉 (The Matrix)는 잘못된 실재에 의해 노예가 된 사람들을 구출하기 위해 매트릭스에 들어간 자유의 전사들에 관한 영화였다. 그리스도께서 죄의 노예가 된 사람들을 어떻게 구원하셨는지에 관해 이야기 할 수 있는 절호의 기회였다. 2004년에 나온 영화 〈패션 오브 크라이스트〉(The Passion of Christ)는 사람들에게 예수님에 관해 이야기해 줄 수 있는 또 다른 기회를 제공했다. 지진, 허리케인, 세계 전역의 산불은 말할 것도 없고 9.11 테러와 같은 비극적인 사건, 미국 전역에 걸친 학교 총기난사 사건, 치명적인 파리 테러 공격 등은 친구들과 이웃들에게 이야기할 기회가 된다. 수잔 콜린스(Suzanne Collins)의 소설 원작 영화 〈헝거 게임〉(The Hunger Game)이나 베로니카 로스(Veronica Roth)의 〈다이버전트〉

*(Divergent)*같은 디스토피안 소설(현대사회의 부정적인 요소가 가져올 미래의 모습을 그린 작품 – 편집자 주)들은 세계관에 관해 토론할 기회를 열어준다. 우리에게는 일시적인 것들을 사용하여 영원한 진리에 대한 관심을 이끌어낼 기회가 무궁무진하다. 그러나 우리는 번번이 기회를 놓친다. 왜 우리는 세상에서 일어나고 있는 일들에 비추어 우리의 믿음을 검토해보려고 하지 않는가? 사람들이 고통을 겪을 때마다 왜 우리는 인간의 고통과 진정한 치유에 관해 이야기하지 않는가? 디스토피안 소설이 왜 그렇게 인기가 있는지 사람들에게 왜 물어보지 않는가? 영원에 관한 이야기가 훨씬 더 재미있다고 왜 사람들에게 말하지 않는가? 교회가 잠옷을 걸쳐 입고 잠이 든 바로 그때 세상은 영적 굶주림을 일깨우고 있는 것 같다. *어쩌면 영적 각성이 가장 필요한 사람은 구원받지 못한 사람이 아니라 구원받은 사람일지도 모르겠다.*

앞 장에서, 전제가 어떻게 우리의 관점을 형성하고 우리의 우선순위를 매기는지 살펴보았다. 이제는 속도를 내서 실제적인 삶의 영역으로 들어갈 때가 되었다. 천상에서 내려와 땅의 수준의 적용 단계에 들어갈 때가 되었다. 예수님은 빙빙 돌리지 않고 단도직입적으로 말씀하셨다. 예수님이 열매로 그 나무를 알 수 있다고 말씀하셨을 때, 그분은 핵심을 찌르고 계셨던 것이다. *"너희가 믿는 대로 살지 않으면, 정말로 믿는 게 아니다."*

변론자와 사도

> 우리에겐 사도보다 변론자가 더 많다.
> 너무 많은 그리스도인들이 깊이 잠들어 있다.
>
> 반스 하브너

변론자(apologist)가 무슨 뜻인가?⁴ 이 단어는 비난에 직면하여 믿음을 방어한다는 뜻의 그리스어 아폴로지아(apologia)에서 나온 것이다. 물론 이미 싹트기 시작한 산더미 같은 오류에 맞서 말해 줄 변론자가 꼭 필요하다. 절대적인 것을 맹렬히 비난하는 사람들과 어떤 것을 믿는다는 게 가능한지 아닌지 질문하는 사람들에게 대답해 줘야 한다. 우리는 기독교의 믿음을 방어*해야 하고*, 믿어야 할 *진짜* 이유가 있다는 것과 우리가 믿는 *분*이 정말로 살아계신 *분*이란 것을 이성적으로 입증해야 한다.

그러나 진리를 방어하느라 시간을 다 보내고 그 진리를 행동으로 보여주는 데는 시간을 전혀 쓰지 않는다면 어떻게 될까? 우리는 이렇게 말하는 것을 이미 들어본 적이 있을 것이다. "당신은 그 말을 말할 수 있지요. 그런데 그 걸음을 걸을 수 있나요?" 발걸음과 함께 믿음을. 이것이 사도이다. 첫 번째 열두 사도는 예수님이 택하셨고 그분의 뜻을 행하고 그분의 메시지를 전하기 위해 보냄 받았다. *사도(apostle)*라는 단어는 기독교를 새로운 나라나 지역에 전하는 사람을 의미하게 되었다. 아마도 우리는 그 정의를 더 넓힐 수 있을 것이다. 우리는 그리스도에 의해 임명되었으며 그리스도의 메시지를 우리가 있는 곳으로 들고 가라고 보냄 받았다. 또한 우리는 그리스도를 대신하는 자로 선택받았다! (고후 5:20) 진짜 삶이 없다면, 완전히 깨어 있는 사도가 없다면 세상은 진리를 반복해서 듣기는 하겠지만 소망이 진짜라는 걸 보여주는 *살아 있는 진리*는 결코 보지 못할 것이다.

근대로부터 포스트모던 시대가 등장함에 따라, 믿음의 가설을 보다 명확히 하여 소통해야 할 필요가 어느 때보다 커졌다. 그러나 우리가 이야기와 이미지와 관계가 명제적 진리의 선언보다 선호되는 시대에 정말로 살고 있다면, 믿음의 공동체 바깥에 있는 사람들이 우리가 예수님의 이야기를 우리 삶으로 살아내고 있는 것을 보고 난 후에 그분의 이야기를 듣는 것이 가장 크게 필요하다. 그저 말을 하기 보다는 성경 말씀을 날마다 몸으로 실현해야 한다!

프란시스 쉐퍼는 「그리스도인의 표지」(*The Mark of the Christian*, 생명의 말씀사 역간)에서, 사랑은 궁극적으로 사과하는 것이라고 말했다. 복음 전도자 무디는 이런 유명한 말을 했다. "백 명 중에서 한 명은 성경을 읽을 것이며, 나머지 아흔 아홉 명은 그리스도인을 읽을 것입니다." 성경은 더욱 더 예수님처럼 되라고 독려하는 말씀으로 가득 차 있다. 우리의 믿음에 대한 사람들의 인식에 도전을 주기 위해서다. 경건한 삶의 형태는 기독교에 대한 잘못된 인식을 말로 하지 않고 고칠 수 있다.

그것은 마치 이와 같다. 작은 마을에서, 무책임한 한 사람이 좋은 가족의 이름을 망칠 수 있다. 이런 일이 일어나면, 그 가족의 구성원들은 이사를 가거나 그들의 이름을 바꿀지도 모른다. 집에 남아 반듯한 삶을 살아 그의 가족을 구속하려면 용감한 사람이 있어야 한다. 슬프게도, 우리 가족을 부끄럽게 하는 무책임한 그리스도인들이 참으로 많다는 사실을 인정해야 한다. 그렇다고 해서 이사를 가거나 새 이름으로 바꾸는 게 능사가 아니다. 우리에게는 일어나서 부르심에 합당하게 살아갈 용기가 더 많이 필요하다. 그리하여 고향에서부터 시작하여 세상에서 망가진 교회의 이름을 구속해야 한다.

우리들에 대한 사람들의 인식을 우리가 통제할 수는 없다. 그러나 실천으로 표현된 우리의 우선순위에 따라 믿음의 삶을 계속 살아내는 것은 우리에게 달려있다. 예수 그리스도의 변화시키는 능력이 우리를 실제로 살아있는 구속사 이야기로 변화시킬 수 있다.

세상에 불을 지르다

> 우리의 신학은 영광의 찬송으로 승화되어야 한다.
> 우리에게 사실은 있지만 불은 없다.
> 말만큼이나 많은 행동이 우리에게 있었다면
> 오래 전에 세상에 불을 질렀을 텐데
>
> 반스 하브너[5]

1941년 겨울 언젠가, 춥고 배고픈 유대인 여인이 앙드레 트로크메(Andre Trocmé)라는 개신교 목사가 사는 집의 문을 두드렸다. 그녀는 먹을 것과 쉴 곳을 찾고 있었고 목사의 가족은 그녀를 집 안으로 들였다. 그녀의 두드림과 트로크메의 응답이 그가 목사로 있는 프랑스 어느 작은 산골 마을로부터 모닥불만한 반응을 불러일으켰다.

르 샹봉쉬르리뇽(Le Chamgon-sur-Lignon) 마을에 사는 그리스도인들은 말보다는 행동으로 훨씬 크게 말하는 조용한 사람들이었다. 트로크메 목사를 따르는 그들은 1941년과 1945년 사이에 "선함의 음모"(conspiracy of goodness)라고 불리는 것을 시작했다. 그들에게는 다른 선택이 없었다. 그들은 나치의 죽음의 수용소에 대해 아직 알지 못했다. 그러나 나치가 유대인들만을 위한 특별 도시를 만들고 있다고 공개적으로 말한 것을 알고 있었다. 어떤 이유로든 또 다른 사람들을 넘겨준다는 생각은 이 마을 사람들에게는 참을 수 없는 것이었다.

피점령국 프랑스 내에서 나치와 협력한 부역자들이 대략 8만 3천 명이나 되는 유대인들을 나치에게 넘겨주었다. 그러나 르 샹봉 마을의 평범하고 가난한 사람들은 그들을 자기들의 집에 데려왔으며 마을 인구만큼이나 많은 사람들을 조용히 구출했다. "르 샹봉에서는 단 한 명의 유대인 피난민도 쫓아내거나 고발하거나 배신한 사람이 아무도 없었다."[6] 그들은 5천 명이 넘는 유대인들의 생명을 건졌다.

마을 사람들은 그들의 집에 벽장이나 다락방 혹은 헛간에다 유대인들을 숨기지 않았다. 유대인들은 마을 사람들과 함께 살았다. 그들의 아이들은 동네 아이들과 함께 교육을 받았으며 함께 먹었다. 이렇게 하는 게 옳은 일이었다. 그들은 계속 그렇게 할 생각이었다. 곧 그들은 너무나 많은 유대인들을 보호하고 있어서 그들이 발각되지 *않을 수 없게* 되었다.

> 마을 사람들은 망설임 없이 난민들을 맞이했다. 난민들은 공공기관에서뿐만 아니라 개인집이나 농장에서 기거했으며, 나치가 들이닥칠 때마다 외진 시골지역에 숨어 있었다. 마을 사람들 중 한 사람이 나중에 이렇게 회고했다. "군인들이 떠나자마자, 우리는 숲으로 들어가서 노래를 부르곤 했어요. 그 노래를 들으면 유대인들은 집에 가도 안전하다는 걸 알았죠."[7]

1942년 여름에, 프랑스 경찰버스 두 대가 난민들을 실어가려고 마을에 왔다. 트로크메 목사는 경찰에게 자기 마을에 있는 유대인들의 이름을 알려주는 걸 거부했다. 그러자 경찰 버스는 단 한 명의 유대인도 태우지 못한 채 떠났다.

트로크메 목사는 결국 체포되었으나 나중에 풀려났다. 비시(Vichy) 정부(2차 세계대전 중에 나치 독일의 점령하에 있던 남부 프랑스를 1940년부터 1944년까지 통치한 정권, 프랑스의 대표적 부역자 집단 – 역자 주)에 협력하겠다는 서약서에 서명하는 걸 거부했음에도 풀려난 것이었다. 7개월 후에, 그는 지하에서 구출작전을 펼쳤다. 그때는 다시 체포될 수 있다는 소문이 무성했다. 유대인 고아들을 위해 어린이 집을 연 그의 조카는 나치의 죽음의 수용소에 보내져 죽임을 당했다. 이제는 트로크메의 아내의 인도에 따라, 르 샹봉의 유대인들은 전쟁이 끝날 때까지 비교적 평화롭게 지냈으며, 궁핍에 처한 동료 인간으로 그들을 바라본 사람들로부터 기도와 먹을 것과 입을 것을 공급받으며 돌봄을 받았다.

1990년에 그 마을을 기념하는 한 행사에서 이 말이 전해졌다. "그 고원에 사는 거의 모든 사람들이 가담하여 이 유대인들을 구출했는데 아무도 단 한 마디 말도 없이 그 엄청난 일을 했다는 점에서 그 마을은 참으로 독특했다."[8] 르 샹봉쉬르리뇽 사람들은 말은 적게 하고, 행동은 많이 하면서 무려 5천 명이나 되는 생명의 가락에 맞추어 하나님께 찬양의 노래를 불렀다.

우리 모두가 르 샹봉 마을 사람들처럼 하나님의 백성들을 섬김으로써 그분을 찬양하는 삶을 살아내는 것을 우리의 의무로 인식하면서 기독교인의 책임을 떠맡는다면 세상은 어떤 모습이 될까? 세상을 조금이라도 변화시키려고 한다면 우리의 신학은 우리의 행동으로 분명하게 드러나야 한다. 우리들의 삶을 통해 그리스도의 삶이 신비롭지만 눈에 보이게 흘러넘치지 않으면, 아무리 성경의 자료를 모아 하나님께 합당한 결론을 낼 줄 아는 능력이 있더라도 사람들은 따르지 않을 것이다. 주님과 살아있는 관계를 맺지 않으면, 우리는 사실을 가지고 있을지는 모르지만 불은 결코 갖지 못할 것이다.

> Doxology [dok–*sol*–*uh*–jee]
> 명사
> 1. 송가 또는 하나님께 영광을 돌리는 내용이 들어간 말의 형태

방어하기, 보여주기, 체중 감량하기 그리고 훈련의 필요성

우리는 걷기보다 훨씬 말을 더 많이 했다.
우리의 발이 우리의 혀를 따라잡게 해야 한다.
우리는 진리를 방어할 뿐, 진리를 보여주지 않는다.
우리는 진리를 생각할 뿐, 진리를 입증하지 않는다.
우리는 다이너마이트 같은 복음을 설파하면서
폭죽 같은 삶을 살고 있다.

반스 하브너

우리는 주님이 삶의 최우선이라고 말하지만 실제로는 우리의 구세주보다 우리 자신에게 종종 더 관심이 많지 않은가? 당신의 진짜 우선순위를 알고 싶으면 카드내역이나 지난 일정을 보면 된다고 어떤 이들은 설교한다. 이것으로 시작하는 것이 나쁜 것은 아니다. 당신이 지적으로는 동의할지는 모른다. 그러나 *당신의 삶을 꼭 붙드는* 그리스도의 능력을 가지고 있는가? 그리스도의 능력이 당신이 하는 일을 변화시키

고 있는가? 당신이 예수님을 위해 살고 있다는 것을 주변 사람들이 분명하게 알고 있는가?

이론적이고 지적인 믿음은 겉으로는 진짜 믿음처럼 보이기 때문에 애초에 기만적이다. 그것은 아내한테서 추수감사절 칠면조를 칼로 잘라 나눠달라는 부탁을 받은 한 남자의 이야기와 같다. 그는 안내 책자를 꺼내놓고 칼을 들고서 칠면조를 자를 준비를 한다. 그는 준비가 다 되었다고 생각한다. 그런데 그는 그 다음에 뭘 해야 할지 모른다. 식탁에 놓인 칠면조가 안내 책자에 나온 칠면조처럼 점선이 그어있지 않기 때문이다. 이와 똑같은 방식으로, 우리가 성경을 단지 이론서로만 읽는다면, 우리는 핵심을 놓치고 있는 것이며, 하나님이 우리를 부르실 날을 예비하지 못할 것이다. 성경은 실제 삶의 상황에 적용하게 되어 있다. 만약 당신이 수영 교본을 읽기만 한 사람에게 "수영하는 법을 아시나요?"라고 묻는다면, 그는 이렇게 대답할 것이다. "물론이죠. 수영하는 법을 알지요. 책을 읽었거든요." 그런데 그 사람에게 "수영할 줄 아세요?"라고 묻는다면, 그는 "한 번도 해본 적이 없는데요"라고 말할 수밖에 없을 것이다.

팀 한셀(Tim Hansel)은 매우 실용적이고 호기심을 유발하는 작은 책 「나는 쉴 때 죄책감을 느낀다」(*When I Relax I Feel Guilty*)를 썼다. 그 책에서, 그는 이른바 "무늬만 기독교"(Almost Christianity)의 덫에 대해 다음과 같이 묘사한다.

'무늬만 기독교'는 셀 수 없이 미묘한 방식으로 드러날 것이다. 나는 그리스도와 함께라면 모든 게 가능하다고 주장하는 사람들을 많이 안다. 그들은 살 빼는 것까지 그리스도가 도와주길 기대한다. 나는 경건의 시간의 유익을 극찬하지만 말씀을 깊이 사색할 충분한 시간이 없는 사람들을 많이 안다. 부활에 대해 강의하면서도 자기 힘으로 모든 걸 하려는 사람들도 있다. 그리스도의 주되심에 대해 설교하면서도 쉼 없이 이런저런 활동을 많이 하지 않으면 세상이 무너지기라도 할까봐 삶의 속도를 늦추지 못하는 사람들도 안다. 어떤 사람들은 그리스도 안에 있으면 안전하다며 갈채를 보내지만 기꺼이 모험을 감수하지는 않는다. 그리스도 안에서 얻은 자유를 찬미하지만 여전히 일의 노예로 사는 사람들이 아직도 많다.[10]

우리의 일, 시간 그리고 심지어 체중감량까지도 성령의 일일까? 우리가 가족을 어떻게 대하는지 무슨 TV 프로그램을 보는지도 주 예수님이 상관하실까? 어휴! 삶의 영역을 딱 구분지어서 어떤 일은 주님의 일이고, 어떤 일은 주님의 일이 아니라고 추정해버리는 편이 훨씬 쉬울 것이다. 그러나 그렇게 되면 우리 삶의 모든 영역을 그리스도의 주 되심 아래로 가져가지 못하게 될 것이다.

믿음은 우리 삶의 모든 영역에서 적용되어야 한다. 성경은 우리에게 정보를 알려줄 목적(*inform*)으로 쓰인 게 아니라 우리 삶의 모든 영역을 변화시킬 목적(*transform*)으로 쓰인 것이다. 이건 어떤 모습일까? 우리는 어떻게 변화될까? 성경을 어떻게 매일의 삶에 적용시킬까?

새로운 언어를 배우고 싶거나 운동 기술을 향상시키고 싶으면, 연습하고 훈련하고 새로운 습관을 형성해야 한다. 처음엔 이렇게 하는 게 즐겁지 않을 수 있다. 그러나 얼마 지나지 않아, 연습과 훈련은 제2의 천성이 되고 바로 그때 언어실력이나 운동실력이 향상된다.

그러나 반드시 선택을 해야 한다. 악기를 배우기에 너무 늦은 때는 없다 하지만, 나이 오십에 트럼펫을 배우겠다고 덤벼들면, 처음부터 마일즈 데이비스(Miles Davis, 미국 재즈 음악가, 트럼펫 연주자와 작곡가로 유명함 – 역자 주)처럼 멋진 음악을 연주할 수 없을 것이다. 백 번을 불어본다 해도 그렇게 안 될 것이다. 처음엔 전심전력을 다해 훈련해야 한다. 무엇을 원하는가? 대가가 무엇인가? 기꺼이 대가를 지불하겠는가? 트럼펫 연습에 시간을 들이면 다른 일엔 시간을 들일 수 없을 것이다. 동시에 모든 걸 할 수는 없다. 그러므로 선택해야 한다.

이와 비슷하게, 하나님을 따르는 데도 대가를 지불해야 한다. 일주일분 규티(Quiet Time)를 한 번에 몰아서 하고 한 달 동안 교회를 한 번도 안 빠지면 예수님과 건강한 관계를 맺는 데 빠른 해결책이 될 거라고 생각할지도 모르겠다. 우리는 우리 삶에 새로운 기독교적 습관을 덧붙일 수 있다. 좋은 일이다. 그러나 이런 습관을 날마다 실천하는 훈련을 하는 게 필수이다. 식이 보충제를 먹는 것도 좋은 일이긴 하나 그것으로 건강한 음식을 매일 꾸준히 섭취하는 것을 대체할 수는 없다.

하나님은 우리가 결단을 내리고 그분을 기쁘시게 하는 습관을 창조하는 것을 바라신다. 그리하여 그분의 이름을 높임으로써 우리와 우리가 아는 사람들을 그분께로 이끄시는 것을 원하신다. 그러나 이러한 선택은 매일의 삶 속에서 드러나야 한다. 산 속에서 열리는 수양회로 도망가서는 안 된다. 그 수양회에서 하나님과 "향상된" 관계를 맺고 돌아와서는 하나님께서 우리 삶의 영적인 부분을 어루만지셨을 거라고 기대하는 데 그건 오산이다. 진리는 우리가 그것을 늘 삶에서 적용하기 전까지는 우리 삶을 변화시키지 않는다. 성경 공부와 기도라는 새로운 습관을 들이고서도 그 시간에 하나님께서 말씀하시는 것을 삶에 적용하지 않는 것은 페인트 한 통 사다가 창고에 그냥 놔두는 것과 같다. 실제로 벽에다 페인트를 칠해야 주변 사람들이 당신 집이 달라진 것을 볼 수 있을 것이다.

1986년 6월에 마크 펫(Mark Pett)이라는 한 남자를 만나는 특권을 얻었다. 그는 나처럼 사역을 직업으로 가진 사람이었다. 그런데 나와 다르게, 그는 말기 암으로 투병 중이었고 살 날이 6개월밖에 남지 않았었다. 그는 이 땅에서 살아온 매 순간을 특권으로 여겼다. 그의 패러다임은 이 책에서 논한 수많은 발상을 온전히 품고 있었다. 우리는 동갑이었으나 마크는 나보다 훨씬 성숙하고 지혜로웠다. 그는 고통을 통해 측량할 수 없는 지혜를 얻은 것이었다. 난 그를 만날 때마다 노트에다 그의 말을 적었다. 다음은 6월 그날에 그가 한 말의 일부다.

우리는 출생에 대해서는 분명하게 느끼고 있으면서 죽음에 대해서는 이론적으로만 느끼고 있습니다. 살 날이 얼마 남지 않았다고 생각해 보세요. 죽기에 좋은 때는 없습니다. 인생을 하직하는 게 아니라 죽음을 준비하는 거지요. 당신이 이 세상을 떠나면, 복음을 전하고 잃어버린 자들을 섬기고 가난한 자들을 먹이는 특권을 다시는 누리지 못할 겁니다. 죄책감을 심어주려고 이런 말을 하는 게 아닙니다. 그리스도를 세상에 대변할 기회와 특권을 누려야 한다는 걸 상기시켜주려고 하는 겁니다. 그분께 사랑을 돌려주면 다시 당신에게 기회가 열립니다... 천국에 들어갈 때까지 기다리지 않아도 됩니다. 다만 지금 가진 기회를 누리면 됩니다.

이 말은 내 가슴에 깊이 새겨졌다. 그 이듬해 봄에 두 번째 만났을 때 마크가 들려준 이야기도 역시나 오래도록 가슴에 남았다.

하나님 나라를 먼저 구한다는 것의 의미를 날마다 이해하려고 애를 쓰고 있습니다. 이 말의 부분적인 의미는 세상의 체계가 보상해주는 것을 추구하지 않는다는 겁니다. 세상의 체계는 안일주의로 되돌아가버리는 문제가 있습니다. 하나님은 저에게 내일을 약속해주지 않으셨습니다. 이 편에서 성취해야 할 일들이 있습니다. 저 편에 뭔가가 있다고 믿으려면 상당한 믿음이 필요합니다.

마크는 보통 때는 키가 187cm는 되었을 것 같은데, 마지막 만났을 때는 172cm 정도로 작아 보였다. 그의 몸은 암 때문에 기본적으로 망가져 있었고 계단을 내려오는 것도 무척이나 힘들어했다. 그러나 고통을 견뎌온 세월이 있었기에 그의 지혜는 나를 앞질렀다.

마크는 의사의 예후를 거역하는 길을 찾았고, 6개월 시한부 인생이었는데 그보다 훨씬 길게 살았다. 1988년 2월에 그는 주님과 함께 있으려고 세상을 떠났다. 내 친구 중 한 명인 래리 무디(Larry Moody)는 마크의 장례식에서 다음과 같은 중요한 통찰을 사람들과 나눴다.

> 마크를 처음 만났을 때 어떤 사람이었는지 제게 물어보신다면, 그는 재능 있는 사람이었다고 말했을 겁니다. 하지만 지난 3년 동안 그가 어떤 사람으로 살았는지 물어보신다면, 그는 경건한 사람이었다고 말할 겁니다.

재능과 지식으로 사역을 하는 것과 고통과 궁핍과 하나님을 의지한 경험으로 사역을 하는 것은 별개다. 가장 좋은 시절을 보내는 동안에도 우리는 이 땅에서 얼마나 오래 살게 될지 장담하지 못한다. 마크는 지금 우리에게 시간이 있을 때 실천의 특권과 기회의 창을 이용하여 변화시켜야 한다는 점을 강조했다.

우리의 실천목록에 성경을 읽고 공부하고 묵상하는 시간, 기도하는 시간, 다른 사람을 섬겨야 하는 기회를 소중히 여기는 것, 하늘 아버지와 이야기하는 시간, 묵상 시간과 같은 것들이 들어 있지 않다면, 우리의 우선순위에 뭔가 문제가 있다. 이러한 실천이 없는 삶은 결국에 변화를 일으키지 못한다. 영적 훈련을 부지런히 쌓지 않으면 예수님의 형상으로 결코 변화될 수 없다.

영원과 지금

이것은 내 느낌일지 모르지만 이 땅에서 이른 바 훈련은 천국에서는 우리의 기쁨이 될 것이다. 하나님께 드리는 기도와 그분과 나누는 이야기는 지금 우리가 상상할 수 있는 것보다 부활의 몸과 상태에서 더욱 온전히 실현될 것이다. 어쩌면 성경조차도 그때까지 우리가 이해할 수 없는 수천 가지에 비추어 새로운 의미를 띠게 될 것이다. 이처럼 중재자가 없는 직접적인 상호소통은 지금껏 우리가 알던 관계와는 전혀 다른 새로운 관계를 창조할 것이다.

그러나 지금 우리는 여기 이 땅에 살고 있다. 그리고 내 친구 마크는 이 땅에서 살아있는 것에 관하여 중요한 이 사실을 내게 일깨워주었다. 여기서 할 수 있는 일은 딱 두 가지다. 천국에서는 이런 일을 할 기회가 영영 없을 것이다. 하나는 복음을 듣지 못한 사람들에게 복음을 전하는 것이고, 다른 하나는 궁핍한 사람들을 섬기는 것이다. 우리는 당연히 이 기회들을 소중히 여겨야 할 것이다. 인생은 짧다. 우리는 우리의 삶과 증언을 통해 복음을 전할 수 있다. 우리는 진심을 다해 복음의 메시지를 단순히 전할 수도 있고 부지런히 일을 함으로도 전할 수 있다. 우리는 아시시의 성 프란시스(St. Francis)가 한 말을 따를 수도 있다. "늘 복음을 전하라. 필요하다면 말을 사용하라." *하나님은 영향과 기회라는 무대를 우리에게 주셨다. 그리고 우리가 그것들을 어떻게 보는지가 굉장히 중요하다.* 우리는 지금 그분의 이야기 속에서 살고 있다. 그분이 우리에게 펼쳐주시는 장으로 우리는 무엇을 할 것인가?

예수님의 삶에서, 성과 속의 이분법 혹은 영원한 것과 일시적인 것의 이분법이 있었다는 증거는 아무것도 없다. 예수님은 모든 것들이 영원한 것을 띠고 있다는 식으로 이 땅에서 사셨다. 그분이 구속하신 가증스런 인생들에게 실물 교수로 가르치신 것을 보고 이 사실을 알 수 있다. 예수님은 하나님 나라를 완벽하게 설명하셨고 하나님 나라의 전형적인 본보기가 되셨다. 예수님으로 하여금 성과 속, 영원한 것과 일시적인 것 둘 사이의 다리가 되게 하신 게 둘을 향한 하나님의 독특한 통찰이었는지 모른다. 그리고 예수님은 우리가 도저히 꿈꿀 수 없었던 영원에 관한 이야기들을 실물로 보여주셨다.

마음 착한 내 친구는 이렇게 물어보는 걸 좋아한다. "최후에 있을 '각자 가져온 물건 보여주며 말하기'(show and tell) 시간에 자넨 뭘 가지고 갈 건가?" 어느 날 그리스도의 재판석 앞에서 '각자 가져온 물건 보여주며 말하기' 시간을 가질 것이다. 독특한 이 평결은 비난의 판결이 아니라 우리 자신을 해명하고 그에 따라 인정을 받는 자리에서 내려지는 보상의 평결이다. 성경을 보면 우리는 그 모든 보상을 받고 너무 겸손해져서 주님이 누구신줄 알고서 보좌에 계신 주님 발 앞에 우리가 받은 상을 문자 그대로 다시 내려놓을 것이라고 한다.

하나님이 하나님이시지, 우리가 하나님은 아니다. 그분이 통치하시며 이 땅에서 우리에게 충분한 시간을 주셔서 우리를 향한 그분의 뜻을 이루게 하신다. 우리에겐 단 1초라도 더 필요하지도 않고 덜 필요하지도 않다. 우리의 말년은 틀림없이 우리 인생에서 가장 중요하고 멋진 날들이 될 것이다. 그리고 우리 이야기의 모든 장들은 그 순간들을 향해 차츰 다가가 있을 것이며, 지금 우리가 어떤 자리에 있든지, 끝이 아주 좋은 쪽으로 수렴될 것이다. 지금을 위해 그리고 그때를 위해, 우리의 신학은 다음과 같이 울려 퍼지는 영광의 찬송으로 승화될 수 있다.

우리 가운데서 역사하시는 능력대로 우리가 구하거나 생각하는 모든 것에 더 넘치도록 능히 하실 이에게 교회 안에서와 그리스도 예수 안에서 영광이 대대로 영원무궁하기를 원하노라 아멘 (엡 3:20-21)

더 깊은 묵상

1. 깨어진 이야기를 고치는 것에 관해 1장에서 무슨 말이 있었는가? 깨어진 이야기는 어떻게 고쳐질 수 있는가?

2. 12장은 "하나님 나라의 정신을 끊임없이 추구하는 것"에 관해 이야기한다. 이것에 대해 어떻게 생각하는가? 이렇게 살려면 무슨

선택을 해야 할까?

3. 영원을 준비한다고 생각할 때 어떤 성경 말씀이 떠오르는가?
(아무것도 생각나지 않으면 영적 멘토에게 물어보라)

4. 최근에 읽은 성경말씀 중에서 그 말씀을 따라 행동할 것을 요구한 말씀이 있는가? 그 말씀을 행했는가? 다른 사람과 이것에 대해 이야기 해보라.

5. 당신이 서른다섯 살 미만이라면, 당신의 세대 사이에서는 부모의 세대가 의사소통하는 방식과 어떻게 다르게 소통하는가? 이야기와 이미지와 관계는 명제적 진리를 선포하는 것에 비하여 얼마나 중요한가?

■ 초점 성경

야고보서 1장 22-25절, 2장 17절을 읽으라. 이 구절을 복사하여 어디든 가지고 다니면서 가끔씩 들여다보라.

■ 실천 사항

예수님의 이야기를 들려주고 당신의 이야기를 나누는 것이 그리스도인으로서 당신이 할 일이다. 이것이 복음 전도의 시작이다. 잠시 시간을 내서 두 이야기를 쓰고 그것을 주위 사람들과 나누는 것을 연습해 보라.

우선, 예수님에 관해 쓰라. 에덴동산에서의 인간 창조와 타락 이야기가 나오는 창세기 1장부터 3장까지 거슬러 올라가라. 태초에 예수님이 하나님과 함께 계셨다고 하는 요한복음 1장의 내용과, 골로새서 1장 16절에서 배운 것도 함께 생각해 보라. 태초부터 예수님이 누구셨으며 어떻게 세상에 오셨고, 보다 중요한 점인데, 왜 세상에 오셨는지 이야기해보라. 그분이 어떻게 죽으셨으며, 그분의 죽음과 부활이 당신과 모든 사람을 위해 성취하신 것은 무엇인지 이야기해 보라. 그분과 영원히 함께 있을 당신의 미래에 관하여 아는 것을 이야기해 보라. 이와 같은 전체 이야기를 말하는 데 어려움을 느낀다면, 영적 멘토에게 도움을 요청하라.

두 번째로 당신의 이야기를 쓰라. 깨어진 이야기 속에 빠져 허우적대던 때가 있었는가? 어떻게 해서 예수님을 믿고 그분에 관해 배우게 되었는가? 예수님을 믿은 이후 지금까지 당신의 삶에 어떤 변화가 생겼는가? 당신의 사고방식은 어떻게 달라졌는가? 당신은 무엇을 소망하며 살고 있는가? 아직도 이런 질문을 스스로 던져보며 생각하는 중이어도 괜찮다. 당신의 이야기에서 어디쯤에 와 있는지 스스로 정직해지는 것이 언제나 더 중요하다.

에필로그

이 책에서 내가 가르친 내용들은 나의 친구이자 멘토인 "척" 콜슨(Chuck Colon)의 인생 그 이상의 이야기에서 볼 수 있다. 하나님께서 깨어진 이야기를 어떻게 구속하시는지를 보여주는 실례로 척 콜슨의 이야기가 가장 나을 거라는 생각이 들었다. 하나님께서 척을 위해 행하셨던 일은 당신을 위해서도 얼마든지 행하실 수 있다. 여기에 적은 것은 축약판에 지나지 않는다. 척 콜슨의 이야기를 더 알고 싶으면 그의 자서전 『백악관에서 감옥까지』(*Born Again*) 혹은 에릭 메타삭스(Eric Metaxas)가 쓴 『7인의 남자: 그 위대함의 비밀』(*Seven Men: And the Secret of Their Greatness*)를 참고해보면 좋을 것이다(이 책 속의 다른 이야기들도 시간을 들여 읽어볼만하다).

척의 이야기 – 최악의 이야기든 최고의 이야기든 둘 다 –는 대중 앞에서 적나라하게 펼쳐졌다. 척은 세상 권력의 정점까지 올라갔다가 공개적으로 완전히 망신을 당하고 바닥까지 내려갔다. 그런 다음 하나님께서 그분의 강한 권능으로 그를 어떻게 사용하셨는지 그 이야기가 다시 세계적으로 알려지게 되었다. 모든 이야기가 이처럼 극적이고 공개적으로 펼쳐지지는 않을 것이다. 하지만 어느 이야기든 하나님이 구속하신 이야기는 영광스럽다. 그리고 하나님은 사람들로부터 얼마나 인정을 많이 받았느냐에 따라 인생의 가치를 재지 않으신다. 역사의 과정을 통해, 하나님은 그분이 구속하신 사람들의 이야기를 다시 쓰고 계신다. 깨어진 삶을 회복시키면서 말이다. 일시적인 관점에서 영원한 관점으로 급격한 관점의 변화를 일으키는 구속의 사건은 인간의 모든 역사에 때론 시끄럽게 때론 조용하게 일어난다. 앞으로도 계속 그럴 것이며 당신한테도 그럴 것이다.

1973년 8월 12일, 찌는 듯이 더운 날이었다. 척은 친구인 토마스 필립스(Tom Phillips)의 메사추세츠 집의 도로 근처에 차를 세워두고 그 안에 앉아 있었다. 토마스 필립스는 수백만 달러의 수익을 내는 레이시언 회사(Raytheon Company)의 대표였다. 손으로 얼굴을 감싸고 운전대에 이마를 닿은 채 척은 – 평소 모질고 야비한 냉혈 인간으로 알려졌음 – 흐느꼈다. 그가 예상한 대로 상황이 흘러가지 않았다. 필립스와의 만남으로 자신이 깨어질 것이라고는 전혀 추측하지 못했었다.

들리는 진실은, 그 여름 밤 이전에 그가 깨졌다는 것이다. 그해 3월에 그는 워터게이트 사건으로 백악관 특별고문을 사임할 수밖에 없었다. 그래서 8월에 척과 그의 아내 패티(Patty)는 버지니아에 있는 집을 떠났다. 연일 그의 범죄가 신문에 잔인할 정도로 대서특필되고, 거의 날마다 언론사에서 들이닥쳐 질문을 해 대는 바람에 도망치듯 집을 떠날 수밖에 없었다.

척은 필립스를 3월에 마지막으로 만났다. 척이 1969년에 닉슨 행정부에 들어가기 전에 변호사 일을 했을 때, 그의 회사는 뉴잉글랜드의 가장 큰 고용주인 레이시언 회사의 법률 업무를 대리했었다. 강제 사임을 하고 난 직후, 변호사 일을 다시 하려고 사방팔방 뛰던 척은 레이시언의 부사장인 브레이너드 홈즈(Brainerd Holmes)를 찾아갔다. 홈즈는 사장인 필립스를 만나게 해주려고 그를 데려가면서 주의를 시켰다. "사장님은 최근에 엄청난 변화를 겪으셨습니다. 일종의 종교적 체험을 하신 거죠."[1]

필립스는 척을 만났을 때 그의 체험에 대해 아무런 말도 하지 않았다. 다만 그는 달라 보였을 뿐이다. 필립스는 동정심이 흘러넘치고 상냥했다. 그는 척이 어떻게 지내는지 알고 싶었다. 척은 홈즈가 말한 종교적 체험에 관해 필립스에게 단도직입적으로 물었다. 필립스는 "홈즈 말이 맞아. 난 예수 그리스도를 영접했고 내 삶을 그분께 드렸네"라고 말했다.[2]

이런 종류의 말은 오늘날의 많은 사람들에겐 친숙한 말이지만 당시의 척에겐 아주 낯선 말이었다. 필립스의 말을 들은 척은 혼란스러워졌고 심기가 불편했다. 척은 예수 그리스도를 알고 있었다. 그런데 "그분을 영접하고" 그분께 "삶을 드린다"고? 이 말은 참으로 낯설게 느껴졌다. 그런데도, 필립스는 척의 관심을 끌었고 드디어 말문을 열었다. 그는 공허감이 밀려와 무기력한 삶을 살고 있을 때 인생의 중요한 진리를 깨달았다고 조곤조곤 설명했다. 그의 삶은 아무런 가치도 없었는데 예수님을 만나고 난 이후 모든 게 달라졌다고 했다. 그의 가치와 태도를 비롯해 삶 전체가 바뀌었다고 했다.

척은 인정하고 싶지 않았지만 그도 역시 공허했다. 리처드 닉슨(Richard Nixon)을 재선시키려고 자신의 전부를 바쳤는데, 워터게이트 스캔들이 터지자 닉슨이 사임을 요구했고 큰 상처를 받았다.[3] 그해 여름 내내, 척은 공개적으로 망신을 당하고, 근거 없는 고발을 당했으며 (그 중 일부는 근거 있는 것이었지만) 결국 인생의 치명타를 입었다. 척은 자기가 범죄를 저질렀으며, 비윤리적인 책략을 사용하여 대통령의 "적들" (척은 그들의 명단을 보관하고 있었다. 그들의 약점과 그들에게 죄를 씌울만한 사실들과 함께)을 대했다는 걸 알고 있었다. 이제 상원특별위원회는 닉슨의 집무실에서 녹음된 모든 사적인 대화를 공개하기 시작했다. 압력이 거세졌다. 척은 그들이 고발하는 각각의 모든 건에 대해 죄의식을 느끼지 않았다. 그렇지만 그는 유죄였고 그것을 느낄 수 있었다.[4]

8월에 위원회가 휴회하자, 척과 패티는 워싱턴의 압박을 피해 가까스로 도망쳤다. 그들은 필립스와 그의 아내를 만나려고 메사추세츠에 잠시 들렀다. 필립스 부부는 척 부부를 따뜻하게 맞이했고 시원한 차를 대접했다. 필립스는 척을 방충망을 쳐 놓은 베란다로 데리고 나갔다. 필립스는 어떻게 해서 예수 그리스도를 알고 믿게 되었는지, 예수 그리스도가 모든 것을 어떻게 바꾸어놓았으며 공허감으로 꽉 찬 삶에 어떻게 의미를 부여해 주었는지 차근차근 이야기를 들려주었다. 척은 필립스가 예전보다 훨씬 생기 있어 보인다는 생각이 들었다.

필립스는 정말로 점잖게 그리고 배려하듯 척을 응대했으나, 그렇게까지 하지 않았어도 닉슨이 이겼을 텐데 척이 닉슨을 재선시키려고 비열한 짓을 했다고 말했다. 그는 척이 죄가 있든 없든, 그런 책략을 써서 선거운동을 한 것은 잘못됐다고 말했다. 그리고 척이 그 점을 알고 있었어야 했다고 말했다. "이해가 안 되나?" 필립스는 비난하는 어투가 아니라 측은지심이 묻어나는 어투로 물었다. 척이 예전에 결코 고려해 본 적이 없는 것을 알게 하려고 애쓰면서 말이다. 필립스는 말을 이었다. "척, 자네가 정직하게 자신을 대면하려고 하기 전까지는 내가 지금 하나님에 관해 말하는 것을 이해하지 못할 거라 생각하네…"[5]

필립스는 C. S. 루이스의 「순전한 기독교」를 펼쳐 들고서 읽기 시작했다.

> 세상의 어느 누구도 자유롭지 못한 한 가지 악이 있다. 다른 사람한테서 그 악이 보이면 세상 누구라도 인상을 찌푸린다. 하지만 그리스도인을 제외하

고, 그 악이 설마 죄일 거라고 생각하는 사람은 거의 없다… 그 악이 우리 안에 있다는 걸 모르는 것은 잘못이 아니다. 그런데 그 악이 우리 안에 많을수록 다른 사람 안에 있는 그 악을 더욱 싫어한다.

내가 지금 말하는 악은 교만이라는 것이다… 교만은 다른 모든 악의 시발점이다. 교만은 하나님을 전적으로 거부하는 마음 상태다.

필립스는 계속 읽었다. 얼굴이 빨개지고 마음이 괴로워진 척은 자신이 교만의 죄를 저질렀다는 것을 느낄 수 있었다.

하나님 안에서, 모든 면에서 당신보다 측량할 수 없이 우월한 어떤 것에 직면해야 한다. 하나님을 당신보다 우월한 존재로 알지 못하면, 즉 하나님과 비교해서 당신이 아무것도 아니라는 걸 알지 못하면, 당신은 절대 하나님을 알지 못할 것이다. 교만하게 사는 한, 인간은 결코 하나님을 알지 못한다.[6]

척은 그의 자서전 「백악관에서 감옥까지」에서, 그 순간에 "자신이 벌거벗겨진 것 같았고 얼마나 더러운 존재인가를" 깨달았으며, 가리고 있던 모든 것들이 적나라하게 드러났다고 말했다.[7] 척은 시원한 차를 한 모금 마시고 몸을 식혔으며 친구가 글을 계속 읽어줌에 따라 솟구치던 온갖 감정을 삼켰다. "교만은 영적인 암이다. 그것은 사랑과 자족과 심지어 상식의 일말의 가능성까지도 먹어치워 버린다."[8]

죽어가는 사람의 눈앞에 지난 인생이 주마등처럼 스쳐 지나가듯, 척은 지난 세월동안 한 번도 생각하지 않았던 순간들을 떠올렸다. 사립 고등학교 졸업 연설, 하버드 대학이 아닌 브라운 대학을 선택한 일, 그 중심에 놓인 공통된 단 한 가지 주제는 바로 그의 교만이었다. 조국을 위해 해병대에 들어가려고 기를 썼던 일도 기억났다. 거기에도 교만이 자리잡고 있었다. 그는 "콜슨 씨, 대통령이 당신을 만나길 원합니다…"라는 말을 듣기를 간절히 바라며 정계에서 한 자리를 차지하려고 애를 썼다. 우스갯소리로 거친 말을 쏟아냈던 일, 잘못된 이유로 저지른 수많은 행동들, 첫 번째 결혼생활의 붕괴, 척은 깨달았다. 교만이 그의 삶의 원동력이었으며 교만으로 눈이 가려져 다른 사람들을 돌보지 못했다는 것을. 루이스의 말 한마디 한마디는 갑옷처럼 딱딱한 그의 겉옷을 뚫고 들어와 돌같이 굳은 마음을 찢어놓고 있었다. 42년 인생에서 처음 있는 일이었다.9

　그러나 필립스는 거기서 멈추지 않았다. 그는 척에게 루이스의 책을 주고는 용기를 북돋아 주는 시편 구절을 몇 군데 읽어주었다. 그 중엔 시편 37장 3-4절 말씀도 있었다. "여호와를 의뢰하고 선을 행하라 땅에 머무는 동안 그의 성실을 먹을거리로 삼을지어다 또 여호와를 기뻐하라 그가 네 마음의 소원을 이루어 주시리로다." 필립스는 요한복음 3장 말씀을 들려주며 어떻게 거듭날 수 있는지를 이야기해 주었다. 그리고 그는 척을 위해 기도했다. 척은 마치 하나님이 그곳에 계시는 것처럼 기도하는 사람의 기도를 그때 처음 들어봤다.

 척은 루이스의 책을 손에 들고, 필립스와 그의 아내의 호의에 감사의 말을 전하고 그 집을 떠났다. 그는 베란다에서 필립스와 이야기를 하는 동안 걷잡을 수 없이 눈물이 흘러내리려 했지만 꾹 참았다. 그러나 도로에 나올 즈음엔 참았던 눈물이 터져 나와 도저히 앞을 볼 수가 없었다. 필립스는 척에게 기도를 하고 싶은지 물었다. 그러나 그는 고개를 저었다. 기도할 준비가 안 되어 있다고 그는 말했다. 그런데 지금은 그 집에 돌아가 기도하고 싶은 마음이 간절했다. 그런데 불이 꺼져 있어서 돌아갈 수가 없었다.[10]

 척은 차를 세워놓고 엉엉 울었다. 물이 그의 온 몸을 씻어내고 있는 기분이 들었다. 그런 다음 갑작스럽고 낯선 무언가가 느껴졌다. 안도감이 그를 감쌌고 항복하고 싶은 갈망이 솟구쳤다. 그는 그리스도께 인생을 바치고 있는 게 아니었다. 다만 그는 항복하고 있었다. 삶을 드리는 것은 나중 일이었다. "저를 취하소서." 척은 차 안에서 이 말을 계속 반복했다. 이 말밖에 할 수 없었다.[11]

 척과 패티는 메사추세츠를 떠나 메인(Maine)으로 향했다. 그를 알아보는 사람들이 별로 없는 조용한 해변에서 쉴 곳을 찾았다. 그들이 머문 여관에는 텔레비전이 고장 나 있었다. 하나님의 선물이었다! 그에 관한 끔찍한 뉴스를 들을 사람이 거기엔 아무도 없었다. 그래서 척과 패티는 어느 정도 쉴 수 있었다. 척은 마치 소송을 준비하는 것처럼 펜으로 적어가면서 꼼꼼하게「순전한 기독교」를 읽었다. 척은 이미 그리스도께 굴복했지만, 답을 들어야 할 질문 즉, 아주 근본적인 질문이 많이 남아 있었다. 그래서 예수님에 대해 더 많은 것을 알지 않고서는 진심으로 예수님을 영접할 수 없었다.[12]

척은 쉬는 동안 내내 이런 탐색을 했다. 하나님은 계시는가? 하나님이 정말 살아계시고 선한 분이라면, 세상엔 왜 악이 존재하는가? 자유의지란 무엇인가? 하나님은 누구시며, 그분과 관련하여 나는 누구인가? 패티가 그에게 물었다. "당신이 읽고 있는 책엔 무슨 내용이 들어 있어요?"[13] 대답은 간단했다. "내 인생에서 놓쳐 버린 모든 것이 들어 있소." 휴가가 끝날 즈음, 척은 그의 이야기를 하나님의 이야기 속에 삽입하였다. "주 예수님. 저는 주님을 믿습니다. 저는 주님을 영접합니다. 제 삶에 들어와 주십시오. 제 삶을 주님께 드립니다."

그 후, 척은 변화되었다. 그와 가까운 모든 사람들(심지어 그를 가까이 알지 못했던 사람들까지)이 그의 변화된 모습을 봤다. 그리스도에 의해 변화된 사람들이 그처럼 극적인 방식으로 변화되는 건 아니다. 다만 척의 이야기가 그런 식으로 펼쳐진 것뿐이다. 그는 전적으로 새로운 사람이 되었다. 그는 우월한 힘으로 약자를 괴롭히면서 인생의 대부분을 지낸 사람이었다. 그가 믿는 것을 위해서라면 비윤리적이고 무자비한 방법을 사용해서라도 뭐든 하려고 했다. 그의 옛 삶을 지탱하던 힘은 그의 열정과 충성이었다. 아직도 그것이 남아 있지만, 이젠 초점이 달라졌다. 그는 다시는 닉슨을 그리고 자기 자신을 섬기지 않는다. 그는 그리스도를 섬긴다. 한 사람이 충성의 대상을 지상의 주인에서 영원한 하나님으로 바꿀 때, 그러한 패러다임의 전환은 삶의 모든 면에 영향을 끼친다.

그의 소속도 기막힌 방법으로 변화되기 시작했다. 이 전환은 더글라스 코(Doug Coe)가 척의 법률 사무소에 나타난 날까지 계속되었다. 코는 미국 국가조찬기도회 대표이자 미국을 비롯한 전 세계와 연계된 정치 지도자들로 꽉 찬 워싱턴 성경 공부 그룹인 펠로우십(Fellowship)의 대표였다. 코는 척의 사무실에 생판 모르는 사람으로 들어왔는데, 척은 그날 코와 함께 큰 소리로 그의 첫 번째 기도를 드렸다. 척과 헤어질 무렵, 코는 상원의원 채플린 피터 마샬(Chaplain Peter Marshall)의 글이 안에 적힌 성경을 그에게 건네주었다. "찰스에게 – 궁극적인 실패로 이끄는 성공보다는 궁극적인 성공으로 이끄는 실패가 훨씬 낫습니다."[14] 척의 이야기는 다시 쓰이고 있었다.

워터게이트 사건 이후 척의 친구들 대부분이 그를 외면했지만, 코는 그를 위해 기도하고 있고 도와줄 준비가 되어 있는 사람들이 워싱턴 곳곳에 수두룩하다고 말했다. 척은 혼자가 아니었다. "워싱턴 정부 도처에 암암리에 활동하는 진정한 그리스도의 사람들"[15]이 있었다. 그들은 척을 돕겠다며 그를 불러내기 시작했다.

그리스도의 이야기에 동참하면서 얻게 되는 근본적인 유익 중 하나는 그렇게 함으로써 많은 동행자와 함께 한다는 점이다. "성도들의 교제"라고 불리는 것이 현실이 되고 너무 큰 위안을 얻기 때문에 그것을 경험하지 못한 사람에게는 설명하기가 참 어렵다. 한때 척의 적들이었던 사람들이 이제는 그의 형제가 되었다. 그리고 그는 그들이 정말로 필요했다.

그리스도께 헌신한 사람들 모두가 즉시 그의 죄를 공론화해서 보고자 한 것은 아니었다. 그러나 척에게 그의 죄가 공개되는 일이 일어났다. 그는 그리스도인이 된지 얼마 되지 않았는데 다시 워터게이트 스캔들 한가운데로 던져졌다. 그는 대배심원의 조사와 기소 단계를 거쳤다. 신문엔 날마다 그의 이름이 실렸고, 언론사들이 문자 그대로 그의 집 앞에 진을 치고 있었다. 백악관은 격랑에 빠져들었고, 닉슨의 전 참모이자 여전한 심복인 척은 그 격랑의 한 가운데 있었다.

하원의원 알 퀴에(Al Quie)는 척의 인생에서 일어난 기적을 어떻게 목격했는지 기억하고 있다. 그 당시 척은 알 퀴에의 워싱턴 집에 초대되어 다른 그리스도인들을 만나고 있었다. 보수주의 명분을 무자비하게 방어한 사람이었던 척이 그들 중 가장 자유주의적인 상원의원으로 알려진 헤럴드 휴스(Herold Hughes)와 마주보고 거실에 앉아 있었다. 헤럴드 휴스 의원은 공화당 의원이 연설하려고 일어나면 자리에서 벌떡 일어나 상원에서 나가버리는 사람으로 알려졌다. 코는 과묵한 휴스 의원과 함께 이 모임을 주선했다. 휴스가 척을 가장 싫어했었다고 말하자

(휴스는 척이 작성한 적들의 명단에 들어 있었다), 퀴에는 그에게 척이 그때는 그리스도를 따르지 않았었다고 말했다.[16] 퀴에는 다른 손님들이 척에게 최근에 일어난 유례없는 개종에 관해 질문 공세를 퍼부었던 것을 기억한다. 그의 불법 행위로부터 관심을 딴 데로 돌리는 게 최고의 정치적 방편이었던 바로 그때 하필 척이 개종을 했기 때문이다. 그는 진실로 개종한 것이었을까?

척은 감옥에 갈 몸이었다. 감옥에 가는 게 마땅했다. 그러나 그날 밤 퀴에의 집에서 척은 곧 닥칠 수감에 관심을 두고 있지 않았다. 기독교 리더들이 그를 깐깐하게 채근했을 때, 척의 대답은 사뭇 진지했다. 퀴에는 척이 이렇게 말한 것을 기억한다. "저에 대해 염려하시는 게 제가 정말로 개종을 했는가 하는 거군요. 제가 정말로 개종한 게 아니라면, 그 일이 예수 그리스도에게 무슨 영향이 있을까요?"[17] 척이 이 말을 했을 때 휴스는 그 방의 맞은편에 앉아 있었다. 휴스는 손을 내밀며 자리에서 일어났다. "척, 자네가 그리스도를 자네의 삶에 영접했다면 – 나는 자네가 영접한 걸로 믿네만 – 난 이제 자네의 형제일세"라고 휴스가 말했다. 그 상원의원은 척을 끌어안았으며 두 사람은 오래도록 친구로 지냈다.[18]

펠로우십의 다른 사람들도 척을 둘러싸기 시작했다. 그들은 척을 *위해* 날마다 기도했으며 그와 *함께* 정기적으로 기도했다. 그런 사람들이 너무 많아 척은 충격을 받았다. 그가 수년간 알고 지냈고 존경한 사람들은 신앙인들이었다. 그들은 정부 요직에 있으면서 조용히 그들의 믿음의 삶을 살고 있었다. 척은 그들의 도움이 절실했다. 옛사람 척과 그의 모든 교만은 서서히 사라지고 있었다. 아니 실제로는 허물어지고 있었다. 다만 엄청난 고통이 있었을 뿐.[19]

기소 과정이 1973년 여름 내내 그리고 가을이 지날 때까지 질질 끌었다. 1974년 초에, 워터게이트 특별 검사 레옹 조르스키(Leon Jaworski)는 척에게 사전형량조정제도(plea bargain, 유죄를 인정하는 대신 협상을 통해 형량을 경감하거나 조정하는 제도 – 역자 주)를 제안했다. 그 협상대로라면, 한 가지 혐의 즉 대니얼 엘즈버그(Daniel Ellsberg)의 정신과 의사의 집 무실에 몰래 잠입하려는 음모를 꾸민 것만 인정하면 척은 경범죄로만 기소되고 변호사 일도 계속할 수 있게 될 터였다.

엘즈버그는 베트남에서의 미국의 정치적 군사적 행동을 분류한 보고서인 국방부 문서를 유출한 책임이 있었다. 그 문서는 닉슨에게 정확히 죄를 씌우지는 않았지만, 닉슨 이전의 두 대통령에게 죄를 씌웠다. 닉슨은 곧 재선에 입후보하여 대통령에 취임할 몸이었다. 그뿐만 아니라 보고서에는 없었지만, 닉슨은 군대를 본국으로 철수시키고 베트남 전쟁을 끝내겠다고 약속하면서도 그동안 베트남과 캄보디아에서 갈등을 악화시켰다. 엘즈버그가 그 문서를 〈뉴욕 타임즈〉에 넘긴 후에 그 신문사는 발췌문을 게재하기 시작했다. 닉슨의 참모들은 엘즈버그를 불신하게 하려고 그를 정신적으로 불안정한 사람으로 덧칠하길 원했다.

그런데 척은 집무실 침입 사건을 여태 모르고 있다가 그 사건이 일어난 후에야 알았다. 중범죄가 아니라 경범죄로 해주겠다는 제안은 솔깃했으나 그가 저지르지도 않은 일에 유죄를 인정하는 것은 또 다른 형태의 거짓말일 뿐이었다. 그래서 1974년 3월 1일에, 판사가 그에 대한 공소사실을 기각할 것 같아 보일 때 척과 그의 변호사는 판사에게 공무집행 방해죄를 인정하게 해달라고 요청했다. 그 죄는 중범죄였다.[20]

6월 21일에, 척은 최고 3년 징역형에 벌금 5천 달러를 내라는 판결을 받았다. 7월에 척은 메릴랜드에 있는 포트 홀라버드 구치소(Fort Holabird Detention Center)에 수감되었다가 앨래배마의 맥스웰 연방 정치범 수용소(Maxwell Federal Prison Camp)로 이송되었다.

척이 속한 펠로우십 형제들은 그에게 이렇게 말했었다. "자네가 기소되면, 우리도 자네와 함께 기소될 걸세." 미국 운수 노조 출신의 그의 고객 더스티 밀러(Dusty Miller)도 거의 똑같은 말을 했었다. 그러나 감옥에는, 척과 그가 말씀을 통해서 만난 예수님만 있었다.[21] 척은 진지하게 성경 공부를 하기 시작했다. 어느 날, 그는 히브리서 2장 11절을 읽었다. "거룩하게 하시는 분과 거룩하게 되는 사람들은 모두 한 분이신 아버지께 속합니다. 그러하므로 예수께서는 그들을 형제자매라고 부르시기를 부끄러워하지 않으셨습니다."(표준새번역) 예수님은 척을 "형제"라고 부르는 것을 두려워하지 않으셨다. 척도 주변의 사람들을 형제라고 부르는 것을 두려워하지 않았다. 히브리서의 그 말씀이 마음 깊숙이 자리 잡았다. 척은 맥스웰 감옥에 갇힌 죄수들의 관점으로 인생을 바라보기 시작했다. 이렇게 인생의 바닥까지 내려감으로써 그의 꼿꼿한 자존심에 마지막 타격을 입었지만, 이번엔 조금은 수월했다. 그래서 그는 동료 재소자들을 위해 바닥을 걸레질하고 세탁을 함으로써 그들을 섬기기 시작했다.

척이 감옥에 갇힌 일은 훨씬 큰 어떤 것의 일부에 불과했다. 그리고 그는 그 사실을 알고 있었다. 감옥은 그의 소중한 시간을 낭비한 곳이 아니었다. 왜냐하면 하나님은 감옥에서 보낸 이 시간을 사용하여 척에게 인생은 그분의 구속을 향해 가야 한다는 걸 가르치고 계셨으니까. 척은 감옥 내의 다른 신앙인들을 돌보기 시작하면서 맥스웰 담장 안에서 교제모임을 만들려고 했다. 그러나 대부분은 그의 제안을 거절했다. 하지만 척과 또 한 명의 다른 열정적인 그리스도인이 다른 죄수의 가석방을 위해 기도하고 난 후에 - 그 죄수는 가석방을 받게 되었다 - 다른 사람들이 함께 참여하기 시작했다. 척은 성경 공부를 인도했고, 글을 모르는 한 죄수를 도와 그의 가석방을 요청하는 편지를 판사에게 보냈다. 그의 법률 파트너는 그런 일은 하지 말라고 척에게 충고했는데 척은 그 말을 무시한 것이다.

그러나 감옥 생활은 만만치 않았다. 믿음을 가진 사람도 감옥 생활을 견디는 건 힘든 일이었다. 이젠 제발 워터게이트 사건이 끝나길 간절히 원했지만, 척은 법정에 나가 증언을 하기 위해 맥스웰 감옥을 나갔다 들어왔다를 지겹게 반복해야 했다. 닉슨은 1974년 9월에 포드 대통령으로부터 사면을 받았다. 척도 사면을 기대했고 심지어 똑같이 사면해 달라는 캠페인까지 벌였다. 포드 대통령한테 사면 청원을 수락해 달라고 계속 요청해달라며 다른 사람에게 부탁하면서 척이 옛날로 돌아가 책략을 다시 쓰려고 할 때는 그동안 척이 가진 영원한 관점이 한동안 사라져버린 것처럼 보였다. 사면의 기회는 결코 찾아오지 않았다. 1974년 해가 저물 무렵에 척이 아직도 감옥에 있는 동안에 아버지가 돌아가셨다. 척은 깊은 절망의 늪에 빠졌다.[22] 워터게이트 사건에 연루된 다른 세 사람이 일찍 석방되었을 때, 척과 그의 가족은 어쩌면 척이 마지막으로 석방될지 모르겠다고 생각했다. 그러나 그런 일은 일어나지 않았다.

그 사이에, 버지니아 주 대법원은 척의 변호사 자격을 박탈하라는 판결을 내렸다. 척이 출소하면 당장 먹고 살 직업이 없게 되었다. 설상가상으로, 1975년 1월에 척은 아들 크리스티안이 유통 목적으로 마리화나를 소지한 혐의로 사우스캐롤라이나 대학에서 체포되었다는 사실을 알게 되었다. UPI 뉴스는 그가 체포되자 그 젊은이가 자기 신원을 확인해줬으며 "이제 당신들은 우리 둘 다 잡아들였군요"[23]라고 말했다고 보도했다.

이 무렵엔, 워터게이트 사건 피고 중에 아직 수감 중인 사람은 두 명

뿐이었다. 척이 그중 한 사람이었다. 패티는 남편이 아직 투옥되어 있는 동안에 다른 사람들이 풀려나는 것을 지켜보며 극심한 고통에 시달렸다. 설상가상으로 이제는 아들까지 감옥에 갇히게 되자 시름시름 앓았다. 콜슨 가족이 너무나 큰 고통을 겪는 것을 보고 척의 친구 퀴에는 대통령의 재가가 있으면 의원은 연방 죄수를 대신해서 감옥에 있을 수 있다는 잘 알려지지 않은 법규를 발견한 후에 자기가 척 대신 감옥에 있겠다고 제안했다. 척은 깊이 감동했으나 퀴에의 제안을 거절했다.[24]

1975년 1월 29일. 척은 최악의 상태에 있었다. 그는 펠로우십의 형제들이 척의 상태를 알고 바로 그 순간 모든 것을 하나님께 올려드리며 그를 위해 기도하고 있었다는 것을 전혀 몰랐다. 하지만 척은 어떻게든 그들의 기도를 들었으며 꼭 이렇게 기도했다. "주님, 어찌 된 영문인지 모르겠지만, 이게 최선이며 가장 중요한 거라면, 감사합니다. 저를 감옥에 남게 해 주신 주님을 찬양합니다…" 척은 선고받은 대로 3년을 꽉 채워 복역해야 될 거라는 데 수긍했다. 그런데 갑자기 이상하게 자유로워진 느낌이 들었다.[25]

모든 사람이 깜짝 놀라게도, 척의 사건을 맡은 판사가 척의 아들의 체포 소식을 듣고, 척을 석방시켜 주었다. 판사는 척에게 "가족 문제"가 생겨 부득불 그를 석방시킬 수밖에 없다고 했다. 1975년 1월 31일, 감옥에 남아 있게 하신 하나님께 복종하고 나서 딱 이틀 만에 척은 감옥에서 풀려났다. 최고 3년형에서 7개월만 복역하고 석방된 것이었다.

집으로 돌아가는 길에 척은 아내 패티에게 말했다. "여보! 이제부터, 삶이 달라질 거요."²⁶ 그의 말이 옳았다.

척은 석방된 지 겨우 일주일 만에 맥스웰 감옥으로 되돌아갔다. 이번엔 죄수의 몸이 아니라 방문객으로 찾아간 것이었다. 그는 거기서 사귄 친구들을 잊지 않겠다고 약속했었다. 그는 그 약속을 지켰으며, 이번 방문은 수감자들을 돌보겠다는 그의 다짐을 입증한 수백만 사례 중 첫 번째였다.²⁷

남은 인생을 무엇을 하며 살아야 할지 결정을 못하고 몸도 마음도 지친 상태로 몇 개월을 보낸 후에, 척은 하나님으로부터 비전을 받았다. 어느 날 아침 거울을 보는데, 거울에 자기 모습이 안 비쳤다. 대신 희한하게도 성경을 들고 다니며 함께 공부하고 기도하는 재소자들 모습이 비쳤다. 그 환상은 단 몇 초간 지속되었다. 하지만 그게 전부였다. 척의 친구 에릭 메타삭스는 비록 척은 (그때나 그 후에도) 신비로운 체험을 이야기하는 부류의 그리스도인은 아니었음에도, 그날 일어난 신기한 일에 대해선 도저히 부인할 수 없었다고 말한다.²⁸

그래서 척은 하나님의 부르심에 응답했다. 하나님이 그에게 주신 소명은 수감자들의 갱생을 돕고 감옥 시스템을 개선하는 것이었다. 상원의원 휴스를 통해 척은 연방 감옥을 총괄하는 사람과 친구가 되었으며 그는 척의 계획을 승인해 주었다.²⁹

3년이 채 못 되어, 척이 설립한 교도소 선교회(Prison Fellowship)가 미국의 23개 주에 있는 6백 군데 감옥에서 생겨났다. 그 사역은 다른 나라까지 빠르게 번졌으며, 그 사역을 모태로 하여 다른 기관들이 연달아 생겼다. 워싱턴 정가의 많은 사람들이 척이 진정으로 개종한 건지 여전히 의심의 눈초리를 거두지 않고 있었음에도, 척은 하나님께서 주신 사역을 우직하게 계속 해 나갔다. 그는 재소자의 갱생을 돕는 사람이자 감옥 시스템 개혁자로만 알려진 게 아니라 전반적으로 약자의 편을 들어주는 사람으로도 알려지게 되었다. 그는 인도의 나환자들을 따뜻하게 맞이했다. 그는 수단에서의 전쟁이 끝나도록 백악관에 박차를 가하는 일을 했으며, 성매매와 싸우고 전 세계에 퍼진 에이즈 문제를 다루는 사람들을 돕기도 했다.

그는 집에서도 완전히 새로운 사람이 되었다. 그의 아들은 아버지가 석방되고 나서 일주일 동안 일장 연설을 할 줄 알았는데, 오히려 등을 다독이며 격려해줘서 깜짝 놀랐다. 딸 에밀리(Emily)는 아버지가 예전보다 훨씬 부드러워지셨다고 했고, 여전히 예전처럼 극도로 바쁘시지만, 새로워진 아버지는 가족들과 "온전히 함께" 있기 위해 다른 것들을 제쳐두셨다고 했다. 나중에 척은 특별히 그의 자폐아 손자 맥스(Max)한테도 마찬가지 모습을 보여주었다.[30]

척의 친구들은 척이 비록 자신은 용서를 받은 적이 별로 없었지만 다른 사람들을 얼마나 용서하려고 했는지를 알았다. 척의 개종이 진짜인지 의심하는 사람들을 납득시키기까지 30년이 걸렸지만, 척이 용서를 구하기 시작하고 다른 사람들을 용서하는 데는 겨우 며칠 밖에 걸리지 않았다.

척은 그리스도를 만난 이후에도 예전처럼 지독하게 열심히 일했지만 완전히 다른 목적과 관점을 가지고 일했다. 누가 보더라도, 개종 이후에 그가 성취한 일은 그의 처음 42년간의 인생에서 성취한 일보다 훨씬 크고 위대한 것이었다. 그는 미국뿐 아니라 다른 나라의 그리스도인들을 움직여 재소자들과 그들의 가족을 위해 사역하게 했다. 그는 감옥에서의 폭력을 막기 위한 법률안이 통과되도록 정의 선교회(Justice Fellowship)와 힘을 합쳐 일을 했다. 그는 감옥에서 풀려난 출소자들을 위한 장학재단을 설립했다.

척의 사역은 감옥의 전경을 훨씬 넘어선 것이었다. 믿는 자들의 온 몸을 구비하고 고양시켜 그들이 영원한 렌즈를 통해 삶을 보는 법을 배울 수 있도록 하는 길을 찾아 나섰다. 척은 태생적으로 말을 유창하게 잘 했으며 자기의 믿음을 설명하는 데 일찍부터 조예가 깊은 사람이었다. 그러나 그는 어느 곳을 막론하고 신앙인들이 영원한 관점을 발달시키고 그것을 말로 분명하게 표현할 줄 아는 능력을 키우길 원했다. 그는 콜슨 기독교 세계관 센터(Colson Center for Christian Worldview)를 설립했는데 거기서 문화에 영향을 끼치도록 리더들을 가르치고 훈련했다. 또 그는 복음주의 기독교인들과 가톨릭 교인들을 한데 모으는 일을 했다. 그의 책 「그리스도인, 이제 어떻게 살 것인가?」(*Born Again, How*

Now Shall We Live?, 요단출판사 역간)와 「믿음」(The Faith)은 사람들이 믿음에 이르도록 도왔으며, 그 믿음에 대한 역사적 진실과 그에 따라 사는 법을 가르쳤다.

그가 너무나 지독하게 일을 많이 하는 바람에 가족들은 그것에 대해 농담을 하곤 했다. 그는 모든 식구들에게 이렇게 말하곤 했다. "좋아, 모두들 5분만 쉬자." 그는 6분을 쉬면 시간을 낭비하는 거라고 말했다.[31] 2012년 3월에, 척은 아픈 와중에도 연설을 했으며 그 후 한 달이 채 못 되어 이 땅의 삶을 마감하고 주님 품에 안식했다. 그의 장례식에서, 한 때 재소자였던 어느 교도소 교목은 척은 예수님처럼 "죄인들의 친구"였다고 했다.[32] 많은 사람들이 그의 죽음에 애도를 표하는 말을 했지만, 상원의원 미치 맥코넬(Mitch McConnell)의 조사는 특히 오래도록 가슴을 적신다. "그는 현대적인 구속의 본보기로 살았으며, 인생에서 기회는 한 번 뿐이라는 냉소적인 주장에 대한 영원한 반증으로 살았습니다."[33]

척의 사역의 범위는 너무나 넓고 다양하며, 그의 유산은 너무도 위대하고 풍부해서 더는 측량할 수도 없고 한계에 다다를 수도 없다. 그가 창설한 모든 기관과 그가 기획한 프로그램은 오늘날도 계속되고 있다.

당신의 죄는 언론에 대서특필되지 않을지도 모른다. 당신은 감옥에 가지 않을지도 모른다. 하나님의 이야기에 동참하기 위해 공개적으로 망신을 당할 필요는 없다. 다만 당신의 죄를 인정하고 하나님 없는 삶이 얼마나 공허한지를 깨닫고 더 나은 것으로 이끌어줄 그분을 신뢰하면 된다. 척이 개종 후에 수많은 일을 성취했던 것처럼 많은 일을 해낼 수 있는 사람은 소수일 것이다. 대부분의 사람들에겐 척과 똑같은 종류의 기회가 오지 않는다. 그러나 얼마나 많은 일을 성취하는가는 하나님께 중요하지 않다. 하나님이 당신에게 주신 기회를 최대한 활용하는 것이 중요하다. 그리고 그 기회를 활용하는 동안 마음의 초점을 어디에 두느냐가 더욱 중요하다.

누구에게나 깨어진 이야기가 있고 누구에게나 선택권이 있다. 깨어짐의 고통으로 절망과 공허감에 빠질 수도 있고 혹은 그것이 발단이 되어 우리가 믿는 것을 천천히 살펴보고 참되고 영원한 구속을 궁극적으로 경험하게 될 수도 있다.

우리의 이야기가 영원한 맥락을 배경으로 할 때, 내 친구 척이 그랬던 것처럼 모든 것이 변한다. 변화의 기적은 척의 기도와 같은 단순한 기도로 시작된다. "주 예수님, 저는 주님을 믿습니다. 저는 주님을 영접합니다. 제 삶에 들어와 주십시오. 제 삶을 주님께 드립니다."

노트

1. 깨어진 이야기

1) C. S. 루이스, 「순전한 기독교」 (New York: HarperCollis, 1952), 136-37. 홍성사 역간

2) 〈죽은 시인의 사회〉, 피터 웨이어 감독(Burbank, CA: Touchstone Pictures, 1989), DVD

3) 토마스 R. 켈리, 「영원한 현재」 (New York: Harper and Brothers Press, 1961), chapter 1, "The Light Within". 은성출판사 역간

3. 패러다임을 되돌리다

1) E. G. Boring, "A New Ambiguous Figure," *The American Journal of Psychology* 42 (1930):444; and Joseph Jastrow, "Rabbit-Duck Figure," *Popular Science Monthly* (1892): 312.

2) J. F. Kihlistrom, "Letter to the Editor," *Trends in Cognitive Science* 8, issue 11 (November 2004)

3) P. Brugger and S. Brugger, "The Easter Bunny in October: Is It Disguised as a Duck?," *Perceptual Motor Skill* 76 (1993): 577-78

4. 뒤를 돌아보며 인생을 이해하다

1) C. S. 루이스, 「영광의 무게」(New York: HarperCollins, 2001), 45-46. 홍성사 역간

2) C. S. Lewis, *God in the Dock* (Grand Rapids: Eerdmans, 1994), 101.

3) William R. Moody. *The Life of D. L. Moody* (New York: Fleming H. Revell Company, 1900), 3.

4) 앞의 책, 552.

5) 커트 보네거트 2세, 「챔피언들의 아침 식사」(New York: Delacorte Press, 1973), 290-95.

6) C. S. Lewis, *The Last Battle* (New York: Collier Bookes, 1956), 183-84.

7) A. W. 토저, 「내 자아를 버려라」(Camp Hill, PA; Christian Publications, Inc., 1996), 105.

8) 웨인 A. 그루뎀, 「성경 핵심교리」(Grand Rapids: Zondervan, 1999), 469. 기독교문서선교회 역간

9) 앞의 책., 470 ~ 10) 앞의 책.

5. 영원을 신뢰하기 혹은 시간을 원망하기

1) 윌리엄 셰익스피어, 「트로일러스와 크레시다」, ed. William J. Rolfe (New York: Harper & Brothers, 1905), 111. 전예원 역간, 122쪽에서 앞 장의 시를 역자 재인용

2) H. P. Liddon. *The Divinity of Our Lord and Saviour Jesus Christ* (London: Rivingstone, 1869), 148.

3) Huston Smith, "Aldous Huxley —A Tribute," *Psychedelic Review* 1, no. 3 (1964); 264-65.

4) Lee Archie and John G. Archie, "'Art as Unrepressed Wish-Fulfillment' by Sigmund Freud," in *Readings in the History of Aesthetics: An Open-Source Reader,* Ver. 0.11 (2006), 425, http:// philosophy.lander.edu/intro/artbook.pdf.

5) Armand Nicholi Jr., *The Question of God* (New York: Free Press, 2002).

6) 폴 존슨, 「지식인의 두 얼굴」 (New York: Harper and Row, 1988). 을유문화사 역간

7) Bernard Williams, "The Makropulos Case: Reflections on the Tedium of Immortality," in *Problems of the Self* (Cambridge, UK: Cambridge University Press,1973), 82-106

8) Eugene Peterson, *A Long Obedience in the Same Direction* (Downers Grove, IL: InterVarsity Press, 1980). 이 구절은 원래 프리드리히 니체(Friedrich Nietzsche)에게서 인용한 것인데 유진 피터슨이 인내의 주제를 다룬 이 책에서 새롭게 한 것이다.

9) A. W. 토저, 「하나님을 아는 지식」 (New York: HarperCollins, 1961), 52-53. 생명의 말씀사 역간

10) 루이스, 「순전한 기독교」 (1952), 136-37.

11) 토저, 「하나님을 아는 지식」, 52-53.

12) William Shakespeare, *The Tempest*, ed. Peter Holland (New York: Penguin Books, 1999), 66.

13) *Waking Ned Devine*, 커크 존스 (Peter Kirk Jones) 감독의 영화 (Los Angeles: Fox Searchlight Pictures, 1998), DVD

14) 루이스, 「순전한 기독교」, 136-37.

6. 시인들, 성인들 그리고 영웅들

1) 〈두 개의 탑〉, 피터 잭슨(Peter Jackson) 감독 (Los Angeles: New Line Cinema, 2002), DVD.

2) 조지아 주 로스웰(Rosewell)에 있는 펠로우십 바이블 교회(Fellowship Bible Church)의 밥 롤란드 (Bob Roland) 목사의 설교에서 각색함.

3) Thornton Wilder, *Our Town* (New York: Coward-McCann, 1938), 83.

4) Søren Kierkegaard, *Concluding Unscientific Postscript*, ed. Alastair Hanny (Cambridge, UK: Cambridge University Press, 2009), 307.

5) Søren Kierkegaard, "An Eternity in Which to Repent," in *Attack Upon "Christendom"* (Princeton, NJ: Princeton University Press, 1968), 246-47.

6) 앞의 책.

7) 잭슨, 〈두 개의 탑〉.

7. 위로부터 난 지혜

1) 잭슨, 〈두 개의 탑〉 (Los Angeles: New Line Cinema, 2002), DVD.

2) 루이스, 「순전한 기독교」(1943), 123.

3) Cornelius Plantinga Jr., *Not the Way It's Supposed to Be* (Grand Rapids: Eerdmans, 1995), 18.

4) The Barna Group, "Morality Continues to Decay", 2003년 11월 3일. 이 조사에는 동성애, 성적 정절, 개인의 성실성 그리고 낙태에 대한 핵심 신념이 포함되었다.

5) Gary Langer, "대부분의 미국인들은 그리스도인이라고 말한다" (Most Americans Say They're Christian) ABC News/Beliefnet, June 20-24, 2015.

6) 달라스 윌라드, 『하나님의 모략』 (San Francisco: HarperCollins, 1998), chapter 2. 복있는 사람 역간

7) 루이스, 『순전한 기독교』, 124.

8) The Barna Group, "A Biblical Worldview Has a Radical Effect on a Person's Life," December 3, 2003.

9) 앞의 책. 본 연구에 관한 설명: 조사의 목적을 위해, 성경적인 세계관이란 절대적인 도덕적 진리가 존재한다고 믿는 것이라고 정의한다. 그러한 진리는 성경에 의해 명확하게 규정되며 여섯 개의 구체적인 종교적 시각에 대한 확고한 믿음으로 드러난다. 여섯 개의 구체적인 종교적 시각은 다음과 같다. 첫째, 예수 그리스도는 죄 없는 삶을 사셨다. 둘째, 하나님은 전지전능하신 우주의 창조주이시며 오늘도 여전히 우주를 다스리신다. 셋째, 구원은 하나님의 선물이며 행위에서 난 것이 아니다. 넷째, 사탄은 실재한다. 다섯째, 그리스도인은 다른 사람들과 예수 그리스도를 믿는 믿음을 나눌 책임이 있다. 여섯째, 성경은 모든 교훈이 정확하다… 성경적 세계관 외에 가장 만연되어 있는 다른 세계관은 포스트모더니즘이다. 포스트모더니즘은 가장 어린 두 세대 가운데 지배적인 관점이 될 것으로 보인다.

10) 앞의 책.

11) 루이스, 『순전한 기독교』, 124.

8. 비행 계획, 잘못된 목표 그리고 흔치 않은 삶

1) Terri Gibbs, "Somebody's Knockin'," *Somebody's Knockin'*, MCA Records, 1980.

2) Erwin W. Lutzer, *Why Good People Do Bad Things* (Nashville, TN: Word Pub-

lishing, 2001), 32.

3) 앞의 책., 27.

4) Pieter Brueghel, the Elder, *The Tower of Babel* (one and two), 1563. Oil on boards. Kunsthistorisches Museum, Vienna, and Museum Boijmans Van Beuningen, Rotterdam.

✤ 지구라트는 '높은 곳'을 뜻하며 벽돌로 만든 계단식 신전탑을 일컫는다.

5) Anne-Geri Gray, "To Dare God," *Christian Woman*, July/August 2000, 24-25.

6) 앞의 책.

7) Charles Dickens, "A Christmas Carol," in *Christmas Books* (Geneva: Oxford University Press, 1941).

8) James Patterson and Peter Kim, *The Day America Told the Truth* (New York: Plume, 1992), 65-66.

9) C. S. Lewis, *The Screwtape Letters* (New York: HarperCollins, 1941), 155.

10) Zach Johnson, E! Online, "크리스 헴스워스, 그의 성공을 반추하다: '성공은 내가 생각한 행복을 실제로 가져다주지는 않았다'" (GQ Australia, 2015년 2월호에 원래 발표됨)

11) Evangeline Paterson, "Reflection," in *Sightseers into Pilgrims*, ed. Luci Shaw (Wheaton, IL: Tyndale House Publishers, 1973). 허락받고 사용함.

9. 어둔 숲에서 나와 빛으로 들어가다

1) 단테 알리기에리, 「신곡」, trans. C. H. Sisson, *Inferno* Canto1, lines 1-3 (Oxford: Oxford University Press, 1998). 서해문집 완역

2) Michael E. Wittmer, *Heaven Is a Place on Earth* (Grand Rapids: Zondervan, 2004), 62.

3) 앞의 책.

4) 단테, 「신곡」, *Inferno* Canto 1, lines 31-36, 43.

5) 단테, 「신곡」, *Inferno* Canto 1, lines 44-48.

6) Os Guinness, *Steering Through Chaos* (Colorado Springs, CO: NavPress, 2000), 35.

7) 루이스, 「순전한 기독교」 (1942), 111.

8) 단테, 「신곡」, Inferno Canto 1, lines 51-63

9) Henry Fairlie, *The Seven Deadly Sins Today* (Note Dame, IN: University of Norte Dame Press, 1979), 175.

10. 무엇을 구하는가? (마음의 의도)

1) 토저, 「하나님을 아는 지식」 (San Francisco: Harper Collins, 1961), 1.

2) 찰스 디킨스, 「두 도시 이야기」 (Mineola, NY: Dover Publications, 1999) 1. 펭귄클래식코리아 역간

3) 토저, 「하나님을 아는 지식」, 1.

4) Phil Organ, "Who Do You Say I Am?", *Anything Through Christ*, Glorify Him Music Ministries, Kingland Record, 1991, 허락받고 사용함.

5) Louie Giglio, *I Am Not, but I Know I Am* (Sisters, OR: Multnomah, 2005), 12-13.

11. 영원한 흔적을 남기는 사람

1) Henry Twells, "Time's Paces," in *Hymns and Other Stray Verses* (London: Wells Gardner & Co., 1901), 34.

2) *City Slickers*, 론 언더우드(Ron Underwood) 감독 (Burbank, CA: Castle Rock Entertainment, 1991), DVD.

3) Paul Bowles, *The Sheltering Sky* (New York: HarperCollins, 1949), 22.

4) Mont W. Smith, *What the Bible Says About Covenant* (Joplin, MO: College Press, 1996), 48.

5) William Geist, "Woody Allen: The Rolling Stone Interview," *Rolling Stone*, April 9, 1987.

6) Woody Allen, *Without Feathers* (New York: Random House, 1975), 99.

7) Bob Dylan, "Serve Somebody," *Slow Train Coming*, Sony Records, 1979.

12. 신학에서 영광의 찬송으로

1) Vance Havner, *Blood, Bread and Fire: The Christian's Three-Fold Experience* (Grand Rapids: Zondervan, 1939), 47.

2) The Barna Group, "Barna Survey Examines Changes in Worldview Among Christians Over the Past 13 Years," March 9, 2009.

3) 로널드 J. 사이더, 「그리스도인의 양심선언」 (Grand Rapids: Baker Books, 2005),

12-13. IVP 역간

4) Havner, *Blood, Bread and Fire*, 47.

5) 앞의 책, 48.

6) The Holocaust: Crimes, Heroes and Villains, "The Village," www.auschwitz.dk/Trocme.htm.

7) ~ 8) 앞의 책.

9) Havner, *Blood, Bread and Fire*, 48.

10) Tim Hansel, *When I Relax I Feel Guilty* (Elgin, IL: David C. Cook Publishing Co., 1979), 53.

에필로그

1) Charles W. Colson, Born Again (Grand Rapids: Chosen Books, 2008), 103. 홍성사 역간

2) ~ 5) 앞의 책.

6) 루이스, 「순전한 기독교」 (1960), 111.

7) 찰스 W. 콜슨 「백악관에서 감옥까지」, 125.

8) 루이스, 「순전한 기독교」, 112.

9) 찰스 W. 콜슨 「백악관에서 감옥까지」, 141.

10) ~ 15) 앞의 책.

16) Jonathan Aitken, Charles W. Colson: A Life Redeemed (New York: Waterbook Press, 2005), 218.

17) Al Quie, "Charles W. Colson Memorial Service at National Cathedral", Washington National Cathedral, Washington, DC, May 21, 2012, http://chuchcolson.org/memorial-service.

18) Aitken, A Life Redeemed, 219.

19) 찰스 W. 콜슨, 「백악관에서 감옥까지」, 255-56.

20) Impeachment: Selected Materials, Committee on the Judiciary, House of Representatives, One Hundred Fifth Congress, chairman Henry J. Hyde (Washington, DC: Government Printing Office, 1998), 181.

21) 찰스 W. 콜슨 「백악관에서 감옥까지」, 255-56.

22) Aitken, A Life Redeemed, 259.

23) UPI, "Colson's Son Seized in Raid," The Milwaukee Journal, January 25, 1975.

24) 찰스 W. 콜슨 「백악관에서 감옥까지」, 421.

25) Aitken, A Life Redeemed, 268.

26) ~ 27) 앞의 책

28) Eric Metaxas, Seven Men and the Secret of Their Greatness (Nashville, TN: Thomas Nelson, 2013), 185.

29) Aitken, A Life Redeemed, 274.

30) Emily Colson, "Charles W. Colson Memorial Service at National Cathedral," Washington National Cathedral, Washington, DC, May 21, 2012, http://chuckcolson.org/memorial-service.

31) 앞의 책.

32) Danny Croce, "Charles W. Colson Memorial Service at National Cathedral," Washington National Cathedral, Washington, DC, May 21, 2012, http://chuckcolson.org/memorial-service.

33) Mitch McConnell, http://chuchcolson.org/tributes.

독자에게

당신의 삶! 영원에 잇대어 어떻게 쓸 것인가?

타락한 이 세상에서, 우리의 인생은 생각하는 대로 흘러가지 않는다. 직장이 사라지고, 대인관계가 허물어지고, 건강에 이상이 생긴다. 이 암울한 상황을 버텨낼 소망을 우리는 어떻게 찾을 수 있을까?

우리는 깨어진 이야기를 더 크고 위대한 이야기의 맥락에 둠으로써 그것을 이해할 수 있다. 이 책은 우리가 목적을 품고 살 때 하나님께서 영원한 관점으로 우리 삶을 어떻게 변화시킬 수 있는지를 보여준다. 영원에 비추어 볼 때, 우리의 씨름은 일시적이며 인생의 반전도 사실 쉽지 않다. 하나님께서는 우리 마음에 영원을 사모하는 마음을 심어 놓으셨다. 그 갈망 덕분에 우리는 삶의 목적을 갖게 되고 다른 사람을 축복할 수 있으며 세상에 영원한 흔적을 남기게 된다.

미래를 아는 것은 현재를 살아가는 데 결정적이다. 우리의 이야기를 하나님의 위대한 이야기 안에 둘 때, 우리는 천국의 관점을 갖고 사는 법을 배우게 되고 본향으로 가는 내내 그 관점을 따라 갈 수 있게 된다.

21c 교회성장과 축복의 통로

교회진흥원은 기독교한국침례회 총회의 교육, 문서선교 기관으로서 교회의 교육, 목회, 선교활동에 관한 실제적인 연구와 프로그램 개발, 기독교 정보를 제공하고, 자료 출판 및 보급사역을 하고 있습니다.

- 각 연령별 교회학교 공과, 구역공과, 제자훈련 교재, 음악도서를 기획, 출판하고 이와 관련된 각종 강습회를 실시합니다.
- 요단출판사를 운영하며 매년 70여 종의 각종 신앙도서와 제자훈련 교재를 기획, 출판합니다.
- 서울과 대전에 직영서점을 운영하고 있습니다.

요단출판사의 사역정신

그리스도인들의 올바른 신앙성장과 영성 개발에 필요한 신앙도서를 엄선하여 출판, 보급함으로써 이 땅에 하나님나라 확장을 위해 헌신하고 있습니다.

- **F**or God For Church
  하나님과 교회의 유익을 위하여 도서를 기획 출판합니다.
- **O**nly Prayer
  오직 기도뿐이라는 자세로 사역합니다.
- **W**ay To Church Growth & Blessings
  교회성장과 축복의 통로가 되기 위해 사명을 감당합니다.
- **G**ood Stewardship & Professionalism
  선한 청지기와 프로정신으로 사역합니다.
- **C**reating Christianity Culture & Developing Contents
  각종 문화 컨텐츠를 개발함으로 기독교 문화 창달에 기여합니다.

직·영·서·점

요단기독교서적 교회용품센타	서울특별시 서초구 신반포로 205 반포쇼핑타운 6동 2층 TEL 02)593-8715~8 FAX 02)536-6266 / 537-8616(용품)
대전침례회서관	대전광역시 동구 태전로 16 TEL 042)255-5322, 256-2109 FAX 042)254-0356
요단인터넷서점	www.jordanbook.com

"그러므로 너희는 가서 모든 민족을 제자로 삼아 아버지와 아들과 성령의 이름으로 침(세)례를 베풀고 내가 너희에게 분부한 모든 것을 가르쳐 지키게 하라 볼지어다 내가 세상 끝날까지 너희와 항상 함께 있으리라 하시니라." _마 28:19~20